Psicoterapia

Trastornos, depresión, manía, fobias, pánico, casos prácticos

ISBN: 9798861879323

Edición EMD

ÍNDICE

INTRODUCCIÓN

Las personas con discapacidad intelectual (DI) pueden presentar los mismos trastornos psicopatológicos que muestran las personas sin discapacidad intelectual, en este sentido destaca el hecho de una mayor incidencia de trastornos de conducta y enfermedad mental respecto a la de la población sin discapacidad intelectual. Existen diversos factores biológicos, psicológicos y sociales determinantes interrelacionados que motivan esta mayor incidencia (fenotipos comportamentales, escasas habilidades de autocontrol, conflictos de autoestima, rechazo social,...). Además, en los últimos años se está identificando un mayor número de personas con Discapacidad Intelectual y Trastorno Mental (DI-TM).

En la Comunidad de Madrid hay cerca de 21.000 personas con discapacidad intelectual se estima que aproximadamente un 30% presenta problemas de salud mental (Salvador-Carulla, et al., 2007[1]). Por tanto, unas 7.000 personas con discapacidad intelectual podrían tener un diagnostico de enfermedad mental añadido a la Discapacidad intelectual y susceptible de un tratamiento específico.

En relación con trastornos mentales concretos, recientemente se ha estimado que, en España, la presencia de trastornos psicóticos en las personas con DI es hasta 31 veces más frecuente que en la población general (Martínez-Leal et al., 2011[2]), en particular las cifras de prevalencia de trastornos psicóticos en personas con DI giran en torno al 10% (Salvador-Carulla, et al., 2007). En el caso de los trastornos del humor la prevalencia en nuestro país está en torno al 8,6%, encontrando la misma prevalencia, 8,6%, para los trastornos de ansiedad (Salvador-Carulla, et al., 2007). En cuanto a los trastornos de conducta, los estudios en España indican que están presentes en alrededor del 30% de los adultos con DI (Salvador-Carulla, et al., 2007).

La atención de la enfermedad y la determinación del tratamiento corresponde al sistema sanitario. Sin embargo, las dificultades de la persona para manifestar sus estados emocionales unidas a la falta de instrumentos de valoración adecuados y de formación específica de los profesionales de la salud, lleva en muchas ocasiones a intervenciones o tratamientos inadecuados.

Esto nos lleva a una mayor implicación en los centros de atención a personas con discapacidad intelectual, como centros ocupacionales o centros de día, donde la persona con DI-TM es atendida y que, con pocos recursos (ratio, tiempos, perfiles profesionales), tratan de dar respuesta a sus necesidades concretas. Diluyéndose así la responsabilidad de lo sanitario con lo social.

---

1   Salvador-Carulla, L., Martínez-Leal, R., Salinas, J.A. (2007). Trastornos de la salud mental en personas con discapacidad intelectual: declaración feaps e informe técnico. Madrid: FEAPS.

2   Martínez-Leal et al. (2011). La salud en personas con discapacidad intelectual en España: Estudio europeo POMONA-II. Revista de Neurología, 53(7), 406-414.

Ante esta situación, FEAPS MADRID en el marco del programa de Desventaja Social financiado con el Ministerio de Trabajo y Asuntos Sociales ha constituido un grupo de expertos (psiquiatras y psicólogos) para que aborden esta problemática.

De la reflexión colectiva y la experiencia profesional de todos ellos surge este documento, que no pretende ser más que una herramienta para psicólogos de los centros de atención a personas con discapacidad intelectual que les ofrezca orientaciones precisas para la evaluación e intervención con personas con DI-TM. El documento trata por módulos temáticos aquellos trastornos y problemas de conducta que con más frecuencia pueden presentar las personas con discapacidad intelectual. En cada uno de los módulos se aporta una breve definición genérica del problema o trastorno, una relación de los síntomas y signos o indicadores conductuales más frecuentes, algunas herramientas para facilitar su detección y orientaciones para la intervención[3]. Por último, cada módulo recoge algunos factores de vulnerabilidad así como un conjunto de buenas prácticas para la inmunidad que desde el centro se pueden adoptar con el fin de prevenir y evitar la aparición del trastorno o de futuras recaídas y/o minimizar su impacto sobre la persona y el entorno que le rodea.

Para la recuperación de la persona intervienen muchos agentes en función de los entornos donde se desenvuelve: familia, amigos, psiquiatra, compañeros y profesionales del centro. Cada entorno juega un papel muy importante. Pero es importante tener claro donde empiezan y acaban las responsabilidades de cada uno. Nuestro papel y alcance en el proceso de evaluación e intervención con frecuencia va a depender del tipo de centro, el personal del que se dispone y del tipo de trastorno, su evolución y severidad.

Por tanto, NO corresponde necesariamente a los profesionales de los centros del movimiento asociativo:

- *Hacer un diagnóstico.*

- *Determinar el tratamiento farmacológico.*

- *Variar la medicación.*

Sin embargo, desde los centros SÍ podemos:

- *Prevenir situaciones que predispongan o aumenten las posibilidades de que la persona presente problemas de conducta o trastornos relacionados con la salud mental.*

- *Orientar, asesorar y formar al personal de atención directa sobre el trastorno mental específico.*

- *Detectar el problema de conducta o la posible presencia del trastorno psicopatológico asociado.*

- *Informar y orientar a recursos específicos a la persona y a su familia.*

- *Apoyar a la personas con DI-TM y a su familia.*

- *Evaluar y desarrollar un programa de intervención en el centro según el tipo de recurso y la naturaleza, evolución y severidad del problema.*

- *Derivar a los servicios específicos o de salud mental en los casos necesarios y coordinarnos con los mismos para dar una mejor atención a la persona.*

---

3   Se ha utilizado el DM-ID Manual de diagnóstico en Discapacidad Intelectual. Guía Clínica para el diagnóstico de enfermedades mentales en personas con discapacidad intelectual (2010).

TRASTORNOS DEL ESTADO DE ÁNIMO Y DISCAPACIDAD INTELECTUAL

- INTRODUCCIÓN
- DEPRESIÓN
- MANÍA

INTRODUCCIÓN

Los estudios y conclusiones sobre el grado de afectación en que las personas con discapacidad intelectual puedan padecer trastornos del estado de ánimo se remontan a hace dos décadas.

Inicialmente diversos autores (Sovner y Hurley, 1983), propusieron unas serie de criterios sintomáticos especiales para las personas con D.I. y trastornos del estado de ánimo. Posteriormente, Sovner y Lowry desarrollaron los correlatos conductuales de las manifestaciones clínicas de estos trastornos en las personas con D.I. basándose en los criterios sintomáticos del DSM (Lowry, 1998; Lowry y Sovner, 1992).

Una gran parte de las investigaciones sobre los trastornos del estado de ánimo en personas con DI se ha realizado en personas con discapacidad intelectual leve ya que los síntomas son muy similares a los de la población sin discapacidad. Sin embargo, en los casos de personas con D.I. grave o profundo y/o dificultades de comunicación el diagnóstico ha de estar basado fundamentalmente en la observación de la conducta. En la medida en que la D.I. es más grave los síntomas van adquiriendo características de trastornos de conducta y perdiendo manifestaciones cognitivas.

Se han descrito los síntomas del trastorno Bipolar I y del trastorno depresivo mayor en personas con DI pero apenas se han estudiado otros trastornos del estado de ánimo como la distimia, ciclotimia, etc.

Uno de los objetivos principales es mejorar la precisión con la que se diagnostican los trastornos del estado de ánimo en la población con discapacidad teniendo en cuenta una serie de claves:

- La distinta fenomenología que presentan las personas con DI, que puede derivar en que no se detecte el trastorno del estado de ánimo.
- Que ciertas personas con DI pueden presentar síntomas de un trastorno del estado de ánimo producidos por un problema médico no diagnosticado. En el diagnostico diferencial será necesario realizar una evaluación médica exhaustiva descartando la etiología orgánica del trastorno.
- Es primordial que los clínicos obtengan toda la información posible sobre la conducta habitual del individuo y su rango de habilidades y capacidades, de forma que cualquier variación del comportamiento respecto a las actividades habituales pueden darnos información sobre la presencia de un trastorno.
- Al igual que en la población sin discapacidad, se debe valorar y explorar posibles antecedentes familiares y personales de trastornos del estado de ánimo.
- Las alteraciones conductuales (aislamiento, pasividad, agresividad, conductas disruptivas…) no son un indicador exclusivo de un trastorno del estado de ánimo sino que pueden ser también la manifestación conductual de otro tipo de problemas como: malestar somático, situaciones de frustración, otro trastorno mental,….

Por esta razón es fundamental recopilar toda la información posible a través de familiares y profesionales, sobre signos y síntomas de alteraciones del estado de ánimo y cambios respecto al funcionamiento habitual. Es necesario dedicar periodos de observación largos. Realizar un diagnostico de un trastorno del estado de ánimo en personas con DI requiere de más tiempo que el empleado habitualmente en personas sin discapacidad.

DEPRESIÓN

1. ¿QUÉ ES?
Definición, criterios diagnósticos, curso y prevalencia

1.1. DEFINICIÓN

La depresión es un síndrome clínico caracterizado por un estado de ánimo persistente de tristeza junto con otros síntomas que simultáneamente pueden aparecer o no con una intensidad relativa y variable (valoración negativa, falta de interés, inhibición motora,…).

1.2. CRITERIOS DIAGNÓSTICOS

Episodio depresivo mayor

A. Presencia de cuatro (o más) de los siguientes síntomas durante un periodo de dos semanas, que representan un cambio respecto a la actividad previa; al menos uno de los síntomas debe ser (1) estado de ánimo depresivo o (2) pérdida de interés o de la capacidad para el placer o (3) estado de ánimo irritable.

(1) Estado de ánimo depresivo: en personas con DI, el estado de ánimo depresivo puede ser descrito por otras fuentes de una o varias de las siguientes maneras, que suponen un cambio en lo que se observa habitualmente en el individuo: expresión facial triste, estado de ánimo apagado o ausencia de expresión emocional, sonríe o ríe poco, llora o parece con ganas de llorar.

Las personas que observan a las personas con DI describen que están irritables como: con aspecto gruñón o con expresión facial de enfado, inicio (o aumento) de comportamientos agitados (agresión, conducta autolesiva, escupir, que grita, dice palabrotas, con comportamientos destructivo o perturbador) acompañados de un sentimiento de enfado.

Las personas con un trastorno generalizado del desarrollo o personas con DI que parten de base con estereotipias y/o comportamientos repetitivos o rituales, pueden producir un aumento de los mismos cuando están irritables.

(2) Disminución acusada del interés o de la capacidad para el placer: las personas que observan a la persona con DI describen que: deja de participar en sus actividades preferidas, parece retraída, pasa demasiado tiempo sola (más tiempo que antes), participa pero no muestras signos de disfrutar, se vuelve agresiva cuando se le pide participar en actividades que le solían gustar, deja de responder a refuerzos, los objetos o acontecimientos que antes le motivaban ya no lo hacen, evita las actividades sociales, es agresiva o muestra agitación cuando tiene que asistir a actividades sociales que antes le gustaban.

(3) Pérdida importante de peso: las personas que observan a la persona con DI describen que: come en exceso, está obsesionado con la comida, roba comida, rechaza las comidas, ha perdido o ganado peso recientemente, tiene un comportamiento muy nervioso durante las comidas o en relación con los alimentos (tira la comida al suelo, grita cuando llega la comida).

(4) Insomnio o hipersomnia casi cada día: las personas que observan a la persona con DI describen que: tiene problemas para quedarse dormido, se despierta muy temprano por la mañana, duerme demasiado, presenta recientemente problemas de comportamiento a última hora de la noche, a primera hora de la mañana, duerme siestas frecuentes, se queda dormido durante el día, está dando vueltas toda la noche, duerme poco por la noche y parece cansado.

(5) Agitación o enlentecimiento psicomotores casi cada día (observable por los demás, no meras sensaciones de inquietud o de estar enlentecido).

Las personas que observan a la persona con DI describen que: apenas se sienta, se levanta con mucha frecuencia, se mueve de un lado para otro, camina rápido, se mueve rápido, tiene movimientos lentos, disminuye o deja de hablar por completo, vocaliza mucho más o menos de lo normal, está mucho menos activo físicamente que antes.

(6) Fatiga o pérdida de energía casi cada día.

Las personas que observan a la persona con DI describen que: parece cansada o dice estar cansada, rechaza actividades que requieran esfuerzo físico, o se pone nerviosa por ellas, pasa demasiado tiempo simplemente sentada o tumbada, tiene ojeras.

(7) Sentimientos de inutilidad o de culpa excesivos o inapropiados (que pueden ser delirantes) casi cada día (no los simples autorreproches o culpabilidad por el hecho de estar enfermo).

Las personas que observan a la persona con DI describen que: habla negativamente de sí mismo, se considera una "mala persona", a menudo espera recibir un castigo incluso si no tiene un historial de malos tratos, se culpa por problemas de los que no es responsable, teme que los cuidadores se enfaden con ella o le rechacen incluso tras transgresiones menores, busca reafirmación en exceso de que se le considera un buena persona, o habla negativamente de sí mismo con mucha frecuencia (lo que supone un cambio respecto a su comportamiento habitual).

Las personas con DI grave y profunda no funcionan a niveles cognitivos consecuentes con la capacidad de experimentar o expresar culpabilidad o inutilidad.

(8) Disminución de la capacidad para pensar o concentrarse, o indecisión, casi cada día (ya sea una atribución subjetiva o una observación ajena).

Las personas que observan a la persona con DI describen que: muestra un descenso del rendimiento en el trabajo o en el programa de día, ha perdido habilidades de cuidado personal, se distrae fácilmente o deja inacabadas tareas que antes podía concluir, ha empezado a mostrar comportamiento agitados, o un aumento de los mismos, cuando tiene que hacer actividades de requieren concentración, tiene problemas de memoria que "van y vienen", presenta pérdida de habilidades sin justificar, es incapaz de aprender nuevas habilidades como se esperaba o ha tenido que dejar de trabajar o suspender su participación en cursos por malos resultados.

(9) Pensamientos recurrentes de muerte (no sólo temor a la muerte), ideación suicida recurrente sin un plan específico o una tentativa de suicidio o un plan específico para suicidarse

Las personas que observan a la persona con DI describen que: habla frecuentemente de la muerte o de personas que han fallecido o tiene preocupaciones morbosas, se queja de problemas físicos infundados o irrealistas y tiene miedo de la enfermedad o de la muerte, amenaza con matarse o hacerse daño o ha intentado suicidarse (métodos poco convencionales como tirarse a la carretera cuando pasa un coche o saltar por la ventana pueden ser actos impulsivos, pero con naturaleza suicida).

B. Los síntomas no cumplen los criterios para un episodio mixto.

C. Los síntomas provocan malestar clínicamente significativo o deterioro social, laboral o de otras áreas importantes de la actividad del individuo.

Las personas con DI pueden perder sus plazas en instituciones residenciales, puestos de trabajo, u otros programas debido a una pérdida aparente de habilidades o a comportamientos perturbados asociados, o pueden provocar estrés significativo en sus familiares o cuidadores.

D. Los síntomas no son debidos a los efectos fisiológicos directos de una sustancia (p. ej., una droga, un medicamento) o una enfermedad médica (p. ej., hipotiroidismo).

En personas con DI, casi cualquier problema físico con dolor o malestar puede también dificultar la concentración, alterar el sueño, la alimentación y causar agitación psicomotora. Además de las causas directas de los problemas afectivos (trastornos de la función tiroidea), infecciones, problemas médicos comunes provocan síntomas que parecen propios de la depresión. Estos problemas incluyen infecciones urinarias, otitis media, celulitis, estreñimiento, reflujo gastroesofágico, migrañas, una serie de trastornos del movimiento inducidos por medicamentos (acatisia, otros síntomas extrapiramidales) y otros efectos secundarios de medicamentos (letargo, sedación, delirium).

E. Los síntomas no se explican mejor por la presencia de un duelo (p. ej., después de la pérdida de un ser querido), los síntomas persisten durante más de 2 meses o se caracterizan por una acusada incapacidad funcional, preocupaciones mórbidas de inutilidad, ideación suicida, síntomas psicóticos o enlentecimiento psicomotor.

El impacto de los acontecimientos vitales estresantes en personas con DI puede estar infravalorado. Un suceso sencillo, como un cambio personal, puede provocar una reacción intensa.

Trastorno depresivo mayor, episodio único

A. Presencia de un único episodio depresivo mayor.

*Véase criterios del episodio depresivo mayor.

B. El episodio depresivo mayor no se explica mejor por la presencia de un trastorno esquizoafectivo y no está superpuesto a una esquizofrenia, un trastorno esquizofreniforme, un trastorno delirante o un trastorno psicótico no especificado.

Es difícil realizar el diagnóstico diferencial entre depresión con rasgos psicóticos y otros síndromes diversos caracterizados por la psicosis, pero con características del estado de ánimo depresivo. Esta dificultad también se produce en personas con DI leve. Es importante considerar el perfil de desarrollo de las habilidades y los problemas y en qué manera afecta a la cognición. Las personas con DI desarrollan actividades similares a las de los niños pequeños y el perfil de desarrollo con el que operan cognitiva y emocionalmente les limita la distinción entre fantasía y realidad y suelen afrontar el estrés con fantasía, hablar consigo mismo o expresar miedos extraños o intensos.

Normalmente no se puede diagnosticar un trastorno psicótico a personas con DI grave o profunda. Evitar el diagnóstico de psicosis porque la persona parezca "rara", por falta de pruebas válidas del significado de los comportamientos inusuales de las personas con mayores deficiencias del SNC y discapacidades cognitivas graves.

C. Nunca se ha producido un episodio maníaco, un episodio mixto o un episodio hipomaníaco (esta exclusión no es aplicable si todos los episodios similares a la manía, a los episodios mixtos o a la hipomanía son inducidos por sustancias o por tratamientos o si se deben a los efectos fisiológicos directos de una enfermedad médica).

D. Si se cumplen todos los criterios de un episodio depresivo mayor, especificar su estado clínico actual y/o sus síntomas:

Codificar el estado del episodio actual o más reciente:

Gravedad del episodio actual:

- *Leve*
- *Moderado*
- *Grave sin síntomas psicóticos*
- *Grave con síntomas psicóticos*
- *En remisión parcial/en remisión total*

La percepción de la gravedad del trastorno del estado de ánimo se ve influida por factores contextuales y el nivel de apoyo disponible para la persona con DI, así como cualquier otro comportamiento agresivo coexistente.

Curso del episodio:

- *Crónico (se cumplen todos los criterios para el diagnóstico para un trastorno depresivo mayor durante al menos 2 años).*
- *De inicio en el posparto*

Tipología del episodio actual:

- *Con síntomas catatónicos*
- *Con síntomas melancólicos*
- *Con síntomas atípicos*
- *No especificado*

- *Con síntomas catatónicos.*
  El cuadro clínico está dominado por al menos dos de los siguientes síntomas:

  (1) Inmovilidad motora que puede manifestarse por catalepsia (incluida la flexibilidad cérea) o por estupor.

  (2) Actividad motora excesiva (que aparentemente carece de propósito y no está influida por estímulos externos).

  (3) Negativismo extremo (resistencia aparentemente inmotivada a cualquier tipo de órdenes, o mantenimiento de una postura rígida contra todo intento de ser movido.

  (4) Peculiaridades del movimiento voluntario que pueden manifestarse en la postura (adopción voluntaria de posturas extrañas o inapropiadas) movimientos estereotipados, manierismos patentes o gesticulación exagerada.

  (5) Ecolalia o ecopraxia.

  Las personas que observan al sujeto con DI pueden notar que tiene etapas en que: se queda inmóvil durante mucho tiempo o permanece en la misma postura, parece muy quieto y sin dar respuesta, adopta posturas extrañas o va de un lado para otro (todos estos comportamientos constituyen una modificación con respecto al punto de partida y varían junto con otros síntomas del estado de ánimo). La ecolalia y demás alteraciones del habla pueden ser características de partida del individuo que aumentan en periodos de malestar, especialmente en personas con trastornos generalizados del desarrollo.

  Diversos problemas producen un exceso de actividad motora involuntaria, entre ellos problemas producidos por la medicación como la acatisia. La presencia de gesticulación o inmovilidad en pacientes con DI en tratamiento con dopaminas antagonistas debe evaluarse con atención por si se producen distonías u otros trastornos motores inducidos por neurolépticos. Las personas con una DI más grave presentan mayor incidencia de comportamientos estereotipados cuya frecuencia o intensidad aumenta en periodos de malestar.

  Las personas con DI y epilepsia pueden presentar comportamientos y posturas extraños asociados a determinados focos epilépticos.

- *Con síntomas melancólicos:*
Presencia de uno de los siguientes síntomas durante el período más grave del episodio actual:

(1) Pérdida de placer en todas o casi todas las actividades.

(2) Falta de reactividad a los estímulos habitualmente placenteros (no se siente mejor, ni siquiera temporalmente, cuando sucede algo bueno).

Tres o más de los siguientes síntomas:

(1) Una cualidad distintiva del estado ánimo depresivo (por ejemplo, el estado de ánimo depresivo se experimenta de forma distinta del tipo de sentimiento experimentado tras la muerte de un ser querido).

(2) La depresión es habitualmente peor por la mañana.

(3) Despertar precoz (al menos 2 horas antes de la hora habitual de despertarse).

(4) Enlentecimiento o agitación psicomotores.

(5) Anorexia significativa o pérdida de peso.

(5) Culpabilidad excesiva o inapropiada.

Puede ser complicado identificar una cualidad distintiva del estado de ánimo.

Variación diurna: la persona con DI se muestra más agitada o sintomática por la mañana, según describen sus observadores.

Los síntomas cognitivos, como el sentimiento de culpa, no se pueden identificar en personas con DI grave o profunda.

- *Con síntomas atípicos:*
Reactividad del estado de ánimo (ese estado de ánimo mejora en respuesta a situaciones reales o potencialmente positivas)

Dos (o más) de los síntomas siguientes:

(1) Aumento significativo del peso o apetito.

(2) Hipersomnia.

(3) Abatimiento *(sentir los brazos o las piernas pesadas o inertes).*

(4) Patrón de larga duración de sensibilidad al rechazo interpersonal (no limitado a episodios de alteración del estado de ánimo) que provoca un deterioro laboral o social significativo.

En el mismo episodio no se cumple los criterios para los síntomas melancólicos ni para los síntomas catatónicos.

La información obtenida por observación de la persona con DI indica que duerme mucho más de lo habitual, que busca continuamente reafirmación por parte de sus cuidadores o que comenta que no le gusta a los demás. El abatimiento es difícil de detectar incluso en personas con DI leve.

Las personas con DI grave y profunda no saben describir el abatimiento, el sentimiento de culpa, o mostrar síntomas de un patrón de larga duración de sensibilidad al rechazo, aunque la existencia de un patrón de comportamiento en que la persona busca repetidamente reafirmación de que son los "buenos" o de que le gusta a los demás pueden reflejar este fenómeno.

Trastorno depresivo mayor recidivante

A. Presencia de dos o más episodios depresivos mayores.

   Para ser considerados episodios separados tiene que haber un intervalo de al menos 2 meses seguidos en los que no se cumplan los criterios para un episodio depresivo mayor.

B. Los episodios depresivos mayores no se explican mejor por la presencia de un trastorno esquizoafectivo y no están superpuestos a una esquizofrenia, un trastorno esquizofreniforme, un trastorno delirante o un trastorno psicótico no especificado.

C. Nunca se ha producido un episodio maníaco, un episodio mixto o un episodio hipomaníaco. Nota: esta exclusión no es aplicable si todos los episodios similares a la manía, a los episodios mixtos o a la hipomanía son inducidos por sustancias o por tratamientos, o si son debidos a los efectos fisiológicos directos de una enfermedad médica.

   Codificar el estado del episodio actual o más reciente:

   Gravedad del episodio actual:

   - *Leve.*
   - *Moderado.*
   - *Grave sin síntomas psicóticos.*
   - *Grave con síntomas psicóticos.*
   - *En remisión parcial/en remisión total.*

   Evolución/Curso de los episodios:

   - *Crónico (se cumplen todos los criterios para el diagnóstico para un trastorno depresivo mayor durante al menos 2 años).*
   - *De inicio en el posparto.*
   - *Con y sin recuperación interepisódica.*
   - *Con patrón estacional.*

   Tipología del episodio actual:

   - *Con síntomas catatónicos.*
   - *Con síntomas melancólicos.*
   - *Con síntomas atípicos.*
   - *No especificado.*

Trastorno distímico

A. Estado de ánimo crónicamente depresivo la mayor parte del día de la mayoría de los días, manifestado por el sujeto u observado por los demás, durante al menos 2 años. (En personas con DI leve y profunda: estado de ánimo crónicamente depresivo o irritable la mayor parte del día de la mayoría de los días, manifestado por el sujeto u observado por los demás, durante al menos 2 años).

B. Presencia, mientras está deprimido, de dos (o más) de los siguientes síntomas:

   (1) Pérdida o aumento de apetito.

   (2) Insomnio o hipersomnia.

   (3) Falta de energía o fatiga.

   (4) Baja autoestima.

   (5) Dificultades para concentrarse o para tomar decisiones.

   (6) Sentimientos de desesperanza.

Las personas con DI leves son particularmente vulnerables a problemas de autoestima relacionados con un fuerte deseo de ser "normal" y un sentido de desesperanza de que los acontecimientos/logros típicos de la vida adulta no se producirán (por ejemplo, sacarse el carnet de conducir, tener hijo o casarse). Este sentimiento es aún mayor cuando la persona tiene una relación muy estrecha con hermanos o amigos sin DI que sí empiezan a tener estas experiencias.

Las personas con DI grave y profunda no suelen experimentar o expresar los síntomas cognitivos de distimia. Los problemas crónicos de atención se atribuyen a menudo a los mismos factores que provocan la DI. Es importante establecer que síntomas crónicos como llorar, tener aspecto triste y alteraciones de los patrones del sueño, alimentación y actividad motora no se deben a la existencia de un trastorno depresivo mayor sin tratar o con un tratamiento inadecuado.

C. Durante el período de 2 años (1 año en niños y adolescentes) de la alteración, el sujeto no ha estado sin síntomas de los Criterios A y B durante más de 2 meses seguidos.

D. No ha habido ningún episodio depresivo mayor durante los primeros 2 años de la alteración (1 año para niños y adolescentes); por ejemplo, la alteración no se explica mejor por la presencia de un trastorno depresivo mayor crónico o un trastorno depresivo mayor, en remisión parcial.

Antes de la aparición del episodio distímico pudo haber un episodio depresivo mayor previo que ha remitido totalmente (ningún signo o síntoma significativo durante 2 meses). Además, tras los primeros 2 años (1 año en niños y adolescentes) de trastorno distímico, puede haber episodios de trastorno depresivo mayor superpuestos, en cuyo caso cabe realizar ambos diagnósticos si se cumplen los criterios para un episodio depresivo mayor.

E. Nunca ha habido un episodio maníaco, un episodio mixto o un episodio hipomaníaco y nunca se han cumplido los criterios para el trastorno ciclotímico.

F. La alteración no aparece exclusivamente en el transcurso de un trastorno psicótico crónico, como son la esquizofrenia o el trastorno delirante.

G. Los síntomas no son debidos a los efectos fisiológicos directos de una sustancia (p. ej., una droga, un medicamento) o a enfermedad médica (p. ej., hipotiroidismo).

H. Los síntomas causan un malestar clínicamente significativo o deterioro social, laboral o de otras áreas importantes de la actividad del individuo.

Especificar si:

- *Inicio temprano: si el inicio es antes de los 21 años.*
- *Inicio tardío: si el inicio se produce a los 21 años o con posterioridad.*

Especificar (para los últimos 2 años del trastorno distímico):

- *Con síntomas atípicos.*

Trastorno depresivo no especificado

La categoría del trastorno depresivo no especificado incluye los trastornos con síntomas depresivos que no cumplen los criterios para trastorno depresivo mayor, trastorno distímico, trastorno adaptativo con estado de ánimo depresivo o trastorno adaptativo con estado de ánimo mixto ansioso y depresivo. Algunas veces los síntomas depresivos se presentan como parte de un trastorno de ansiedad no especificado.

1.3. CURSO Y PREVALENCIA

No existen datos actualizados y específicos de la DI en cada uno de los cuadros descritos previamente.

En cuanto a los datos de prevalencia, diversos estudios en población con DI sitúan los datos entre el 1,3 y el 4,6% de la población (Deb, Matthews, Holt y Bouras, 2001; Rodríguez-Blázquez, Salvador-Carulla, Romero y Atienza, 1998). En población general los estudios hablan de una prevalencia en torno al 5%.

2. ¿COMO IDENTIFICARLA?
Síntomas, signos e indicadores conductuales. Diagnóstico diferencial.

2.1. SÍNTOMAS, SIGNOS E INDICADORES CONDUCTUALES

Recuerda que:

Los síntomas/signos deben representar un cambio respecto al comportamiento y la personalidad del usuario (resulta necesario un buen registro premórbido).

En muchas ocasiones los síntomas o signos son comunes con la población general pero tienden a pasarse por alto o a atribuirse a la propia discapacidad dado que sus habilidades y oportunidades se encuentran ya previamente limitadas.

En líneas generales las personas con mayores necesidades de apoyo manifiestan con más frecuencia signos o síntomas somáticos y motores, siendo los cognitivos más propios de personas con menores necesidades de apoyo. La sintomatología afectiva se presenta en todos los casos si bien el peso de los aspectos verbales y no verbales variará según las capacidades comunicativas de la persona.

Se considera episodio ante un marco temporal superior a dos semanas. La presencia de uno o más episodios se considera un trastorno depresivo mayor. Si se trata de un estado de ánimo crónicamente depresivo durante al menos dos años se considera trastorno distímico.

Los síntomas/signos no deben ser consecuencia directa de drogas o efectos fisiológicos de una sustancia o una enfermedad médica, otro trastorno mental ni trastornos físicos (ej. Hipotiroidismo).

Los síntomas/signos provocan malestar significativo, deterioro social, o de otras áreas importantes de la actividad de la persona. Este deterioro puede pasar más desapercibido debido a que el contexto está más controlado habitualmente y a la menor exigencia ambiental.

En ocasiones, los comportamientos externalizadores, como agresión, destrucción de la propiedad, gritos o una conducta autolesiva grave se convierten en el punto central de la evaluación, desviando la atención de otros cambios del estado mental o del comportamiento, relevantes para el diagnóstico y que pueden en realidad ser la causa del comportamiento perturbado. Se pueden pasar por alto signos de un estado de ánimo alterado, cambios del apetito, problemas de sueño, andar de un lado para otro o enlentecimiento, a no ser que el profesional haga preguntas específicas para detectar la información sobre estas otras áreas críticas de actividad del individuo.

Nivel Cognitivo

SÍNTOMAS O SIGNOS	ALGUNOS INDICADORES
Disminución de la capacidad para pensar o concentrarse.	Dificultad para mantener la atención hacia la tarea o actividad incluso en las que le eran gratificantes.
Pérdida de iniciativa.	Mayor necesidad de apoyo físico y verbal para la iniciación de actividades, o para indicar su finalización incluso en las que le eran gratificantes.
Indecisión.	Dudas constantes, necesidad de reafirmación y confirmación…
Ideas de inutilidad inapropiados.	Mayor dependencia, más demanda de apoyo en relación al nivel de necesidades previo, infravaloración de sus capacidades y potencial…

SÍNTOMAS O SIGNOS	ALGUNOS INDICADORES
Ideas de culpa o inapropiados. (atribuirse responsabilidad de determinadas situaciones)	Conductas de evitación o aislamiento, conductas dirigidas a la reparación o compensación del supuesto daño, y de autocastigo…
Pensamientos recurrentes de muerte, ideación suicida recurrente sin un plan específico, o una tentativa de suicidio.	Menos frecuente en el caso de tentativas de suicidio pero los pensamientos de muerte si se presentan al igual que en la población general. El contenido de la ideación puede ser menos elaborado.
Pérdida de autoestima.	Minusvaloración de sus capacidades. Descuido en el aspecto físico.
Tendencia a centrarse en los aspectos más negativos tanto propios como ajenos que afectan a la persona.	Verbalizaciones negativas
Ideas de desesperanza.	

Nivel Fisiológico-Emocional

SÍNTOMAS O SIGNOS	ALGUNOS INDICADORES
Aumento/disminución del apetito.	Aumento/disminución peso. Esconder la comida, conducta de pica, rechazo a ir al comedor, robar comida, comer a deshoras...
Alteración del sueño (muy importante conocer patrón de sueño anterior)	Dificultad inicio de sueño Despertar nocturno Duerme más de 12 horas o muy frecuentemente *El insomnio o la hipersomnia pueden deberse a otros factores como la falta de actividades durante el día o debido a los fármacos que toman.
Fatiga	Aislamiento, menor participación, rechazo a actividades físicas (paseos, deporte...)
Aparición o incremento de las quejas somáticos o de la preocupación por la salud física	Incremento de las quejas sobre dolor, incremento de la preocupación por la salud física, petición de más medicación...
Pérdida de energía o incremento de la letargia	Deseo de quedarse en la cama, caminar lento o sin interés...
Apatía	Menor participación e interés en actividades cotidianas o programadas.
Estado anormal de tristeza (en su intensidad y/o duración)	Expresión facial triste, estado de ánimo apagado o ausencia de expresión emocional, sonríe o ríe poco, llora o parece con ganas de llorar.
Estado de ánimo irritable	Comienzo o incremento de la agresividad física o verbal en respuesta a eventos o cosas triviales; reducción en el nivel de tolerancia.

SÍNTOMAS O SIGNOS	ALGUNOS INDICADORES
Reducción o regresión de las habilidades de autocuidado y de la vida diaria.	Rechazo al aseo, mayor necesidad de apoyo para vestirse, pérdida de interés en la propia imagen...
Agitación motora.	Le cuesta permanecer sentado, se mueve continuamente...
Estupor catatónico y/o rigidez.	
Aparición o incremento de conductas autolesivas o agresivas.	Aspecto gruñón o con expresión facial de enfado, inicio (o aumento) de comportamientos agitados (agresión, conducta autolesiva, escupir, que grita, dice palabrotas, con comportamientos destructivo o perturbador) acompañados de un sentimiento de enfado.
Enlentecimiento motor.	Se mueve lentamente, habla menos, menos participativo, menos iniciativa comunicativa, rinde menos en las tareas habituales.
Reducción en la interacción social o incremento en el aislamiento social.	Disminución o evitación del contacto ocular, aislamiento.

2.2. DIAGNÓSTICO DIFERENCIAL

Para su diagnóstico diferencial, el trastorno depresivo mayor ha de diferenciarse de:

– **Trastorno del estado de ánimo debido a enfermedad médica:** las personas con DI presentan una elevada incidencia de trastornos médicos y problemas de salud coexistentes. Por ejemplo, las enfermedades tiroideas provocan síntomas de una alteración del estado de ánimo. Así mismo, los problemas médicos producen síntomas vegetativos o de agitación, (lo que puede confundirse con una depresión o un trastorno maníaco), y esto incluye problemas que habitualmente no se presentan en asociación con los trastornos del estado de ánimo, como estreñimiento, otitis media e infecciones urinarias. Esta dificultad es especialmente importante en personas que no pueden expresar verbalmente su malestar a los demás. *Los trastornos con crisis convulsivas*, de elevada incidencia en personas con DI y algunos síndromes asociados a DI se asocian específicamente a los trastornos del estado de ánimo. Algunas personas con DI que tienen epilepsia muestran un patrón de trastornos del sueño, hiperactividad y comportamiento agresivo o conflictivo, a lo que se añade que los fármacos antiepilépticos tienen efectos comprobados sobre el estado de ánimo y el comportamiento. También debe diferenciarse de la demencia, ya que ésta comparte muchos síntomas con la depresión como la apatía, enlentecimiento psicomotor, como puede observarse en la siguiente tabla:

CARACTERÍSTICAS	PSEUDODEMENCIA DEPRESIVA	DEMENCIA (ALZHEIMER)
Antecedentes familiares/ psiquiátricos	Trastorno del estado de ánimo	Ausencia de antecedentes
Preocupación familiar	Por la memoria del paciente	Por la incapacidad del paciente
Antecedentes personales psiquiátricos	Probables de trastorno del estado de ánimo	Poco probables
Inicio del cuadro clínico	Brusco (en semanas)	Lento (en meses)

CARACTERÍSTICAS	PSEUDODEMENCIA DEPRESIVA	DEMENCIA (ALZHEIMER)
Deterioro cognitivo	Rápido (fluctuante y no progresivo)	Insidioso y progresivo
Momento del inicio y evolución de síntomas	Claro y definido	Impreciso y difícil de determinar
Inicio de los síntomas	Depresión previa al deterioro cognitivo	El deterioro cognitivo es previo a la depresión.
Duración de los síntomas	Menos de 6 meses	Más de 6 meses
Pérdida de habilidades sociales	Precoz	Tardía
Cambios diurnos	Peor por la mañana	Peor por la noche
Estrategias de afrontamiento	Malas	Buenas
Cómo expresa las molestias	De forma detallada	De forma vaga
Quejas	Exagera sus déficits	Se queja de los demás
Preocupación por los síntomas	Preocupado	Despreocupado
Apetito	Alterado	Conservado
Apariencia física	Desaliñado, descuidado	Inadecuado
Estado de ánimo	Depresivo	Despreocupado, superficial
Afecto	Monótono	Lábil
Atención	Frecuentemente conservada	Habitualmente deficitaria
Motivación	Abandona fácilmente	Intenta obedecer
Orientación espacial	No se pierde en lugares habituales	Se pierde en lugares conocidos
Tipo de respuestas	Frecuentes "no lo sé"	Responde con equivocaciones próximas
Apraxia, afasia, agnosia	Ausencia	Presencia
Antidepresivos	Mejora los síntomas cognitivos	Pueden empeorar los síntomas cognitivos

- **Trastorno del estado de ánimo inducido por sustancias:** en el caso de que los síntomas depresivos sean consecuencia directa de los efectos fisiológicos de una sustancia (droga o medicamento).
- **Trastorno adaptativo con alteración del estado de ánimo:** Valorar si la sintomatología depresiva aparece durante los tres meses siguientes a la presencia de un estresor, y no permanece más de seis meses una vez que el estresor ha cesado.

3. HERRAMIENTAS PARA DETECTARLO

- Listado de signos observables de depresión de Gedye (1998).
- Registro de sueño/vigilia.
- Escala de disconfort (Hurley, Volicer , Hanraban , Houde y Volicer, 1992).
- Cuestionario MIPQ: Estado de ánimo, Interés y Placer en Personas con Discapacidad Intelectual Grave (Ross y Oliver, 2003).
- Criterios diagnósticos específicos para Depresión Mayor en personas con Discapacidad Intelectual (Sovner, 1986).
- Escala de Depresión del Mini-PASADD (Prosser, Moss, Costello, Simpson, Patel y Rowe, 1998).
- Escala de Humor en el DASH-II (Matson, 1994; versión española Novell, 1999).
- Escala de Problemas de conducta en el inventario ICAP Inventario para la planificación de servicios y programación individual (Bruininks, Hill, Weatherman, y Woodcock, 1986) (Versión española de Montero, 1993).
- Cuestionario de Glasgow para la valoración de Depresión en Discapacidad Intelectual (Cuthill, Espie y Cooper, 2003).
- Sistema DC-LD: Criterios diagnósticos del Episodio Depresivo Mayor (Diagnostic Criteria for Psychiatric Disorders for Use with Adult with Learning Disabilities) (Royal Collage of Psychiatrist, 2001).

4. RECURSOS Y ORIENTACIONES PARA LA INTERVENCIÓN PSICOSOCIAL Y FARMACOLÓGICA

El tratamiento de la depresión puede realizarse con fármacos, con psicoterapia o con una combinación de ambas. Habitualmente se considera que es la combinación de fármacos con psicoterapia la mejor elección de tratamiento. En cualquier caso es necesario realizar una valoración individual para adecuar la intervención.

A continuación se describe cada una de las estrategias de intervención indicadas para el tratamiento de la depresión en personas con DI.

4.1. PSICOEDUCACIÓN SOBRE EL PROBLEMA

El proceso de psicoeducación permite a las personas afectadas y a sus familiares o cuidadores más cercanos informarse sobre el trastorno y desarrollar y fortalecer sus capacidades para afrontar con mayor efectividad las posibles situaciones relacionadas con el problema puedan aparecer.

Las medidas psicoeducativas son aquellas técnicas cuyo objetivo fundamental, además del conocimiento, es la prevención de futuras recaídas y ofrece a la persona elementos de autocontrol. Algunas medidas psicoeducativas serían:

- Dotar a la persona y a sus cuidadores significativos (familia, cuidadores,…) de un adecuado conocimiento del trastorno: su prevalencia, sus síntomas, su curso y pronóstico. El equipo de profesionales y las familias deberán tener en cuenta que el proceso de intervención puede ser más dilatado en el tiempo para una persona con DI.
- Reforzar las fortalezas, recursos y habilidades de la persona y sus cuidadores significativos para hacer frente al trastorno y contribuir al mantenimiento de su bienestar.

En personas con mayores necesidades de apoyo la psicoeducación ha de adaptarse a su nivel cognitivo a través del uso de claves visuales, por ej., fotografías o imágenes que describan estados emocionales.

4.2. AJUSTE DEL ENTORNO

Es importante ajustar el medio en función de la situación clínica a través de las siguientes estrategias:

– Adaptar el entorno a la situación específica de la persona (horarios, organización, espacios,...). Por ejemplo, acudir al centro menos horas, disminuir el nivel de exigencia en la realización de las tareas, tener una baja laboral si lo requiere,...).
– Reducir la aversividad del entorno. Disminuir situaciones aversivas y estresantes, modificar sus consecuencias o aliviar su impacto emocional.
– Si la persona presenta problemas de conducta (por ej., conducta autolesiva o heteroagresiva) que puedan estar asociados a su depresión habrá que plantearse un análisis multimodal de las mismas y un plan de prevención de riesgos.
– Aumentar la predictibilidad de entorno. Aumentar su estructuración y sus posibilidades de anticipación.
– Estar atento a las interacciones sociales que mantiene la persona con DI a fin de reducir situaciones conflictivas y favorecer las relaciones más positivas.
– Generar espacios donde el grupo pueda hablar de forma natural sobre sus logros, problemas e inquietudes.
– Enriquecer el medio social, cultural y, sobre todo, la red social de apoyo.
– Reestructurar o cambiar de medio, a fin de hacerlo más motivador, generador de metas y alicientes. Tener en cuenta sus gustos (música, colores,...). Dotarle de un espacio personal propio, a su gusto.
– Contar con un personal motivado, cuidando el desgaste profesional. Proporcionarles formación continuada, espacios para manifestar dudas, compartir conocimiento y experiencia.
– En personas con más necesidades de apoyo, individualizar la atención, asignarle un momento específico con el psicólogo en un encuentro enriquecedor y reforzante, no de queja.

4.3. ENSEÑANZA DE HABILIDADES

Dentro de la enseñanza de habilidades destacamos los siguientes procedimientos de intervención:

4.3.1. Programación gradual de tareas y de actividades:

Se empezará por tareas más gratificantes, en las que se asegure el éxito, para la recuperación paulatina de habilidades que pueda haber perdido y mejorar su percepción de autoeficacia.

Elaborar una lista de actividades que le aseguren el reforzamiento positivo (social, material o autorrefuerzo).

Proporcionar oportunidades de experiencias agradables según los intereses de cada persona y sus preferencias. Siempre es importante hacerle participe en la elaboración de la programación (ej. ir al cine, ir a un spa, pasear por el parque, actividades culturales, entre otras).

Programar la introducción progresiva de actividades de autocuidado, tales como la higiene, el vestuario y la apariencia personal, tratando de potenciar gradualmente su autonomía en este sentido.

4.3.2. Mejora del nivel de activación:

Incluir gradualmente el ejercicio físico en la planificación de actividades, partiendo de sus intereses. En el caso de personas con DI con mayores necesidades de apoyo se pueden utilizar recursos que promuevan la estimulación sensorial y/o el movimiento (vídeojuegos, música, etc.).

4.3.3. Entrenamiento en habilidades sociales para buscar aspectos que resulten reforzantes y aumentar su percepción de autoeficacia y control personal.

Entrenamiento en habilidades sociales: elementos de comunicación no-verbal (mirada, tono de voz, gestos, etc.), iniciar y mantener conversaciones, etc., siempre teniendo en cuenta aquellas habilidades concretas que cada persona necesite en particular, e iniciando el entrenamiento de manera individual para después generalizarlo a situaciones grupales.

Entrenamiento en asertividad, expresión de sentimientos, etc.

En ocasiones puede ser pertinente incluir actividades que favorezcan la expresión emocional a través del cuerpo (por ej., baile, ejercicios con música, etc.).

4.3.4. Entrenamiento en técnicas de afrontamiento.

Para mejorar su percepción de control personal sobre el entorno vs. conductas de evitación o escape de los problemas, sería recomendable facilitar la toma de pequeñas decisiones con apoyo de claves visuales y ayudar a generar alternativas de conducta más adaptativas, ayudándoles a pensar en las consecuencias o efectos de sus acciones.

4.3.5. Entrenamiento en reestructuración cognitiva.

Incluye la reestructuración atribucional, aceptación cuando el cambio no es posible, generación de nuevas metas positivas realistas, reestructuración de distorsiones cognitivas.

El entrenamiento debe ser adaptado a las capacidades cognitivas de la persona: ayudarle a expresar sus pensamientos y a relacionarlos con sus emociones, enseñarle a distinguir pensamientos negativos de los positivos y fomentar estos últimos. Hacerles más conscientes de que son responsables de sus emociones. Convendría apoyar este entrenamiento con estrategias como modelado, refuerzo diferencial y juegos en los que se relacionan pensamientos, sentimientos y acción.

4.4. CONTROL DE CONTINGENCIAS

El objetivos es proporcionar alternativas a los síntomas asociados a la depresión y reforzar la ausencia de síntomas de depresión. Se pueden utilizar sistemas de recompensa positivos donde la persona pueda visualizar sus logros (por ej., acudir al taller, participar en las actividades,...). También es conveniente no reforzar las quejas somáticas.

4.5. TRATAMIENTO FARMACOLÓGICO

El objetivo del tratamiento en estos trastornos es la mejora del estado afectivo, del funcionamiento socio-laboral y de la calidad de vida global del paciente, disminuir la morbi/mortalidad, prevenir las recaídas de la depresión, y minimizar en lo posible los efectos adversos del tratamiento.

Fármacos antidepresivos. Consideraciones generales

Hay disponibles revisiones sistemáticas de ensayos clínicos randomizados que han encontrado que los fármacos antidepresivos son efectivos en el tratamiento de la depresión en todos sus grados de severidad, en pacientes con y sin enfermedades orgánicas concomitantes.

Sin embargo no se han encontrado diferencias significativas entre la eficacia de los distintos antidepresivos, que se distinguen más por su perfil de efectos secundarios. En conjunto los pacientes toleran mejor los ISRS (y los antidepresivos de nuevas generaciones), que los heterocíclicos, o los tricíclicos.

La prescripción de fármacos antidepresivos es el único tratamiento para el que se ha encontrado clara eficacia en el tratamiento de depresiones graves y/o psicóticas (solos o en combinación con psicoterapia), mientras que en depresiones más leves y moderadas son eficaces los antidepresivos y también algunas estrategias de psicoterapia (solas o en combinación con antidepresivos).

Factores que determinan la elección del antidepresivo.

– Respuesta previa: es razonable volver a utilizar el mismo fármaco, y a la misma dosis, que el que produjo respuesta en un episodio previo (o incluso, que haya resultado eficaz en un familiar de primer grado del paciente).

– Tolerancia a los efectos secundarios: los ISRS se toleran mejor, e incluso puede comenzarse desde el inicio con las mínimas dosis terapéuticas. Los antidepresivos tricíclicos o los IMAO's (estos últimos no se indican de primera elección, salvo en Depresiones Atípicas resistentes) suelen requerir escalada lenta de dosis, por sus problemas de tolerancia.

– Interacciones con otros fármacos o presencia de enfermedades médicas comórbidas.

– Coste económico.

En cualquier caso hay que tener presente que la respuesta antidepresiva habitualmente tarda en aparecer varias semanas. Antes de las 4-6 semanas de tratamiento, este no puede ser desechado por ineficacia.

Principales antidepresivos disponibles en la actualidad y dosis mínimas utilizadas en adultos:

– Antidepresivos Tricíclicos: Amitriptilina (150 mg/día), Clorimipramina (150 mg/día), Imipramina (150 mg/día), Nortriptilina (75-150 mg/día), Lofepramina (140-210 mg/día).

– Inhibidores selectivos de la recaptación de noradrenalina y serotonina: Venlafaxina (150 mg/día), Duloxetina (60-120 mg/día).

– Activador noradrenérgico y serotoninérgico específico: Mirtazapina (15-30 mg/día).

– Inhibidores de la MAO (IMAO's): Moclobemida (300-600 mg/día), Tranilcipromina (20 mg/día).

– Inhibidores selectivos de la recaptación de noradrenalina: Reboxetina (4-8 mg/día).

– Inhibidores selectivos de la recaptación de serotonina: Citalopram (20-40 mg/día), Escitalopram (10-20 mg/día), Paroxetina (20-40 mg/día), Fluoxetina 20-40 mg/día), Fluvoxamina (100-200 mg/día), Sertralina (50-150 mg/día).

– Inhibidores selectivos de la recaptación de noradrenalina y dopamina: Bupropion (150-300 mg/día).

– Otros: Trazodona (300 mg/día), Mianserina (60-90 mg/día), Maprotilina (150 mg/día).

Algunos conceptos de la respuesta al tratamiento

Periodo de latencia de respuesta: tiempo necesario hasta que comienza a manifestarse el efecto terapéutico (2-6 semanas).

Respuesta al tratamiento: reducción, al menos a la mitad, de la intensidad de los síntomas depresivos.

Remisión: cuando el paciente recupera su estado basal.

Tratamiento de continuación: tiempo de tratamiento necesario para consolidar la respuesta inicial y prevenir la aparición de recaídas.

Tras un primer episodio de depresión mayor con una recuperación sintomática completa se recomienda mantener el antidepresivo durante un periodo de 6-12 meses. Posteriormente la retirada del tratamiento debe ser gradual y progresiva.

Existen evidencias claras que mantener el tratamiento durante 4-6 meses tras la recuperación reduce el riesgo de recaídas.

Recuperación: Se considera que el paciente se ha recuperado del episodio depresivo después de 6-12 meses de tratamiento antidepresivo, en los que ha permanecido asintomático.

Recaída: Reaparición de síntomas del mismo episodio depresivo (concepto de depresión recurrente). Si tiene lugar dentro del tratamiento profiláctico: optimizar dosis. Si ocurre una vez suprimido el tratamiento antidepresivo: reanudar la pauta previa y mantener durante 3-5 años desde que el paciente se encuentra asintomático.

Falta de respuesta al tratamiento: lo fundamental y más frecuente es el inadecuado cumplimiento del tratamiento (en la pauta, o el tiempo de mantenimiento del fármaco).

Otros tratamientos somáticos

Tanto los ansiolíticos como los hipnóticos se utilizan habitualmente en el tratamiento sintomático de los episodios depresivos (insomnio, o clínica ansiosa). Por otra parte, el tratamiento con neurolépticos se asocia habitualmente a los antidepresivos en el tratamiento de depresiones graves con síntomas psicóticos asociados.

Existen otros tratamientos, como la Terapia Electroconvulsiva o la Terapia fotolumínica, que pueden ser valorados, en un segundo nivel asistencial, ante situaciones especiales:

– Resistencia a otras modalidades de tratamiento.

– Riesgo elevado de suicidio, que no permita esperar el tiempo de latencia necesario para la respuesta terapéutica de los fármacos o la psicoterápia.

– Depresiones con agitación psicomotriz de difícil control.

– Depresiones con síntomas psicóticos.

– Contraindicación u objeciones graves para el uso de antidepresivos (P.Ej el primer trimestre del embarazo).

Depresión resistente

Se considera resistente cualquier depresión que no responde a ningún tratamiento correctamente instaurado durante un periodo de tiempo determinado. Se puede establecer un límite sobre las 8 semanas de tratamiento sin obtener respuesta satisfactoria, para considerar un episodio depresivo como resistente.

Pasos a seguir:

a. Revisar el diagnóstico.

b. Asegurar el cumplimiento del tratamiento farmacológico.

c. Optimizar las dosis

d. Determinación de niveles plasmáticos

e. Valorar comorbilidad somática y/o de otros trastornos mentales.

Si la respuesta al antidepresivo pautado no es la esperable conviene sustituir el antidepresivo por otro de un grupo distinto o bien, utilizar estrategias de potenciación: asociar litio, hormonas tiroideas o metilfenidato.

Otras opciones tras varios ensayos ineficaces:

– Considerar la utilización de un IMAO.

– Cambiar a otros antidepresivos (incluyendo la combinación de dos antidepresivos; o un antidepresivo tricíclico y un IMAO, en este orden temporal).

– Revisar la modalidad de psicoterapia elegida.

– Utilización de TEC de acuerdo con la gravedad y el riesgo suicida.

– Interconsulta a otro profesional.

Asimismo, las personas con DI son especialmente vulnerables a padecer una serie de efectos adversos de la medicación, como síntomas extrapiramidales y síntomas relacionados con la toxicidad de los fármacos, ya que probablemente no se quejen de efectos indeseados y malestar derivado de su consumo.

5. ALGUNOS FACTORES DE VULNERABILIDAD Y PROTECCIÓN

FACTORES DE VULNERABILIDAD	BBPP (Buenas Prácticas) PARA LA INMUNIDAD
Padecer Síndrome de Down.	Prevención teniendo en cuenta la historia familiar y el fenotipo comportamental propio del síndrome.
Niñas adolescentes con Síndrome de Williams, (porque tienden a sentirse solas llegadas a esta edad, discriminadas y se frustran por no conseguir pareja fácilmente).	Disponer de oportunidades para elegir y de un entorno rico en actividades y físicamente agradable. Utilización de claves visuales.
Padecer Parálisis Cerebral (especialmente en los casos en los que existe una alta dependencia en su entorno en las relaciones con escasos intercambios sociales).	Utilización de Planificación Centrada en la Persona que tenga en cuenta el proyecto vital del individuo.
Eventos desencadenantes de un fuerte estrés (momentos de transición, pérdidas o rechazos personales, estresores ambientales, problemas de soporte social, frustración, estigmatización, etc.).	Potenciar su independencia reforzando actividades que realice por sí mismo. Reducir factores de sobreprotección familiar y del personal.
Baja autoestima.	Ofertarle nuevos aprendizajes que supongan experiencias y vivencias diferentes.
Haber padecido accidentes cerebrovasculares.	Tener oportunidades y espacios para expresar su afectividad-sexualidad. Oportunidades para participar en la gestión de su entorno y en las decisiones que le afectan. Trabajar la autodeterminación con la familia y el personal de referencia.
Alteraciones en la glándula tiroides, en algunos tipos de discapacidad existe una mayor probabilidad de desarrollar trastornos tiroideos, y estos de predisponer a estados depresivos (ej., Síndrome de Williams, Síndrome de Down, etc.).	Facilitarle el establecimiento de relaciones sociales positivas y cercanas (familias de acogida, voluntarios como referencia externa al centro…).
Padecer déficits sensoriales que limitan la capacidad de comunicación de la persona.	Minimizar en lo posible factores de estrés en el entorno y dotarle de habilidades de afrontamiento (ej. salirse, expresar emociones…).
Tomar o haber tomado determinado tipo de medicación (inhibidores del sistema nervioso central, antineoplásicos, efectos secundarios de algunos antipsicóticos por excesiva sedación o aplanamiento, etc.)	Información sobre la enfermedad, adecuado tratamiento, estrategias de prevención, grupos de autoayuda, conseguirles las ayudas y apoyos externos disponibles, medidas de protección…
Interacciones medicamentosas entre psicofármacos.	Formación en igualdad de género, autoestima, etc.
Dependencia de alcohol u otro tipo de tóxicos (existe una mayor probabilidad de abuso en las personas con DI), y ésta de predisponer a estados depresivos.	Potenciar formas de comunicación verbales y no verbales (s.c.a., claves visuales, pero también acompañar, tocar, abrazar…).

FACTORES DE VULNERABILIDAD	BBPP (Buenas Prácticas) PARA LA INMUNIDAD
Interacciones medicamentosas entre psicofármacos	Oportunidades de vivencias positivas de interacción social.
Ausencia de estímulos reforzadores en el entorno de la persona (menos oportunidades de relacionarse o realizar actividades agradables para la persona).	Entrenamiento y modelado en la familia de patrones más positivos.
Dificultades en la valoración del propio comportamiento (auto-evaluación, auto-observación y auto-refuerzo) y en la capacidad para ser su propia fuente de refuerzo.	Formación al personal para proporcionar una atención más individualizada y humanizada vs. Mecanizada y asistencial. Mejorar recursos (ratios de personal, recursos residenciales más reducidos y normalizados…).
Déficit en habilidades de afrontamiento relacionadas con la percepción de indefensión en la persona, incluso pueden contribuir a un estilo de indefensión aprendida.	Aumentar su red social cercana (participación en recursos de ocio de la comunidad (clubs de ocio, cine...) programar actividades que fomenten la relación de los otros con la persona.
	Dar información de forma natural y realista, proporcionar apoyo, enseñarles a afrontar el cambio, permitir expresar emociones negativas, reforzar con actividades gratificantes…
	Adaptar la situación que tiene a sus nuevas circunstancias, flexibilizar las programaciones...
	Aceptar sus limitaciones y focalizar la atención en las posibilidades.
	Mejorar la coordinación, aunar esfuerzos, consensuar objetivos, compartir la interpretación del problema...
	Ajustar las demandas a sus capacidades actuales.
	Darles experiencias de control en las que obtengan éxito, reforzar sus esfuerzos.

6. BIBLIOGRAFÍA

Bravo Ortiz, M.F. (2002). *Psicofarmacología para psicólogos*. Madrid: Síntesis.

Bruininks, R.H., Hill, B.K., Weatherman, R.F. y Woodcock, R.W. (1986): ICAP. Inventory for Client and Agency Planning. Examiner's Manual. Allen, DLM Teaching Resources.

Cuthill, F. M., Espie, C. A. y Cooper, S. A. (2003). Development and psychometric properties of the Glasgow Depression Scale for people with a Learning Disability Individual and carer supplement versions. *The British Journal of Psychiatry, 182*, 347-353.

Deb, S., Matthews, T., Holt, G. y Bouras, N. (2001). *Practice Guidelines for the Assessment and Diagnosis of Mental Health Problems in Adults with Intellectual Disability (MH-MR)*. Brighton: Pavilion.

Gedye, A. (1998). *Behavioural diagnostic guide for developmental disabilities*. Vancouver: Diagnostic Books.

Hurley, A. C., Volicer, B. J., Hanrahan, P.A., Houde, S. y Volicer, L. (1992) Assessment of discomfort in advanced Alzheimer patients. *Research in Nursing & Health 15*, 369-377.

Lowry, M. A. (1998). Assessment and treatment of mood disorders in persons with mental retardation. *Journal of Developmental and Physical Disabilities, 10*(4), 387-406.

Lowry, M. A. y Sovner, R. (1992). Severe behaviour problems associated with rapid cycling bipolar disorder in two adults with profound mental retardation. *Journal of intellectual Disability Research, 36*(3), 269-281.

Martínez-Leal et al. (2011). La salud en personas con discapacidad intelectual en España: Estudio europeo POMONA-II. Revista de Neurología, 53(7), 406-414.

Matson, J. (1994). *The Diagnostic Assessment for Severe Handicapped II*. Scientific Publishers Inc. Baton Rouge, L.A.

Montero, D. (1993). *Evaluación de la conducta adaptativa en personas con discapacidades. Adaptación y validación del ICAP*. Bilbao: Mensajero, 1993.

Prosser, H., Moss, S., Costello, H., Simpson, N., Patel, P. y Rowe S. (1998). Reliability and validity of the Mini PAS-ADD for assessing psychiatric disorders in adults with intellectual disability. *Journal of intellectual Disability Research, 42*(4), 264-272.

Rodríguez-Blázquez, C., Salvador-Carulla, L., Romero, C. y Atienza, C. (1998). Necesidades de atención a personas con retraso mental y trastornos psiquiátricos en España. El Informe Biomed/ALDAPT 1998. En http://campus.usal.es/~inico/investigacion/jornadas/jornada3/actas/simp2.pdf.

Ross, E. y Oliver, C. (2003). Preliminary analysis of the psychometric properties of the Mood, Interest & Pleasure Questionnaire (MIPQ) for adults with severe and profound learning disabilities. *British journal of Clinical Psychology, 42*(1), 81-93.

Royal Collage of Psychiatrists (2001). *DC-LD. Diagnostic Criteria for Psychiatric Disorders for Use with Adult with Learning Disabilities*. London: Gaskell.

Salvador-Carulla, L., Martínez-Leal, R., Salinas, J.A. (2007). *Trastornos de la salud mental en personas con discapacidad intelectual: declaración FEAPS e informe técnico*. Madrid: FEAPS.

Sovner, R. y Hurley, A. D. (1983). Do the mentally retarded suffer from affective illness? *Archives of General Psychiatry, 40*(1), 61-67.

Sovner, R. (1986). Limiting factors in the use of DSM III criteria with mentally ill/mentally retarded persons. *Psychopharmacological Bulletin, 22*, 1055-1060.

MANÍA

1. ¿QUÉ ES?
Definición, criterios diagnósticos, curso y prevalencia

1.1. DEFINICIÓN

Los trastornos bipolares se caracterizan, dentro de los trastornos afectivos en general, por la presencia de sintomatología aparentemente opuesta a la clásicamente descrita en la depresión. La presencia de síntomas característicos como la hiperactividad, euforia, irritabilidad, aumento de la autoestima, etc. hizo que se propusiera su clasificación aparte de los otros trastornos afectivos.

Leonhard (1957) propuso la separación entre formas unipolares y bipolares de trastorno afectivo, basándose en diferencias clínicas y evolutivas.

La aparición de criterios diagnósticos, a pesar de lo discutible de las clasificaciones descriptivas en cuanto a su validez, ha supuesto un avance en cuanto a la fiabilidad diagnostica. El DSM-III y el DSM-III-R pusieron su énfasis en la clínica, el DSM-IV introdujo el trastorno bipolar tipo II y las formas evolutivas (por ej., ciclación rápida).

El trastorno bipolar ha sido identificado en todas las culturas y razas, siendo sus tasas de prevalencia interculturales bastante similares. La proporción de mujeres respecto a hombres oscila entre 1,3/1 y 2/1.

Angst y Sellaro (2000) calculan que la prevalencia a lo largo de la vida de los trastornos del espectro bipolar podría oscilar entre el 3 y el 6,5%.

La incidencia de los trastornos bipolares parece crecer en los últimos años, pudiendo tener que ver, entre otros factores, la extensión del uso de antidepresivos y su inducción de hipomanías farmacógenas.

Clínica del trastorno:

Manía: Estado de ánimo caracterizado por la euforia, la expansividad, irritabilidad, autoestima excesiva, disminución del sueño, verborrea, fuga de ideas, distraibilidad, aumento de la implicación en actividades placenteras o de alto riesgo, inquietud, agitación, todo lo cual provoca un claro deterioro en las actividades y requiere en la mayoría de las ocasiones la necesidad de ingreso para prevenir daños hacia uno mismo o hacia los demás. Pueden aparecer síntomas psicóticos, alucinaciones o ideas delirantes, que no siempre guardan relación con el estado de ánimo.

Hipomanía: Síntomas parecidos a los de manía, de intensidad menor y que por lo tanto provocan un menor deterioro funcional y que en general no va a precisar hospitalización, no presentando síntomas psicóticos.

Depresión: Presenta algunas características que la distinguen de las depresiones unipolares y de las situacionales ya que se acompaña con frecuencia de un predomino de la apatía sobre la tristeza, de la inhibición psicomotriz sobre la ansiedad y de la hipersomnia sobre el insomnio, encontrándose también una menor incidencia de anorexia y de pérdida de peso. Se encuentra una mayor posibilidad de desarrollar síntomas psicóticos y en general tiene una edad de inicio inferior.

Estados mixtos: La forma más común, denominada manía depresiva, consistiría en un cuadro de hiperactividad, inquietud psicomotriz, insomnio, taquipsiquia y verborrea, combinado con pensamiento depresivo, llanto e ideas de culpa que pueden ser delirantes con frecuencia.

Espectro bipolar: incluye el **Trastorno bipolar tipo I** (el rasgo diferencial sería la presencia de manía, siendo el patrón más frecuente el de manía seguida de depresión mayor); el **Trastorno bipolar II** (de mayor benignidad clínica pero de mayor malignidad evolutiva dado que se da un mayor número de episodios); la **Ciclotimia** (variante menor del trastorno bipolar que con frecuencia evoluciona hacia el tipo II, de curso crónico y de elevada frecuencia de episodios) y algunos autores han propuesto el **Trastorno bipolar III** para pacientes con antecedentes familiares de trastorno bipolar que presentan episodios depresivos e hipomanías únicamente durante el tratamiento antidepresivo.

1.2. CRITERIOS DIAGNÓSTICOS

Episodio maníaco

A. Un período diferenciado de un estado de ánimo anormal y persistentemente elevado, expansivo o irritable, que dura al menos 1 semana (o cualquier duración si es necesaria hospitalización).

   La persona con D.I. se ríe con una risa fuerte inapropiada o canta, está excesivamente aturdida o tontorrona, se muestra impertinente y se inmiscuye en el espacio de los demás y sonríe en exceso y de manera inapropiada para el contexto social. Puede haber alternancia entre estado de ánimo eufórico y estado de ánimo irritable.

B. Durante el período de alteración del estado de ánimo, han persistido, y ha habido en un grado significativo, tres (o más) de los siguientes síntomas (cuatro si el estado de ánimo es sólo irritable):

   En personas con habilidades limitadas de lenguaje expresivo, durante el período de alteración del estado de ánimo, han persistido, y ha habido en un grado significativo, dos (o más) de los siguientes síntomas (tres si el estado de ánimo es sólo irritable).

   (1) Autoestima exagerada o grandiosidad.

   La persona con D.I. hace comentarios exagerados de sus habilidades o talla (en relación con su perfil de desarrollo base, como vanagloriarse de tener un coche que no tiene, afirmar que sabe conducir, es el director del hospital), exagera acontecimientos sociales ("me caso", cuando no sale con nadie ni está comprometido), afirma tener una relación con una persona famosa o con un conocido, se cree un superhéroe (y no constituye una fantasía consecuente con su perfil de desarrollo).

   En un estadio cognitivo preoperacional no se distingue la fantasía de la realidad. Algunas afirmaciones pueden representar deseos en vez de pensamientos delirantes congruentes el estado de ánimo.

   (2) Disminución de la necesidad de dormir (p. ej., se siente descansado tras sólo 3 horas de sueño).

   La persona con D.I. duerme entre 0 y 3 horas cada noche, se acuesta mucho más tarde de lo habitual, se levanta mucho más temprano de lo habitual, se prepara para el día muy temprano. Presenta más problemas de comportamiento por la noche que antes. La persona realiza actividades diarias habituales durante la noche. Cuando duerme menos presenta signos leves de cansancio al día siguiente. A pesar del aspecto cansado no consigue dormir excepto de manera breve y se mantiene activa (parece "dirigido"). El problema de sueño no responde al tratamiento y supone una modificación clara del estado habitual (la persona no tiene un compañero de habitación que haga ruido toda la noche, no duerme durante el día y no tiene una historia de problemas de sueño).

(3) Más hablador de lo habitual o verborreico.

La persona con D.I. vocaliza, grita, hace ruido o habla más de lo habitual; hace vocalizaciones continuadas o muy rápidas, etc.; repite la misma pregunta, no espera a la respuesta, hay un descenso de la capacidad de escuchar, interrumpe a menudo, persevera más de lo habitual, habla solo con frecuencia, canta en voz alta (o hay un aumento de la emisión de ruidos, vocalización o gritos no verbales); todos estos síntomas constituyen un cambio con respecto a las actividades habituales del individuo, bien porque presenta estos síntomas por primera vez, bien porque se produce un aumento de la intensidad o de la frecuencia.

La ansiedad provoca también que las personas con D.I. hablen rápido o vocalicen más.

(4) Fuga de ideas o experiencia subjetiva de que el pensamiento está acelerado.

La persona con D.I. salta rápidamente de un tema a otro, afirma "mis pensamientos se mueven muy rápido". El comportamiento debe constituir un cambio con respecto a lo habitual.

(5) Distraibilidad (p.ej., la atención se desvía demasiado fácilmente hacia estímulos externos banales o irrelevantes).

La persona con D.I. muestra un descenso del rendimiento en el trabajo o en el programa de día, se distrae fácilmente o deja inacabadas tareas que antes podía concluir, aparecen comportamientos agitados, o hay un aumento de los mismos, cuando tiene que hacer actividades que requieren concentración, tiene problemas de memoria que "van y vienen", presenta pérdida de habilidades sin justificar, es incapaz de aprender nuevas habilidades como se esperaba o ha tenido que dejar de trabajar o suspender su participación en cursos por los malos resultados. Estos problemas de atención son nuevos y suponen un cambio con respecto a su situación habitual (no son problemas de por vida). Los problemas de concentración o para terminar tareas se producen principalmente por la incapacidad de terminar lo que se ha empezado o de seguir trabajando en un mismo proyecto, porque la atención se desvía fácilmente hacia ruidos o actividades en torno a la persona.

(6) Aumento de la actividad intencionada (ya sea socialmente, en el trabajo o los estudios, o sexualmente) **o agitación psicomotora.**

La persona con D.I. realiza actividades de manera acelerada, apenas se sienta, se levanta y se sienta continuamente, va de un lado a otros, camina rápido, parece "dirigido", corretea por toda la habitación, se ha vuelto impertinente, está físicamente más activo que antes y ni siquiera consigue estar sentado el tiempo de terminar de comer.

(7) Implicación excesiva en actividades placenteras que tienen un alto potencial para producir consecuencias graves (p. ej., enzarzarse en compras irrefrenables, indiscreciones sexuales o inversiones económicas alocadas).

La persona con D.I. muestra un aumento de los comportamientos sexuales o de las conversaciones sobre este tema, un aumento de la actividad sexual, un aumento o exceso de la masturbación, exponerse en público (algo que no es habitual) o tocar a otras personas de manera sexual.

C. Los síntomas no cumplen los criterios para el episodio mixto.

D. La alteración del estado de ánimo es suficientemente grave como para provocar deterioro laboral o de las actividades sociales habituales o de las relaciones con los demás, o para necesitar hospitalización con el fin de prevenir los daños a uno mismo o a los demás, o hay síntomas psicóticos.

Las personas con D.I. pueden perder sus plazas en instituciones residenciales, puestos de trabajo u en otros programas debido a un episodio de estado de ánimo agudo.

En personas con D.I. casi cualquier problema físico con dolor o malestar puede provocar problemas de concentración, sueño o alimentación y agitación psicomotora (véase el apartado en relación al episodio depresivo mayor). Los cambios bruscos de la medicación pueden provocar irritabilidad, agitación, problemas de sueño y la retirada de la medicación una inquietud motora emergente (acatisia), que pueden confundirse con los síntomas de un episodio maníaco.

Es más difícil obtener información precisa de una persona con D.I. grave y profunda sobre el origen de un malestar físico. Las fuentes externas de información pueden atribuir un comportamiento agitado al síndrome psiquiátrico diagnosticado previamente y no darse cuenta del nuevo problema médico. Hay una tendencia a diagnosticar trastorno bipolar a personas con D.I. que presentar síntomas del tipo maníaco sólo si se trata con ISRS.

Episodio mixto

A. Se cumplen los criterios tanto para un episodio maníaco como para un episodio depresivo mayor (excepto en la duración) casi cada día durante al menos un período de 1 semana.

   (Ver manifestaciones más frecuentes del episodio depresivo mayor y del episodio maníaco)

B. La alteración del estado de ánimo es suficientemente grave para provocar un importante deterioro laboral, social o de las relaciones con los demás, o para necesitar hospitalización con el fin de prevenir los daños a uno mismo o a los demás, o hay síntomas psicóticos.

   Los síntomas no son debidos a los efectos fisiológicos directos de una sustancia (p. ej., una droga, un medicamento u otro tratamiento) ni a enfermedad médica (p. ej., hipertiroidismo).

   En personas con D.I. casi cualquier problema físico con dolor o malestar puede también dificultar la concentración, alterar el sueño, la alimentación y causar agitación psicomotora. Véase antes en relación al episodio depresivo mayor.

   Es más difícil obtener información precisa de una persona con D.I. grave y profunda sobre el origen de un malestar físico. Las fuentes externas de información pueden atribuir un comportamiento agitado al síndrome psiquiátrico previamente y no darse cuenta del nuevo problema médico. Hay una tendencia a diagnosticar trastorno bipolar a personas con D.I. que presentar síntomas del tipo maníaco sólo si se trata con ISRS.

Episodio hipomaníaco

A. Un período diferenciado durante el que el estado de ánimo es persistentemente elevado, expansivo o irritable durante al menos 4 días y que es claramente diferente del estado de ánimo habitual.

   La información obtenida por observación de la persona con D.I. puede indicar que ha estado ruidosa, riéndose, y cantando en momentos inapropiados, excesivamente aturdida, tonta; impertinente, metiéndose con los demás; sonriendo en exceso y de manera inadecuada al contexto social. Alteración del estado de ánimo eufórico e irritable. En personas con D.I. grave y profunda es más habitual la irritabilidad.

B. Durante el período de alteración del estado de ánimo, han persistido, y ha habido en un grado significativo, tres (o más) de los siguientes síntomas (cuatro si el estado de ánimo es sólo irritable):

   En personas con habilidades limitadas del lenguaje expresivo, durante el período de alteración del estado de ánimo, han persistido, y ha habido en un grado significativo, dos (o más) de los siguientes síntomas (tres si el estado de ánimo es sólo irritable):

   (1) Autoestima exagerada o grandiosidad.

   (2) Disminución de la necesidad de dormir (p. ej., se siente descansado tras sólo 3 horas de sueño).

   (3) Más hablador de lo habitual o verborreico.

   (4) Fuga de ideas o experiencia subjetiva de que el pensamiento está acelerado.

   (5) Distraibilidad (p.ej., la atención se desvía demasiado fácilmente hacia estímulos externos banales o irrelevantes)

   (6) Aumento de la actividad intencionada (ya sea socialmente, en el trabajo o los estudios, o sexualmente) **o agitación psicomotora.**

   (7) Implicación excesiva en actividades placenteras que tienen un alto potencial para producir consecuencias graves (p. ej., enzarzarse en compras irrefrenables, indiscreciones sexuales o inversiones económicas alocadas).

   (Para ampliar, ver manifestaciones en el apartado de episodio maníaco.)

C. El episodio está asociado a un cambio inequívoco de la actividad que no es característico del sujeto cuando está asintomático.

D. La alteración del estado de ánimo y el cambio de la actividad son observables por los demás.

E. El episodio no es suficientemente grave como para provocar un deterioro laboral o social importante o para necesitar hospitalización, ni hay síntomas psicóticos.

   La percepción sobre la gravedad del síndrome del estado de ánimo está influida por factores contextuales, nivel de apoyos disponibles para la persona con D.I. y cualquier comportamiento agresivo coexistente.

F. Los síntomas no son debidos a los efectos fisiológicos directos de una sustancia (p. ej., una droga, un medicamento u otro tratamiento) ni a una enfermedad médica (p. ej., hipertiroidismo).

   (Para ampliar, ver manifestaciones en el apartado de episodio maníaco)

Estos episodios pueden presentarse de forma aislada, repetida o combinada dando lugar a los diferentes tipos de trastornos bipolares. En los manuales diagnósticos de enfermedad mental empleados en la población general como el DSM IV se describen los siguientes tipos:

- Trastorno bipolar I, episodio maníaco único.
- Trastorno bipolar I, episodio más reciente hipomaníaco.
- Trastorno bipolar I, episodio más reciente maníaco.
- Trastorno bipolar I, episodio más reciente mixto.
- Trastorno bipolar I, episodio más reciente depresivo.
- Trastorno bipolar I, episodio más reciente no especificado.
- Trastorno bipolar II.
- Trastorno ciclotímico.
- Trastorno bipolar no especificado.

1.3. CURSO Y PREVALENCIA

Mientras que los datos en población general sitúan la prevalencia en el 1%, en el caso de población con D.I. no existen datos de prevalencia del trastorno bipolar. Sin embargo, sí se han descrito cambios cíclicos en la conducta y el humor en un 4% de las personas con D.I. (Deb, Matthews, Holt y Bouras, 2001; Rodríguez-Blázquez, Salvador-Carulla, Romero y Atienza, 1998).

2. ¿CÓMO IDENTIFICARLO?
Síntomas, signos e indicadores conductuales. Diagnóstico diferencial.

2.1. SÍNTOMAS, SIGNOS E INDICADORES CONDUCTUALES

Recuerda que:
- Los episodios maníacos van a aparecer habitualmente dentro de un trastorno bipolar, es decir alternándose con episodios depresivos con mayor o menor intensidad.
- Síntomas de hipomanía o manía pueden aparecer como efecto secundario a determinados fármacos, por ejemplo antidepresivos.
- La ciclotimia supone la presencia de numerosos periodos con síntomas de hipomanía y depresivos que no constituyen un episodio depresivo mayor.

En la población con D.I.:

- Se contempla la manía de forma más genérica debido a las grandes dificultades con las que nos encontramos para elaborar un diagnóstico con el adecuado grado de precisión.
- En general en la discapacidad intelectual son frecuentes los trastornos de ciclación rápida (al menos cuatro episodios de alteración del estado de ánimo en el año). Se han descrito casos de ciclación ultrarrápida, en los que se producen cambios súbitos del estado de ánimo en los que se pasa de la hiperactividad y la euforia a la inhibición y tristeza, y viceversa en pocas horas.
- Signos aislados de sobrevaloración de capacidades pueden ser normales en el contexto de la discapacidad de la persona, por eso es importante la consideración global del conjunto de síntomas o indicadores y la necesidad de suponer un cambio con respecto a su situación anterior.
- Apreciar los cambios nos exige una elevada precisión en la observación dado que una actividad normal puede suponer un incremento significativo considerando que su nivel de actividad de base es bajo.
- Al tratarse de personas sujetas a un mayor grado de control externo, las conductas impulsivas no tienen un impacto tan brusco que supongan un cambio total en la vida de la persona, por ejemplo separarse, dejar un empleo, etc.
- El diagnóstico puede verse ensombrecido porque en ocasiones los síntomas se pueden interpretar como un avance o una manifestación de conducta "normalizada" cuando en realidad puede tratarse de comportamientos por exceso, no realistas y que suponen un riesgo para la persona.

Nivel Fisiológico-Emocional

SÍNTOMAS O SIGNOS	ALGUNOS INDICADORES
Ánimo expansivo.	Expresión y vivencia desproporcionada de cualquier emoción o sensación.
Euforia.	Alegría y/o risa frecuente, desproporcionada y/o descontextualizada.
Tensión, nerviosismo.	Inquietud motora, obsesiones, rumiaciones, conductas compulsivas, rigidez muscular.
Cambios rápidos de ánimo, de euforia o tristeza.	Cambios frecuentes y bruscos, de la risa al llanto sin relación con situaciones externas.
Irritabilidad.	Disminución de la tolerancia a la frustración, conductas agresivas.
Disminución de la necesidad de dormir.	Disminución significativa de las horas de sueño, despertares más frecuentes, levantarse antes.
Energía excesiva.	Incremento del ritmo e intensidad en la ejecución de actividades, aumento de actividades físicas, verbalización de sentirse más enérgico y capaz.
Disminución del apetito o sobreingesta.	Cambios significativos en el patrón de ingesta: conductas de pica, alteraciones en la dieta, aumento o disminución de peso.
Búsqueda de placer inadecuada o compulsiva.	Realización repetitiva de actividades gratificantes o que pudieran suponer un riesgo para la persona.
Incremento de la sexualidad.	Desinhibición, vestir de forma más provocativa, desnudarse, coquetear en exceso, acosar, comportamientos promiscuos, aumento de conductas sexuales autoestimulatorias (mayor frecuencia de masturbación).
Estado anormal de tristeza (en su intensidad y/o duración)	Expresión facial triste, estado de ánimo apagado o ausencia de expresión emocional, sonríe o ríe poco, llora o parece con ganas de llorar.

SÍNTOMAS O SIGNOS	ALGUNOS INDICADORES
Aumento de la distracción (pérdida de la capacidad de concentración)	Frecuentes cambios de actividad, pérdida de la atención, más errores en la ejecución de tareas y olvidos.
Incremento de la autoestima (exagerada o ideas de "grandiosidad").	Sobrevaloración de sus capacidades: se fija metas o se embarca en actividades que no están a su alcance.
Fuga de ideas o experiencia subjetiva de que el pensamiento está acelerado.	Verborrea, cambios constantes en los temas de conversación, incoherencia en los contenidos.
Aparición de síntomas positivos (delirios o alucinaciones).	Verbalizaciones sobre sucesos, vivencias o ideas que no se ajustan a la realidad; comportamientos extraños, tales como hablar solo, responder a voces o conductas agresivas que no responden a un desencadenante externo y/o identificable.

SÍNTOMAS O SIGNOS	ALGUNOS INDICADORES
Aparición o aumento de conductas agresivas.	Comportamientos disruptivos, enfrentamientos, peleas, discusiones. Autolesiones.
Aumento de la conducta comunicativa.	Habla en más contextos, con personas con las que habitualmente no lo hace y en momentos no adecuados (no respetando turnos de palabra, etc.).
Hiperactividad. Inquietud motriz.	Inquietud motora, obsesiones, rumiaciones, conductas compulsivas, rigidez muscular.
Aumento inusual de la actividad de día o de noche.	Gran actividad sin propósito aparente (sentarse, levantarse, tocar, correr, estereotipias…)
Rapidez y/o desorganización en las actividades programadas o con un propósito o significado.	Disminución de la tolerancia a la frustración, conductas agresivas.
Conducta impulsiva, pérdida de autocontrol.	Enfados, conductas compulsivas o conductas imprudentes (enfados sin motivo, gastos injustificados, viajes sin planificar, robos, cambios de imagen, bebida, juego,…)
Agitación psicomotora.	Aparición o aumento de episodios de descontrol conductual grave (destrucción del entorno, agresiones…)
Conductas disruptivas u oposicionistas.	Interacciones agresivas (insultos, gritos, golpes…) y no colaboración en actividades propuestas por otros.
Desinhibición social.	Comportamiento social y sexual inapropiado (hablar con desconocidos, exceso de familiaridad, participar en conversaciones ajenas, falta de pudor en relación a conductas sexuales…)
Disminución de su autocuidado o en otras tareas o responsabilidades.	Descuido en conductas de higiene, apariencia personal, tareas domésticas…

SÍNTOMAS O SIGNOS	ALGUNOS INDICADORES
Cambio constante de planes.	Variación rápida de preferencias, actividades, u objetivos.
Implicación excesiva en actividades con riesgo de consecuencias graves.	Consumo de drogas, alcohol, relaciones sexuales de riesgo o cualquier actividad que le genere placer realizada de forma exagerada y sin valorar consecuencias.

2.2. DIAGNÓSTICO DIFERENCIAL

Algunas claves para el diagnóstico diferencial:

– Trastorno del estado de ánimo debido a enfermedad médica: las personas con D.I. presentan una elevada incidencia de trastornos médicos y problemas de salud coexistentes. Por ejemplo, las enfermedades tiroideas provocan síntomas de una alteración del estado de ánimo. Determinados problemas médicos producen síntomas vegetativos o de agitación, (lo que puede confundirse con una depresión o un trastorno maníaco), pero la sintomatología que habitualmente se presenta asociada a estos, tales como estreñimiento, otitis media e infecciones urinarias no se da en los trastornos del estado de ánimo.

Esta dificultad es especialmente importante en personas que no pueden expresar verbalmente su malestar a los demás.

Asimismo, las personas con D.I. son especialmente vulnerables a padecer una serie de efectos adversos de la medicación, como síntomas extrapiramidales y síntomas relacionados con la toxicidad de los fármacos, ya que probablemente no se quejen de efectos indeseados y malestar derivado de su consumo.

– Los trastornos con crisis convulsivas, de elevada incidencia en personas con D.I., pueden estar asociados a los trastornos del estado de ánimo. Algunas personas con D.I. que tienen epilepsia muestran un patrón de trastornos del sueño, hiperactividad y comportamiento agresivo o conflictivo. A esto se añade que los fármacos antiepilépticos tienen efectos comprobados sobre el estado de ánimo y el comportamiento.

– Las personas con D.I. pueden desarrollar también efectos secundarios de otros medicamentos, síntomas que probablemente no serán capaces de describir claramente y pueden ser confundidos con un trastorno maníaco.

– Algunos trastornos neurodegenerativos y neuropatológicos que se asocian a D.I. también tienen el potencial de provocar síntomas de algún trastorno del estado de ánimo, como por ejemplo la neurofibromatosis o la esclerosis tuberosa.

– Trastorno del estado de ánimo inducido por sustancias: si la persona con una alteración aguda del estado de ánimo ha tenido acceso a posibles sustancias de abuso puede ser confundido con un trastorno maníaco.

– Trastorno adaptativo con alteración del estado de ánimo: valorar si los factores contextuales provocan este trastorno y no se trata de un trastorno maníaco.

3. HERRAMIENTAS PARA DETECTARLO

– Criterios diagnósticos específicos para Episodio Maníaco en personas con Discapacidad Intelectual (Sovner, 1986).
– Sistema DC-LD: Criterios diagnósticos del Episodio Maníaco.
– Mini PAS-ADD (Prosser, Moss, Costello, Simpson, Patel y Rowe, 1998).
– Escala de Humor en el DASH-II (Matson, 1994; versión española Novell, 1999).
– Registro de sueño/vigilia.

4. RECURSOS Y ORIENTACIONES PARA LA INTERVENCIÓN PSICOSOCIAL Y FARMACOLÓGICA

El trastorno bipolar constituye un trastorno crónico sirviendo el tratamiento para disminuir la frecuencia, severidad y consecuencias psicosociales de los episodios y mejorar el funcionamiento psicosocial entre los mismos. Normalmente se interviene desde el ámbito farmacológico y desde el psicosocial teniendo como principales objetivos los siguientes:

1. Aumentar la consciencia de enfermedad y el conocimiento sobre la misma en la persona afectada o en las personas cuidadoras significativas.
2. Favorecer la adherencia al tratamiento.
3. Moderar los episodios maníacos e hipomaníacos.
4. Limitar el impacto o consecuencias negativas de los posibles episodios maníacos incontrolados.
5. Reducir la impulsividad y la imprudencia.
6. Modular los estados de ánimo.
7. Combatir la desorganización y la distraibilidad.
8. Disminuir las recaídas y las hospitalizaciones consiguientes.
9. Conseguir el máximo grado de funcionalidad.
10. Fomentar el apoyo e integración social.
11. Reducir los factores de riesgo asociados al trastorno.
12. Mejorar la calidad de vida de la persona.

4.1. PSICOEDUCACIÓN SOBRE EL PROBLEMA

La psicoeducación hace referencia a la educación o información que se ofrece a las personas que sufren de un trastorno psicológico.

Este proceso permite a las personas afectadas y a sus familiares o cuidadores más cercanos informarse sobre el trastorno y desarrollar y fortalecer sus capacidades para afrontar con mayor efectividad las posibles situaciones relacionadas con el problema que puedan aparecer. Este tipo de intervenciones también incluyen el apoyo emocional, la resolución de problemas y otras técnicas.

Las medidas psicoeducativas son aquellas técnicas cuyo objetivo fundamental, además del conocimiento, se construye alrededor de la prevención de futuras recaídas y proporciona a la persona elementos de autocontrol. Algunas medidas psicoeducativas serían:

- Lograr por parte de la persona o sus cuidadores significativos (familia, cuidadores…) un adecuado conocimiento del trastorno, sus síntomas, su curso y prevalencia.
- Reconocimiento de pródromos (periodo desde la aparición de los primeros síntomas hasta que estos alcanzan su máxima intensidad). Se trata de informar a la persona o sus cuidadores significativos (familia, cuidadores…) sobre los inicios de los episodios. Las señales más frecuentes de advertencia típicas de estos estados son:
  o Disminución de la necesidad de sueño;
  o Ausencia injustificada de preocupación o de una actuación responsable ante situaciones que lo requieren;
  o Exceso de optimismo y confianza en sus actuaciones sin una valoración o planificación adecuada;
  o Elevada sociabilidad y desinhibición;
  o Baja capacidad de escucha;
  o Aumento de la líbido a través de ideas o conductas desinhibidas que la persona encontraría como vergonzantes en situaciones normales.

El reconocimiento de los pródromos los realizaremos con los cuidadores significativos basándonos sobre todo en conductas concretas y extrayéndolos de su experiencia propia.

– Discriminar estados positivos normales de estados maníacos o hipomaníacos. La persona y/o sus cuidadores significativos (familia, cuidadores…) ha de aprender a diferenciar indicadores típicos de un estado de ánimo positivo normal como encontrarse de buen humor, disfrutar de actividades sin distraerse, participar de conversaciones, cumplir sus obligaciones, disfrutar de un patrón de sueño estable, aceptar críticas sin irritarse, etc. En personas con mayores necesidades de apoyo nos centramos en indicadores conductuales de tipo motor o somático.

– Comprender las consecuencias de la conducta maníaca e hipomaníaca partiendo de su historia y de episodios anteriores. Recordar junto a la persona y/o sus cuidadores significativos (familia, cuidadores…) las experiencias vividas, los problemas asociados, las fases depresivas posteriores y determinar con la persona aquellas estrategias a adoptar para no volver a vivir esas consecuencias.

– Por otra parte, se entrena a la propia persona o a sus cuidadores en la detección de señales de advertencia que puedan indicar la inminencia de un episodio maníaco (déficits de sueño, exceso de actividad, determinados comportamientos…). Estas personas más cercanas pueden "avisar" ante estas señales y redirigir la conducta hacia alternativas constructivas o menos disfuncionales.

– Estrategias para el incremento de la adhesión al tratamiento. Se dirigen a lograr por parte de la persona una mejora del cumplimiento del régimen de medicación. Estas estrategias han de orientarse hacia la familia o quien proporcione la medicación. Por otra parte, como elemento facilitador es importante asegurarse una accesibilidad rápida al sistema sanitario. A menudo el tratamiento debe llevarse a cabo en régimen de internamiento pues la carga familiar o del cuidador es muy superior a la razonable. Destacan:

  o Proporcionar información o educar a la persona sobre los fármacos; sus indicaciones, las ventajas y los riesgos de cada fármaco recetado.

  o La reestructuración de creencias que hacen abandonar el régimen de medicación. Por ejemplo, algunas creencias ligadas a las diferentes fases del trastorno podrían ser: "la medicación me quitará la energía y me volverá aburrido", "la medicación me puede hacer daño o crear una adición y tiene efectos secundarios"… Habría que detectarlas y elaborar otras más adecuadas que las sustituyan.

4.2. AJUSTE DEL ENTORNO

– *Intervención con la familia o cuidadores significativos.* Resulta primordial conseguir la colaboración familiar como primer paso para este tipo de abordaje. La intervención se centra en la reducción de la tasa de emoción expresada (niveles elevados de críticas, hostilidad, negatividad, sobreimplicación emocional) en su familia y entorno cercano. Este tipo de interacción aumenta el riesgo de empeoramiento y recidivas. La terapia de familia se ha de dirigir:

  o Hacia la psicoeducación respecto al curso y tratamiento del trastorno;

  o El refuerzo de interacciones positivas;

  o La expresión de emociones;

  o La mejora de la comunicación;

  o Control de estrés

  o Afrontamiento más eficaz en la solución de problemas aplicada a los conflictos

Otro aspecto de la intervención se dirige hacia la reinterpretación de ideas o creencias erróneas de culpabilización e intencionalidad que deterioran la relación y el desarrollo de habilidades de empatía respecto a las conductas maníacas o depresivas de la persona y hacia la familia. En personas con discapacidad se dirigirá hacia las personas cuidadoras significativas.

– *Evitar o reducir actividades que puedan ponerle en riesgo de experimentar alteraciones en su estado de ánimo (consumo de alcohol, excesos de gastos, actividades temerarias, alteración de patrones de actividad diaria…). El uso de sustancias (drogas y alcohol) favorecen las recaídas. Es útil que la propia persona y/o sus cuidadores significativos (familia, cuidadores…) elaboren el listado de actividades contraindicadas, así como de otras actividades alternativas compensatorias, siendo ella misma quién vigile cuando estas últimas empiezan a dejar de serlo y aparece el deseo de búsqueda de emociones más intensas. En los casos de personas con mayor dependencia o necesidad de apoyo esta exposición a actividades de riesgo se ve más limitada por tener un grado de control externo mayor por parte de terceros.*

— *Es necesario adecuar el entorno y proporcionar espacios con mayor control, no demasiado restrictivos. Se trata de reducir al máximo la posibilidad de riesgo para la persona.*

— *Restablecimiento o regulación de su programa de actividades o rutinas sociales cotidianas (control de eventos que las rompan). Regulación de los patrones de actividades diarias incluyendo comidas, sueño, actividad física... Este aspecto resulta fundamental para personas con cualquier grado de discapacidad. Es necesario recalcar la importancia de la estructuración del entorno y la anticipación y planificación de las actividades.*

4.3. ENSEÑANZA DE HABILIDADES

4.3.1. Entrenamiento en autocontrol:

Persiguen reducir la impulsividad. El entrenamiento en estas técnicas se ha de llevar a cabo en fases en las que la persona esté eutímica de forma preventiva. Una vez detectados los signos o/y situaciones que aumentan la probabilidad de desencadenar un episodio maníaco, se elabora un plan para favorecer el autocontrol:

— *Comparar ventajas y desventajas de las posibles consecuencias de sus actuaciones. Se trata de que la persona anticipe las consecuencias negativas, los beneficios y los riesgos que pueden derivarse de su conducta o actividad, de forma que no sobreestime las ventajas asumiendo riesgos excesivos y subestimando el perjuicio potencial de su comportamiento. Podemos apoyarnos en dinámicas que simulen este balance (balanza,..), utilizar registros, diarios etc.*

— *Posponer la actuación o decisión. Se trata de enseñar a la persona a detenerse y reflexionar antes de iniciar una conducta extrema. Negociar un período de tiempo determinado antes de tomar una decisión o emprender una actuación en lugar de desaconsejar o prohibir directamente que lo haga, con objeto de dar la oportunidad de reconsiderar si deben o no ceder a sus impulsos.*

Otra posibilidad sería pactar un compromiso para que la persona consulte, al menos, con dos miembros de su red de apoyo social, antes de llevar a cabo sus planes de forma impulsiva y sin reflexionar.

— *También puede ser útil emplear autoinstrucciones aprendidas a modo de frases sencillas, como "para y piensa", "llama a...", apoyándose en pictogramas en caso necesario y elaborando "fichas de emergencia" que puedan llevar consigo.*

— *Programación diaria de actividades. Se trata de planificar las actividades, pudiendo programar períodos de inactividad, registrando las ocasiones en las que logra controlar sus impulsos e incluir actividades placenteras con las que disfruten del proceso con independencia del resultado (lectura, escritura, artesanía, yoga...). Para personas con más necesidades de apoyo incorporar actividades como escuchar música, pintura terapéutica, pasear, baile, etc. Puede ser útil incluir actividades de tipo físico que reduzcan la tensión y la aceleración motriz siempre adaptando el nivel de actividad a su situación actual y con intensidad moderada que no retroalimente la activación. Los ejercicios se ajustarán a las manifestaciones individualizadas previamente observadas.*

— *Sentarse y escuchar, en los momentos de interacción con los otros, constituyen dos estrategias útiles para interrumpir su pensamiento acelerado, su sobreexcitación motriz y reducir así el riesgo de actuar de forma inadecuada. Se trata de entrenarles para que se sienten cuando detecten que su comunicación verbal y no verbal es elevada, así como entrenarles en la escucha activa en sus interacciones personales, de forma gradual.*

4.3.2. Estrategias de reestructuración cognitiva:

Destacan:

– *Comprobar la realidad de las creencias y los pensamientos hiperpositivos. Se trata de enseñar y ayudar a analizar los hechos de forma más exhaustiva, cuestionando las ideas o creencias de base y su veracidad empírica, con el objeto de elaborar una idea racional alternativa productiva y adecuada. Esquemas de pensamiento hiperpositivo del tipo sobreestimar sus capacidades, confianza excesiva en factores externos como la suerte, subestimar riesgos, minimizar los problemas o sobrevalorar la satisfacción inmediata de los deseos son el resultado de errores cognitivos comunes en la euforia como el pensamiento dicotómico, generalización excesiva, conclusiones apresuradas, razonamiento emocional, adivinación del pensamiento y futuro, etc. La terapia cognitiva combinando la reestructuración con las pruebas de realidad se pueden utilizar con personas con menores necesidades de apoyo (por ejemplo, "¿qué pruebas tienes de que podrías aprobar el carnet?", "vamos a hacer un test", "¿hasta ahora has podido ser puntual?", "¿podrás acabar esas tareas?"…). En personas con mayores necesidades de apoyo no van a aparecer ideas tan elaboradas. El abordaje cognitivo es muy complicado en fase aguda y su utilización además puede resultar contraproducente porque genere irritabilidad o agresividad.*

– *Es importante reestructurar ideas relacionadas con el deseo de experimentar estados de euforia. Al igual que en la adicción a drogas estimulantes, el refuerzo inmediato de este estado es muy intenso y es necesario que tomen conciencia del "bajón" que se produce después y las consecuencias negativas de su conducta impulsiva en ese estado elevado. Deberemos cuestionar ideas del tipo "si me controlo mi vida será mas aburrida, seré menos creativo, no seré tan capaz de…, etc." Es necesario buscar alternativas con las que poder disfrutar dentro de unos límites normales.*

– *Existen ideas negativas asociadas con frecuencia al trastorno bipolar que conviene revisar. Es habitual el miedo a la estigmatización social por padecer el trastorno o la propia discriminación a la que deben enfrentarse en diversos ámbitos de su vida; los sentimientos de inutilidad o la intensa sensación de culpa y vergüenza por las consecuencias de su comportamiento; el afrontamiento de importantes situaciones de pérdida a lo largo de su vida (amistades, parejas, trabajos, proyectos, estudios) derivadas del trastorno, así como las ideas de desesperanza respecto a la curación de la enfermedad. A través de la reestructuración se trataría de introducir atribuciones más ajustadas dirigidas a la propia enfermedad, sustituyendo la culpa por una actuación responsable. También es importante que conozca la necesidad de seguir un tratamiento y cuidados a largo plazo para favorecer el control, estabilización y prevención de la enfermedad.*

– Puede ser útil la utilización del "Rol Reversal" en el que la persona acepta el reto de adoptar el papel del psicólogo y argumenta en contra de sus propias ideas sobrevaloradas observando su propia postura reflejada en el psicólogo.

4.3.3. Autoevaluación de las emociones:

Una técnica muy útil consiste en llevar un registro diario de emociones. Éste consiste en anotar la intensidad y duración de las emociones para aprender a cuestionarse las creencias e intenciones basadas en sentimientos muy intensos pero de corta duración. Como apoyo se pueden utilizar pictogramas o "termómetro de emociones", colores o dibujos con indicadores conductuales o corporales.

4.3.4. Entrenamiento en habilidades sociales:

Con el objetivo de aprender a manejar de forma más adecuada interacciones sociales se entrena a la persona en modelos de interacción asertivos como factor protector del deterioro potencial de sus relaciones interpersonales. Algunos específicos que es relevante trabajar en personas con este trastorno serían: mantener un volumen de voz ajustado, respetar el turno de palabra, cómo iniciar conversaciones con desconocidos, dirigirse al otro de forma respetuosa, no invadir el espacio interpersonal, etc.

4.3.5. Entrenamiento en solución de problemas:

Se trata de entrenar a la persona en la identificación, anticipación y afrontamiento de situaciones de estrés que desencadenen o puedan desencadenar la aparición de nuevos episodios maníacos. Se han de fijar objetivos a corto plazo en cada área importante de la vida, detallar los pasos necesarios para alcanzarlos, prever posibles obstáculos y estrategias para afrontarlos. Para ello nos ayudaremos del estudio y análisis de cómo y en qué circunstancias se produjeron episodios anteriores y qué se pudo haber hecho para evitarlos o afrontarlos.

4.3.6. Relajación y respiración:

Empleando las claves precursoras habituales en esa persona como señales para aplicar las técnicas habituales reguladoras de respiración y relajación, con objeto de disminuir su nivel de excitación o su tendencia a la hiperventilación, aminorando así el riesgo de actuar de manera impulsiva. Se trata de un entrenamiento complicado en fase aguda.

4.3.7. Estrategias para la mejora de la atención y la concentración:

En algún caso se podrían utilizar estrategias similares a las empleadas en los trastornos por déficit de atención para combatir la desorganización y la distraibilidad.

4.3.8. Otras:

Trabajar con técnicas como el entrenamiento en escucha, conversación, hacer resúmenes, responder a preguntas, finalizar las tareas, etc., es importante para que estas personas aprendan a planificarse así como para mejorar la memoria y centrar su pensamiento. La fuga de ideas, la verborrea y el emprender y abandonar tareas y proyectos son síntomas típicos de personas con trastorno bipolar considerando siempre un aumento con relación a su situación basal.

4.4. CONTROL DE CONTINGENCIAS

Puede ser útil complementar los planes de tratamiento con sistemas de control de contingencias. Reforzar las alternativas o la ausencia de síntomas, esto es, su participación en actividades adecuadas, integración con los demás, el control de sus impulsos, etc.

Puede ser de utilidad emplear sistemas de recompensa positivos donde la persona pueda visualizar sus logros.

4.5. TRATAMIENTO FARMACOLÓGICO

Etiopatogenia:

Las teorías vigentes integran los hallazgos genéticos, junto a los neuroquímicos, hormonales, neuroanatómicos, conductuales, psicológicos y sociales en un modelo biopsicosocial de vulnerabilidad-estrés.

El sustrato correspondería a los factores genéticos, que siendo muy importantes explican solo una parte del riesgo de desarrollar la enfermedad.

Sobre dicho sustrato actuarían factores ambientales de índole biológica (lesiones cerebrales, fármacos, cambios hormonales…), psicológica (acontecimientos estresantes, pérdidas parentales precoces…) e incluso factores meteorológicos (cambios estacionales, siendo el patrón más característico la presencia de un pico de hospitalizaciones por depresión en primavera y otoño, concentrándose las fases maniacas en invierno)-

Se podría resumir que este modelo define una etiología genética de la enfermedad cuya expresión clínica vendría mediada por factores ambientales.

Neurotransmisores:

Desempeñan un importante papel en la fisiopatología de la enfermedad y de sus recurrencias.

En pacientes maníacos se ha encontrado altas concentraciones de metabolitos de la dopamina en líquido cefalorraquídeo.

Los pacientes maníacos tienen niveles elevados de metabolitos de la noradrenalina.

Tanto la manía como la depresión se caracterizan por una baja actividad de serotonina.

La acetilcolina estaría aumentada en las fases depresivas y disminuida en las maníacas.

El GABA, principal neurotransmisor con acción inhibitoria sobre el SNC parece participar en la fisiopatología de la enfermedad bipolar ya que el litio, la carbamacepina, el ácido valproico, el clonacepán y el propanolol aumentan la transmisión de este neurotransmisor.

Tratamiento farmacológico:

- Tratamiento en fases agudas:

Manía

Con frecuencia se realizará en régimen de hospitalización. El tratamiento de elección es el litio (Plenur), añadiéndose con frecuencia un antipsicótico para obtener una respuesta más rápida. Sin embargo esto aumenta el riesgo de aparición de un episodio depresivo, por lo que en ocasiones se opta por añadir una benzodiacepina (Rivotril).

La carbamacepina (Tegretol) y el ácido valproico (Depakine) son alternativas al litio y parece que pueden ser más eficaces en cicladores rápidos combinados o no con litio.

Efectos secundarios del litio más frecuentes: Temblor, poliuria, polidipsia, aumento de peso, letargia, nauseas, vómitos, diarrea, hipotiroidismo…

Efectos secundarios de la carbamacepina más frecuentes: Leucopenia, trombocitopenia, letargia, ataxia, temblor, aumento de peso…

Efectos secundarios del ácido valproico mas frecuentes: náuseas, anorexia, dispepsia, diarrea, temblor, aumento de peso…

Se suelen utilizar los antipsicóticos en los estadios iniciales de la manía con el fin de obtener un rápido control psicopatológico. Se suele utilizar la Clozapina (Leponex).

Se utilizan benzodiacepinas, siendo la mejor estudiada el clonacepam (Rivotril).

Depresión

El litio es eficaz en el tratamiento de la depresión bipolar, siendo el tiempo de latencia de respuesta mayor. Se utilizan, con precaución los antidepresivos, siendo el riesgo de inducción de virajes superior en los antidepresivos tricíclicos.

Estados mixtos

Los antidepresivos suelen empeorar los síntomas y el litio es menos eficaz que en los cuadros anteriores.

Se suelen utilizar eutimizantes, combinando incluso 2 o 3, así como dosis bajas de antipsicóticos.

– Tratamiento de mantenimiento:
El tratamiento de mantenimiento es fundamental en los trastornos bipolares.

El litio es el más usado por su eficacia en reducir el riesgo de recaídas.

La carbamacepina es eficaz y en mayor medida en pacientes con ciclos rápidos, en formas mixtas, mala respuesta al litio y ausencia de antecedentes familiares.

El ácido valproico es también eficaz, especialmente en pacientes con episodios mixtos o ciclación rápida.

Es desaconsejable la utilización de antidepresivos ya que presentan un riesgo comprobado de desencadenamiento de episodios maníacos e inducción de ciclación rápida.

Los antipsicóticos atípicos están demostrando eficacia como eutimizantes (clozapina, risperidona y olanzapina).

5. ALGUNOS FACTORES DE VULNERABILIDAD Y PROTECCIÓN

FACTORES DE VULNERABILIDAD	BBPP PARA LA INMUNIDAD
Antecedentes familiares del trastorno.	Ausencia de antecedentes familiares del trastorno.
Mala historia anterior al inicio del trastorno.	Mejor historia previa al inicio del trastorno.
Existencia de múltiples episodios previos.	Intervención precoz.
Déficit de habilidades sociales, comunicación, autocontrol y solución de problemas.	Entrenamiento en habilidades sociales, de comunicación, autocontrol y solución de problemas.
Realización de actividades de riesgo (abuso de sustancias, juego…).	Facilitar un amplio repertorio de intereses y actividades alternativas compensatorias que no supongan un riesgo para la persona o los demás.
Ausencia de un seguimiento del tratamiento farmacológico.	Registro u otros instrumentos que faciliten la recogida de información e historial de tratamiento farmacológico.
Escasa o nula red social de apoyo.	Facilitar o promover la red de apoyo social.
Elevada tasa de conflictos familiares.	Apoyar para el mantenimiento de un buen clima de convivencia familiar.
Desconocimiento sobre el trastorno, su curso y tratamiento.	Formación (psicoeducación) a la familia o cuidadores principales y en su caso la persona con discapacidad intelectual del trastorno, su curso y tratamiento.
Rechazo o negación de la enfermedad.	Apoyo para un conocimiento ajustado de la enfermedad y aceptación de la misma.
Ausencia de un patrón regular en las actividades de la vida diaria (sueño, alimentación, etc.).	Información recogida sobre el patrón regular en las actividades de la vida diaria (sueño, alimentación, etc.).
Situaciones de inestabilidad en los distintos ámbitos de la vida (trabajo, pareja, etc.)	Promover situaciones de estabilidad en los distintos ámbitos de la vida (trabajo, pareja, etc.)

6. BIBLIOGRAFÍA

Angst, J. y Sellaro, R. (2000).Historical perspectives and natural history of bipolar disorder. *Biological Psychiatry, 48*, 445-457.

Deb, S., Matthews, T., Holt, G. y Bouras, N. (2001). *Practice Guidelines for the Assessment and Diagnosis of Mental Health Problems in Adults with Intellectual Disability (MH-MR)*. Brighton: Pavilion.

Leonhard, K. (1957b). Die cycloiden, zumeist als Schizophrenien verkannten Psychosen. *Psychiatr Neurol Med Psychol*, 9: 359–365.

Martínez-Leal et al. (2011). La salud en personas con discapacidad intelectual en España: Estudio europeo POMONA-II. *Revista de Neurología, 53*(7), 406-414.

Matson, J. (1994). *The Diagnostic Assessment for Severe Handicapped II*. Scientific Publishers Inc. Baton Rouge, L.A.

Prosser, H., Moss, S., Costello, H., Simpson, N., Patel, P. y Rowe S. (1998). Reliability and validity of the Mini PAS-ADD for assessing psychiatric disorders in adults with intellectual disability. *Journal of intellectual Disability Research, 42*(4), 264-272.

Rodríguez-Blázquez, C., Salvador-Carulla, L., Romero, C. y Atienza, C. (1998). Necesidades de atención a personas con retraso mental y trastornos psiquiátricos en España. El Informe Biomed/ALDAPT 1998. En http://campus.usal.es/~inico/investigacion/jornadas/jornada3/actas/simp2.pdf.

Salvador-Carulla, L., Martínez-Leal, R., Salinas, J.A. (2007). *Trastornos de la salud mental en personas con discapacidad intelectual: declaración Feaps e informe técnico*. Madrid: FEAPS.

Sovner, R. (1986). Limiting factors in the use of DSM III criteria with mentally ill/mentally retarded persons. *Psychopharmacological Bulletin, 22*, 1055-1060.

TRASTORNOS DE ANSIEDAD Y DISCAPACIDAD INTELECTUAL

INTRODUCCIÓN

Siguiendo la "Guía Práctica: Discapacidad Intelectual y Salud Mental" (Ayuso et al., 2007) elaborada por la Fundación Carmen Pardo-Valcarce, así como la Consejería de Familia y Asuntos Sociales, las personas con DI pueden tener serios problemas para entender y explicar cómo se sienten cuando están nerviosas, lo que puede dar lugar a un error de interpretación de estos síntomas o conducir a diagnósticos equívocos, por lo que podemos ayudarles, en general, relatando situaciones en las que una persona experimenta estos síntomas y comprobando si en las circunstancias que les generan ansiedad se sienten de esa forma.

Como se han indicado más arriba, en personas con DI será frecuente encontrar equivalentes conductuales como manifestaciones de estados de ansiedad, así como quejas somáticas (por ej. dolores de estómago, jaquecas).

Específicamente, sobre el Trastorno de Angustia/Pánico, según la "Guía Práctica: Discapacidad Intelectual y Salud Mental" (Ayuso et al., 2007) en aquellas personas de la población general que sufren ataques de pánico suelen ser frecuentes las sensaciones de "desrealización", como un abstracto sentimiento de irrealidad que es considerado un síntoma de este tipo de problemas; sin embargo, en personas con DI muchas veces no vamos a encontrar la capacidad cognitiva necesaria para que pueda manifestarse esta sensación y, en caso de que se presente, explorarla y describirla va a resultar complicado, siendo más frecuente que aparezcan equivalentes conductuales.

Por tanto, como en el caso de otros trastornos, los tratamientos generales propuestos para la población general serán más fácilmente aplicables en aquellas personas con DI que presentan menos necesidades de apoyo, así como más habilidades comunicativas, mientras que en los casos de personas con más necesidades de apoyo y limitaciones de expresión y compresión, será necesario realizar un exhaustivo análisis funcional que permita tratar los problemas de conducta relacionados con el problema de ansiedad, si así se diagnosticase.

En cuanto a los trastornos neuróticos y relacionados con el estrés, el DC-LC (Royal College of Psychiatrists, 2001) incluye en este grupo los siguientes cuadros:

Agorafobia

Fobia Social

Fobias Específicas

Trastorno de Pánico

Trastorno de Ansiedad Generalizada

Trastorno Obsesivo-Compulsivo

Reacción de Estrés Agudo

Trastornos de Adaptación

Otras reacciones a Estrés Grave/Agudo

Otros Trastornos Neuróticos y relacionados con el Estrés

Según el manual DC-LC, los trastornos de ansiedad son probablemente comunes entre los adultos con DI, aunque es frecuente que sean no diagnosticados ni tratados, existiendo a menudo una larga historia, en ocasiones desde la infancia, lo que hace difícil fechar el momento en el que aparecieron por primera vez los síntomas de ansiedad.

Para satisfacer los criterios diagnósticos, tanto los síntomas de ansiedad, como la evitación causada por la ansiedad anticipatoria, deben ser suficientemente graves y/o frecuentes como para provocar sufrimiento en la persona o el deterioro en su funcionamiento habitual.

Síntomas de ansiedad ocasionales, en situaciones en las que la mayoría de la gente se encontraría ansiosa, no son suficientes para realizar el diagnóstico de un trastorno de ansiedad.

Algunas manifestaciones de la ansiedad son fácilmente observables en personas con DI y similares a las que vemos en la población general (por ej. apariencia de temor, sudor, temblores o ruborizarse).

En el DC-LC tanto la descripción subjetiva de los síntomas por parte de la persona, como su observación por terceros están incluidas como criterios. Esto permite el diagnóstico de trastornos de ansiedad en aquellas personas con DI que no son capaces de describir sus síntomas, debido a sus limitaciones intelectuales o la falta de capacidad verbal.

Las personas con DI frecuentemente no son capaces de describir los fenómenos cognitivos más complejos que aparecen en los trastornos de ansiedad, tales como la despersonalización o la desrealización, por lo que se han excluido.

En el caso de las fobias, los criterios DC-LC no requieren que el individuo reconozca su miedo como excesivo e irracional, ya que la mayoría de las personas con DI no son capaces de describir sus síntomas con este grado de insight.

Como siempre, hay una exclusión específica indicando que la ansiedad no es secundaria a otros trastornos psiquiátricos, en particular la psicosis.

Por otro lado, las conductas de evitación de situaciones específicas pueden estar limitadas o no aparecer debido a las falta de oportunidades o las escasas posibilidades de elección en el caso de algunas personas con DI.

Mientras que las manifestaciones cognitivas de los trastornos de ansiedad son expresadas de forma poco frecuente en personas con DI, las manifestaciones conductuales son vistas con frecuencia.

La irritabilidad e inquietud son observadas comúnmente en personas con DI, como síntomas de ansiedad, incluyéndose como criterios diagnósticos de estos trastornos.

La irritabilidad puede manifestarse como agresiones hacia sí mismo, otros o la destrucción de la propiedad, pudiendo tratarse de una presentación clínica de los trastornos de ansiedad, especialmente en aquellas personas que no son capaces de describir sus preocupaciones y miedos.

Antes de hacer el diagnóstico de uno de los trastornos de ansiedad, es esencial excluir enfermedades físicas u otros trastornos psiquiátricos que pudieran ser la causa de los síntomas de la ansiedad. Otros trastornos psiquiátricos que pueden producir síntomas de ansiedad incluyen la esquizofrenia y otros trastornos psicóticos, la depresión y el trastorno obsesivo-compulsivo.

Como siempre, la comorbilidad puede aparecer, indicándose el diagnóstico que describe mejor el cuadro clínico. En este sentido, el retraimiento social debido a agorafobia o fobia social debe ser claramente diferenciado.

Algunos de los puntos generales aplicados a los trastornos de ansiedad son igualmente pertinentes para el diagnóstico del trastorno obsesivo-compulsivo en personas con DI.

En particular, el diagnóstico de trastorno obsesivo-compulsivo en la población general incluye la descripción del fenómeno cognitivo complejo que es difícil de expresar en personas con DI debido a limitaciones intelectuales o verbales.

Por este motivo, es complicado obtener una clara descripción de las obsesiones y/o compulsiones cognitivas como producto de la mente de la persona. En consecuencia, el DC-LC exige que no haya evidencias de que éstas sean consideradas por la persona como impuestas por una fuente externa.

Como en los trastornos de ansiedad, la persona con DI puede no reconocer o no estar preparada para describir la irracionalidad de sus obsesiones y/o compulsiones, aunque éstas deben ser consideradas como repetitivas y excesivas por otros.

Algunos autores (Franco M., 1998) indican que las dificultades para superar los problemas que se le presentan a las personas con DI en el día a día, así como para afrontarlos hace que los trastornos de ansiedad, en general, sean más frecuentes (Eaton L.F., Menolascino F. J., 1982); además, las dificultades en la relación interpersonal, las expectativas poco realistas de la familia y los problemas en la conducta adaptativa facilitan también su aparición (Menolascino, 1988).

Sin embargo, otros autores (Novell R., Rueda P., Salvador Carulla L., 2005) indican que la frecuencia de trastornos de ansiedad en las personas con DI es similar a la de la población general y que en los casos de personas que no pueden expresar verbalmente su ansiedad ésta puede aparecer como alteraciones de conducta, siendo en estas situaciones necesario efectuar un análisis funcional que permita identificar qué está provocando el aumento de la ansiedad (estresores) y qué lo precipita (factores desencadenantes), resultando la evaluación conductual el método más fiable para el diagnóstico de trastornos de ansiedad en personas que presentan más necesidades de apoyo.

Los datos son similares al indicar que en las personas con DI que presentan problemas de ansiedad, es habitual que éstos se manifiesten con problemas de conducta dirigidos a evitar la situación difícil, o que no pueden afrontar, y que constituye el origen de la ansiedad (Franco M., 1998).

También se ha encontrado asociación (Franco M., 1998) entre los trastornos de ansiedad y los Síndromes de Willams y X Frágil, que a su vez se asocia con DI (Einfeld y cols., 1992).

Además, se indica (Franco, 1998) que la ansiedad guarda relación con frecuencia con trastornos depresivos y otros trastornos psiquiátricos (W.M.A. Verhoeven y S. Tuinier, 1997) y que es una patología que cuando se busca en esta población aparece con frecuencia, como aparece en el estudio de King (King et al., 1994) que lo diagnostican en un 12% de los casos enviados a consulta de psiquiatría en un centro de atención a la DI, y en nuestro país Rodríguez Sacristán y Buceta (Rodríguez-Sacristán J., Buceta, M.J., 1995) que hallaron una cifra de 10.3-13%, si bien es frecuente que en entornos asistenciales habituales se infradiagnostique y no reciba tratamiento alguno (Linaker, OM. y Nitter, R., 1990).

Algunas claves para el diagnóstico diferencial:

- Evitar el fenómeno de "eclipse diagnóstico", atribuyendo respuestas propias de un cuadro de ansiedad a la presencia de DI, sin prestar la ayuda terapéutica necesaria.
- Atender a posibles eventos o sucesos estresores, para establecer el posible origen del problema de ansiedad (podrían ser de utilidad el uso de escalas de "Acontecimientos Vitales" para detectar factores estresantes).
- Observar los cambios que se han producido en relación al comportamiento habitual, mediante escalas para valorar periódicamente los problemas de conducta, tales como la "Escala de Conductas Anómalas" ABC-ECA. (Novell Alsina, R., Rueda Quillet, P. y Salvador Carulla, L. , 2005).
- Tener en cuenta que algunos síndromes (X frágil, Williams) pueden presentar, de forma asociada, problemas de ansiedad.

TRASTORNO DE ANGUSTIA/PÁNICO Y DISCAPACIDAD INTELECTUAL

1. **¿QUÉ ES?** Definición, criterios diagnósticos, curso y prevalencia
2. **¿CÓMO IDENTIFICARLO?** Síntomas, signos e indicadores conductuales. Diagnóstico diferencial
3. **HERRAMIENTAS PARA DETECTARLO**
4. **RECURSOS Y ORIENTACIONES PARA LA INTERVENCIÓN. FARMACOLOGÍA**
5. **ALGUNOS FACTORES DE VULNERABILIDAD Y PROTECCIÓN**
6. **BIBLIOGRAFÍA**

1. ¿QUÉ ES?
Definición, criterios diagnósticos, curso y prevalencia.

1.1. DEFINICIÓN

Dado que las crisis de angustia suelen aparecer en el contexto de diversos trastornos de ansiedad, su descripción y sus criterios diagnósticos vienen expuestos por separado en esta sección. La característica principal de una crisis de angustia es la aparición aislada y temporal de miedo o malestar intenso, que se acompaña de al menos 4 de un total de 13 síntomas somáticos o cognitivos. La crisis se inicia de forma brusca y alcanza su máxima expresión con rapidez (habitualmente en 10 minutos o menos), acompañándose a menudo de una sensación de peligro o de muerte inminente y de una urgente necesidad de escapar. Los 13 síntomas somáticos o cognitivos vienen constituidos por palpitaciones, sudoración, temblores o sacudidas, sensación de falta de aliento o ahogo, sensación de atragantarse, opresión o malestar torácico, náuseas o molestias abdominales, inestabilidad o mareo (aturdimiento), desrealización o despersonalización, miedo a perder el control o "volverse loco", miedo a morir, parestesias y escalofríos o sofocos.

1.2. CRITERIOS DIAGNÓSTICOS

Trastorno de Angustia sin agorafobia

Presentes ambos (1) y (2):

(1) Ataques de pánico recurrentes e inesperados (en personas con más necesidades de apoyo, considerar el diagnóstico basado en episodios de pánico recurrentes e inesperados observados).

(2) Al menos uno de los ataques ha estado seguido por un mes (o más) de uno (o más) de lo que sigue (la persona puede presentar dificultades con la secuencia temporal por lo que para identificar un mes de tiempo, es conveniente usar un marco temporal y anclajes como eventos vitales importantes, tales como cumpleaños, vacaciones, viajes importantes o visitas):

a. Inquietud persistente sobre la aparición de otro ataque (en personas con más necesidades de apoyo ésta usualmente no puede ser detectada, por lo que hay que considerar el diagnóstico basado en la observación de episodios de pánico recurrentes e inesperados).

b. Preocupación acerca de las implicaciones del ataque o sus consecuencias, por ej. perder el control, tener un ataque al corazón, "volverse loco" (en personas con más necesidades de apoyos no puede ser detectada, por lo que hay que considerar si la persona tiene la apariencia de estar preocupada, afligida, necesidad de seguridad, agarrándose o llorando)

c. Cambio significativo en la conducta relacionado con los ataques

(3) Ausencia de agorafobia.

(4) Los ataques de pánico no se explican mejor por la presencia de otro trastorno mental, tal como fobia social (por ej., ocurren durante la exposición a una situaciones sociales), fobia específica (por ej., en exposición a situaciones fóbicas específicas), trastorno obsesivo-compulsivo (por ej., en la exposición a suciedad en algunas obsesiones sobre contaminación), trastorno de estrés post-traumático (por. ej., en respuesta a estímulos asociados con un estresor importante) o trastorno de ansiedad por separación (por ej., en respuesta a estar fuera de casa o parientes cercanos).

Trastorno de Pánico con agorafobia

Igual que lo anterior, pero en el **punto (3) presencia de agorafobia**.

1.3. CURSO Y PREVALENCIA

En población general, la edad promedio de comienzo del trastorno varía, aunque es más frecuente entre el final de la adolescencia y los 35 años. No obstante, el trastorno puede tener su inicio en la infancia o después de los 45 años (Botella, C. y Ballester, R., 1997).

En cuanto al curso del trastorno, también según datos de población general, se ha encontrado que la pérdida o ruptura de una relación interpersonal importante está asociada con su inicio o exacerbación. El curso es muy variable, pudiendo darse un único ataque seguido de un período prolongado de preocupación por otro posible ataque o ataques más o menos espaciados con períodos en los que parece remitir, por lo que la duración del trastorno puede oscilar entre unas semanas y años (Ballesteros, 1997).

En cuanto a la prevalencia, según el DSM-IV, las tasas de prevalencia del Trastorno de Pánico en población general oscilan entre el 1,5% y el 3,5%, siendo el trastorno de pánico sin agorafobia dos veces más frecuente en mujeres que en hombres, y el trastorno de pánico con agorafobia, tres veces más (Ballesteros, 1997).

En un artículo sobre "Prevalencia de trastornos psiquiátricos en niños y adolescentes con y sin discapacidad intelectual" (Emerson, 2003) en Estados Unidos, aparece una prevalencia para el trastorno de pánico del 0,4% en la población con discapacidad, frente al 0,1% de la población sin discapacidad.

2.   ¿CÓMO IDENTIFICARLO?
Síntomas, signos e indicadores conductuales. Diagnóstico diferencial.

2.1. SÍNTOMAS, SIGNOS E INDICADORES CONDUCTUALES

Recuerda que:

– Hay que atender a posibles eventos o sucesos estresores, para establecer el posible origen del problema de ansiedad (por ej., emplear escalas de "Acontecimientos Vitales" para detectar factores estresantes anuales).

– Es necesario observar los cambios que se han producido en relación al comportamiento habitual (por ej., utilizar escalas para valorar periódicamente los problemas de conducta, tales como la "Escala de Conductas Anómalas" ABC-ECA. (Novell R., Rueda P., Salvador Carulla L., 2005).

– Además, hay que tener en cuenta que algunos síndromes (X frágil, Williams) pueden presentar, de forma asociada, problemas de ansiedad.

Nivel Fisiológico-Emocional

SÍNTOMAS O SIGNOS	ALGUNOS INDICADORES
Palpitaciones, sacudidas del corazón o elevación de la frecuencia cardíaca.	Tocarse el pecho. Agarrar a otra persona. Darse golpes en el pecho.
Sudoración.	Secarse la frente. Quitarse ropa. Sudoración de las manos o la espalda. Tener la ropa empapada.
Temblores o sacudidas.	Movimientos de temblor. Tirar algo de las manos.
Comprobar si al coger algo le tiemblan las manos. Sensación de ahogo o falta de aliento.	Respiración acelerada, superficial. Llanto. Expresión facial de angustia. Respiración entrecortada irregular, rápida. Rigidez de las manos.
Sensación de atragantarse.	Tos. Color pálido. Cogerse del cuello. Dificultad o negativa a comer. Escupir.
Opresión torácica.	Se lleva las manos al pecho. Gesto de dolor. Tocarse o darse palmadas en el pecho.
Molestias abdominales.	Nauseas. Vómitos. Mareo. Tirar la comida. Negarse a comer. Descomposición.
Inestabilidad, mareo, desmayo.	Caerse. Tropezarse. No querer moverse. Evitar hacer actividad física.
Parestesias (adormecimiento o sensaciones de cosquilleo).	Tocarse una parte del cuerpo. Pellizcarse. Golpes en una parte del cuerpo. Querer agarrarse a otra persona.
Escalofríos o sofocaciones.	Temblor. Moverse. Abrigarse o desabrigarse.

SÍNTOMAS O SIGNOS	ALGUNOS INDICADORES
Miedo a perder el control / volverse loco.	Gesto de temor. Gritos. Oposición. Arrinconarse. Conductas autorestrictivas.
Miedo a morir.	Gesto de temor. Gritos. Llanto. Querer estar siempre acompañado. Evitación o ansiedad al hablar de temas de la muerte.
Desrealización o despersonalización.	Expresión verbal de la persona. Gesto de perplejidad o extrañeza.
Inquietud y preocupación persistente ante la posibilidad de tener más crisis y sus posibles implicaciones y consecuencias.	Dificultades de atención. Movimientos repetitivos del cuerpo. Falta de concentración en las tareas. Problemas para permanecer sentado. Dificultades para el funcionamiento habitual. Verbalizaciones recurrentes sobre la preocupación.

SÍNTOMAS O SIGNOS	ALGUNOS INDICADORES
Cambio significativo del comportamiento relacionado con las crisis.	Consumo de drogas, alcohol, relaciones sexuales de riesgo o cualquier actividad que le genere placer realizada de forma exagerada y sin valorar consecuencias.

2.2. DIAGNÓSTICO DIFERENCIAL

Algunas claves para el diagnóstico diferencial:

Recordar que las personas con más dificultades de expresión y comunicación, así como mayor necesidad de apoyo pueden manifestar su ansiedad en forma de problemas de conducta, por lo que habrá que realizar un adecuado análisis funcional, detectando estresores, desencadenantes y mantenedores del comportamiento desadaptativo (por ej., utilizar hojas de registro tipo "Scatter Plot" o de análisis de incidentes A-B-C).

En relación al diagnóstico diferencial con otros trastornos de ansiedad (Botella, C. y Ballester, R., 1997) hay que tener en cuenta:

- *El* **contenido del temor**, que está centrado en la propia reacción fisiológica en el caso del trastorno de pánico, frente a las fobias que se centran en un objeto o situación interpersonal.
- *El* **tipo de ataques de pánico**, inesperados y recurrentes en el trastorno de pánico, en lugar de situacionalmente determinados o predispuestos en las fobias.
- *El* **número de situaciones evitadas**, mayor en el caso de trastorno de pánico con agorafobia.
- El **grado de ansiedad continua o generalizada**, que suele ser mayor entre los pacientes con pánico, por miedo a experimentar un nuevo ataque.

Y específicamente en relación al:

- **Trastorno de Ansiedad Generalizada**, el diagnóstico de trastorno de pánico incluye la posibilidad de preocupación entre las crisis cuando ésta se refiere al temor a experimentar nuevos ataques, diagnosticándose ansiedad generalizada cuando gira en torno a otros temas.
- **Trastorno Obsesivo-Compulsivo, Fobias y Trastorno de Estrés Postraumático**. En estos casos los ataques de pánico están determinados o predispuestos por la exposición al objeto de una obsesión y la exposición a un estímulo que recuerda un estresor importante.

En cuanto al diagnóstico diferencial respecto a otros trastornos:

- **Hipocondría**, en el trastorno de pánico los pacientes suelen tener un alto grado de preocupación somática e incluso de convicción de enfermedad. Sin embargo la personas con hipocondría se preocupa por un número mayor de síntomas y algunos de ellos no directamente relacionados con los ataques (p. p. ej. una mancha en la piel). Además, el carácter de la amenaza percibida es inminente en el pánico y a medio-largo plazo en la hipocondría.
- **Depresión Mayor**, en el DSM-IV se indica la posibilidad de que aparezcan ataques de pánico durante un episodio de depresión mayor. Sólo si se cumplen los restantes criterios para el diagnóstico de trastorno de pánico, se diagnosticará ambos cuadros.

Como se ha indicado en los criterios diagnósticos, no se diagnosticará trastorno de pánico si los ataques de pánico se dan como consecuencia fisiológica de una condición médica general ("trastorno de ansiedad debido a una condición médica general") o por la intoxicación por una sustancia ("trastorno de ansiedad inducido por el uso de sustancias"), considerándose el diagnóstico de trastorno de pánico sólo si continúan los ataques después de que haya transcurrido el tiempo suficiente como para que desaparezcan los efectos del consumo de tales sustancias

Pueden indicar la presencia de una condición médica general o del abuso de sustancias si el inicio del episodio es después de los 45 años (Botella, C. y Ballester, R., 1997), hay presencia de síntomas atípicos como vértigo, pérdida de conciencia, falta de control de esfínteres, amnesia o dolores de cabeza.

Específicamente, en relación a otros problemas orgánicos (condición médica general) hay que tener en cuenta, por una parte, que la presencia de un problema orgánico no necesariamente excluye la posibilidad de padecer un trastorno de pánico y, por otra, que puede establecerse una interacción entre ambos. Algunos de estos casos son: hipoglucemia, hipertiroidismo, hipoparatiroidismo, síndrome de Cushing, feocromocitoma, epilepsia del lóbulo temporal, hiperventilación, intoxicación por cafeína, trastorno del sistema audiovestibular y prolapso de la válvula mitral (Botella, C. y Ballester, R., 1997).

3. HERRAMIENTAS PARA DETECTARLO

Instrumentos generales de evaluación para personas con discapacidad intelectual (Novell R., Rueda P., Salvador Carulla L., 2005):

- PAS-ADD Checkist (Moss et al 1998).
- Diagnostic Manual- Intellectual Disability (DM-ID): A texbook of diagnostic of mental disorders in persons with intellectual disability (Fletcher, R., Loschen, E., Stavrakaki, C., & First, M., 2007).
- DC-LD Diagnostic Criteria for Psychiatric Disorders for use with Adult with Learning Disabilities (Royal Collage of Psychiatrist, 2001).
- Registro de Evaluación e Información (A.I.R.P.): en la parte de valoración del "Estado Mental" incluye una "Escala de Evaluación Psicopatológica de la Deficiencia Mental", obteniéndose una puntuación sobre trastornos de ansiedad en general.
- Evaluación Diagnóstica para Discapacitados Graves (DASH-II), obteniéndose una puntuación en la escala de ansiedad de forma general.

- Scatter Plot, como hoja de registro para la identificación de estímulos de control de las alteraciones de la conducta y Diario de sueño-vigilia (de posible mayor utilidad para personas con bajo nivel intelectual y comunicativo).
- Registro "Escala de Disconfort Modificada" de Gedye (1995), para detectar posibles indicadores conductuales de problemas de ansiedad en personas con bajo nivel intelectual y comunicativo.
- Análisis de Incidentes A-B-C y Análisis Funcional-Ecológico de la conducta A-B-C (de utilidad para la elaboración de las posibles hipótesis funcionales sobre el problema).
- Escala de Evaluación de la Motivación, para detectar posibles conductas de evitación relacionadas con las crisis de angustia/ataques de pánico.
- Análisis Multimodal de la Conducta, para detectar condiciones iniciadoras, precursoras y contribuyentes, factores de vulnerabilidad y reforzadores (positivos y negativos).

Instrumentos específicos para la evaluación del Trastorno de angustia/pánico y su diagnóstico diferencial no adaptados a personas con DI. En principio sería de mayor utilidad en personas con DI que presentan más habilidades comunicativas y comprensivas (Botella, C. y Ballester, R., 1997).

- Entrevista de evaluación del pánico (C. Botella y R. Ballester, 1997)
- Registro de predicción de los ataques de pánico (C. Botella y R. Ballester, 1997)
- Cuestionario de miedos (I. M. Marks y A. M. Mathews, 1979)
- Escalas de evitación-temor: conductas-objetivo (C. Botella y R. Ballester, 1997)
- Escala de adaptación (E. Echeburúa y P. de Corral, 1987)
- Inventario de ansiedad, BAI (Beck, Epstein, Brown y Steer, 1988; traducción R. Ballester, 1992)
- Cuestionario de pensamientos distorsionados, CDQ, 1988 (traducción R. Ballester, 1992)
- Cuestionario de conducta de enfermedad, IBQ (Pilowsky y Spence, 1983; traducción R. Ballester, 1992)
- Escala de conciencia corporal privada y pública, BCS (Miller y cols., 1981; traducción R. Ballester, 1992)

4. RECURSOS Y ORIENTACIONES PARA LA INTERVENCIÓN PSICOSOCIAL Y FARMACOLÓGICA

En el tratamiento del trastorno de crisis de ansiedad o ataque de pánico es necesario elaborar un plan de tratamiento que considere en conjunto la indicación de psicofármacos, aspectos psicológicos, ambientales e interpersonales que suelen estar presentes, así como las características propias del individuo afectado. Se tratará de contar con la participación activa del paciente siempre que sea posible.

Como objetivos en una primera fase el énfasis está puesto en la máxima erradicación posible de la tríada sintomática característica (crisis de pánico, ansiedad anticipatoria y conductas de evitación), y luego en el tratamiento de los factores de riesgo que facilitan eventuales recaídas.

4.1. PSICOEDUCACIÓN SOBRE EL PROBLEMA

Explicación razonable sobre lo que le está pasando a la persona, en cuanto a las crisis y el trastorno, que debe incluir los siguientes puntos:

- Qué es la ansiedad. Cómo se cuantifica en uno mismo (ver **foto 1**).
- Posible valor adaptativo de la ansiedad.
- Ausencia de consecuencias perjudiciales de la ansiedad para el organismo.
- Formas de manifestarse la ansiedad (ver **foto 2**).
- Importancia central del pensamiento en el desencadenamiento de la ansiedad.
- Presentación del modelo cognitivo del pánico.

En personas con DI será muy importante adaptar esta información a su nivel de comprensión, empleando dibujos, diapositivas, gráficos, ejemplos y un lenguaje sencillo.

En este sentido pudiera ser de utilidad emplear el libro "Convivir con el pánico y mejorar la autoestima" (Aisbett, B., 2004) que, en formato de autoayuda, emplea "dibujos-comic" para explicar el pánico y cómo afrontar éste, realizando todas las adaptaciones que se consideren necesarias.

Foto 1: Ejemplo de ayuda visual para evaluar el nivel de ansiedad en personas con menores capacidades comunicativas.

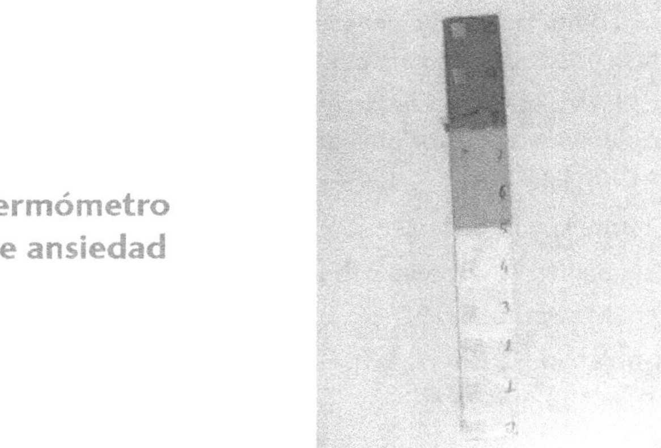

Foto 2: Ejemplo de ayuda visual para explicar las diversas formas de manifestarse la ansiedad.

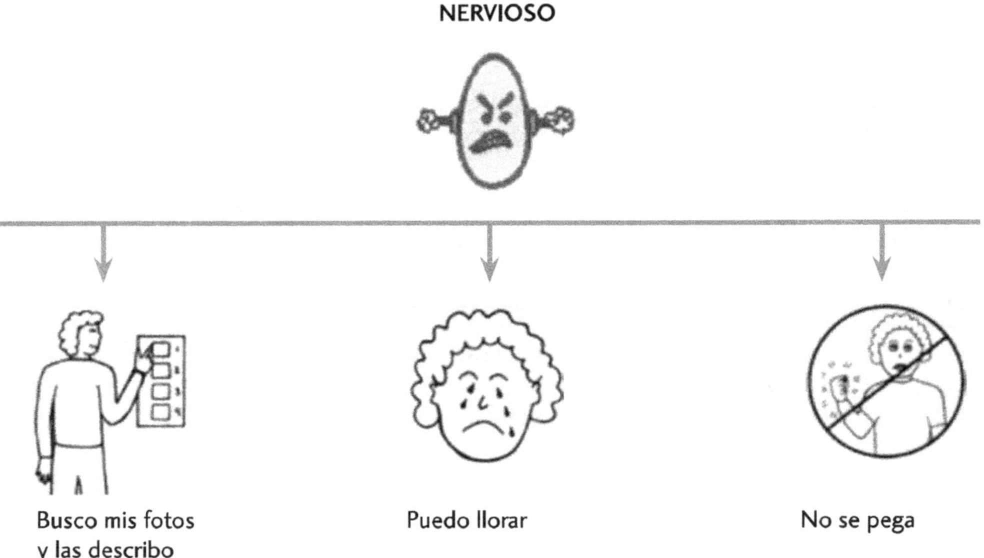

4.2. AJUSTE DEL ENTORNO

Es importante ajustar el medio físico en función de la situación clínica de la persona, tratar de reducir su aversividad y aumentar su previsibilidad.

En este sentido se ha de adaptar también la programación de actividades procurando que la persona no se enfrente a otras situaciones no planificadas que le generen un elevado nivel de ansiedad con el objetivo de evitar un recondicionamiento.

4.3. ENSEÑANZA DE HABILIDADES

4.3.1. Discusión cognitiva de los pensamientos catastróficos:

Identificar qué tipo de cogniciones presenta la persona y:

– Definir el pensamiento negativo: "qué me preocupa", "qué temo", "qué creo que puede sucederme".

– Analizar las evidencias a favor y en contra del contenido del pensamiento: "qué pruebas tengo de que lo que temo vaya a ocurrir", "¿y en contra?".

– Analizar las probabilidades: "qué probabilidad hay, entonces, de que lo que temo pueda ocurrir".

– Buscar interpretaciones alternativas: "¿existen, por tanto, otras explicaciones alternativas a lo que me está sucediendo?".

– Desdramatizar: "¿qué sería lo peor que podría sucederme si lo que temo fuera cierto? ¿sería tan horrible?".

– Valorar la utilidad del pensamiento: "¿me ayuda pensar en la posibilidad de que lo que temo vaya suceder, o por el contrario, sólo consigo ponerme más ansioso? ¿me resulta útil pensar así?".

En personas con DI se requerirá el suficiente nivel comprensivo para aplicar estas técnicas cognitivas, asegurándonos de que la persona, en caso de poder emplearse, adopta pensamientos alternativos más adaptativos que le permiten funcionar mejor.

4.3.2. Hiperventilación y entrenamiento en respiración lenta:

Indicado en aquellas personas en las que la hiperventilación juega un papel importante, con el objetivo de enseñarles a seguir un ritmo de respiración opuesto (pudiendo emplearse junto a la "prueba de hiperventilación").

En personas con DI deberá adaptarse la explicación a su nivel de comprensión, empleando dibujos, diapositivas, modelado, ensayos, feedback y refuerzo para el aprendizaje de algunas técnicas de respiración sencillas (p. ej., respiración profunda).

En este sentido pudiera ser de utilidad emplear el libro "Convivir con el pánico y mejorar la autoestima" (Aisbett, B., 2004) donde se dan pautas sencillas con dibujos para realizar una respiración lenta y profunda, con retención y posterior exhalación, para su empleo en momentos de crisis, así como algunos juegos, adaptados a personas adultas con discapacidad intelectual, que aparecen en el libro "Juegos de relajación para niños de 5 a 12 años" (Nadeu, M., 2003), que pueden emplearse para el aprendizaje de técnicas sencillas de respiración en momentos inter-crisis.

Ejemplo de clave visual para realizar inspiraciones y expiraciones profundas

4.3.3. Entrenamiento en técnicas de distracción:

Ya que la "autoatención" (hipervigilancia, atención selectiva o autoconciencia) hacia el propio funcionamiento corporal es uno de los factores más importantes en este trastorno, se plantean 5 tipos de técnicas:

– Centrarse en un objeto, describiéndolo con todo detalle.

– Conciencia sensorial, haciendo un recorrido por todos los sentidos e intentando agudizarlos.

– Ejercicios mentales, como contar, nombrar animales o personas.

– Actividades absorbentes, dentro del repertorio habitual de la persona y específicas.

– Recuerdos y fantasías agradables, que sean suficientemente vívidas.

– Cuando la persona controla este tipo de técnicas de distracción se puede empezar a aplicar técnicas de exposición.

En personas con DI con suficiente capacidad cognitiva será preciso explicar adecuadamente en qué consisten las técnicas, así como emplear registros u otros recordatorios para su uso, como p. ej., apoyos visuales, tarjetas (ver fotos 3 y 4); además, será necesario adaptar las actividades a sus intereses y tener en cuenta que el nivel de dificultad no impida su realización. Cuanto mayor sea el nivel de necesidad de apoyo o menores las habilidades de autorregulación será necesario la supervisión, incitación verbal e incluso guía física para favorecer la distracción de la persona, proponiendo la realización de actividades alternativas más funcionales.

Fotos 3 y 4: Ejemplos de ayudas visuales para personas con menor capacidad de autorregulación

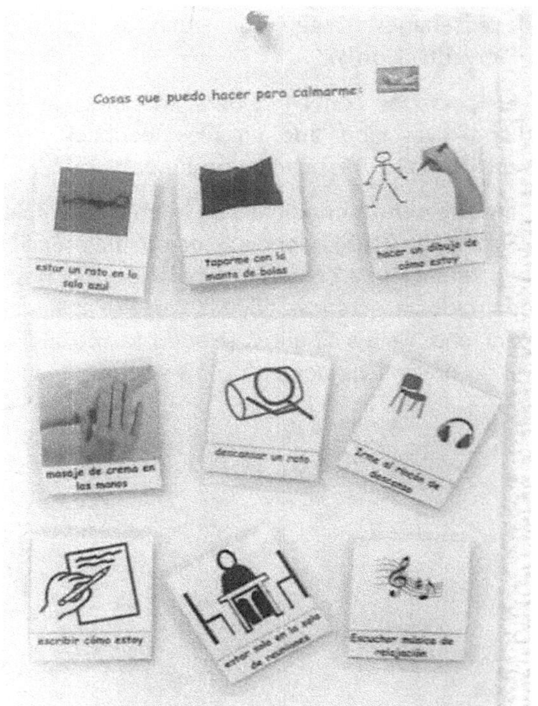

4.3.4. Uso de experimentos comportamentales para el cambio cognitivo:

Ayudan a la persona a identificar y modificar la interpretación catastrófica sobre sus sensaciones corporales, cambiando las creencias a través de la propia experiencia, mediante comprobación y verificación directa. Esto permite atribuir sus síntomas a sensaciones corporales normales. Algunos ejemplos serían:

− Prueba de hiperventilación.
− Lectura de pares asociados.
− Foco de la atención.
− Ejercicio físico.
− Cambios corporales bruscos.

Este procedimiento podría ser útil en personas con DI cuando las intervenciones cognitivas, basadas en el diálogo racional, no pueden emplearse o su uso no produce resultados satisfactorios.

4.3.5. Exposición a estímulos internos y externos:

El temor a sufrir una crisis puede producir conductas agorafóbicas. Es importante, por tanto, no reforzar conductas evitativas. De este modo, la intervención debería recoger los siguientes aspectos:

Abordar la importancia de la evitación en el trastorno; ventajas y desventajas de ésta, remarcando los perjuicios.

Uso de técnica de exposición: normas para su aplicación, con ejemplificación; elaboración de la jerarquía; establecimiento y revisión de tareas.

En personas con DI habrá que adaptar las explicaciones así como los materiales a su capacidad de comprensión (registros, dibujos, recordatorios visuales). Es importante la ayuda y colaboración de los familiares y el personal de atención directa, así como apoyos naturales en la progresiva implementación de las tareas de exposición. Se darán pautas de actuación concretas en relación a las mismas, así como feedback sobre la ejecución, especialmente en aquellas personas con más dificultades de autorregulación.

En la medida de lo posible habrá que solicitar el consentimiento informado de la persona o de su familia para la puesta en marcha del programa de exposición, asegurando su implicación en el mismo, así como la de sus principales personas de apoyo.

4.3.6. Prevención de recaídas:

En esta última fase se trabajan los siguientes aspectos:

− Valoración de la evolución (ver **foto 5**).
− Repaso del contenido de las sesiones.
− Atribución de la mejoría alcanzada y refuerzo.
− Valoración de la creencia residual en las interpretaciones catastróficas de las sensaciones corporales.
− Valoración del grado de evitación y temor a las principales conductas-objetivo.
− Generalizar lo aprendido a otras sensaciones corporales que pudieran aparecer en el futuro.
− Seguir practicando las técnicas aprendidas.
− Evaluación final.

1ª semana	LUNES	MARTES	MIERC.	JUEVES	VIERNES
He podido relajarme	✓				
He salido al recreo yo solo	✓				
He salido al recreo acompañado	✗				

4.4. CONTROL DE CONTINGENCIAS

Resulta útil complementar los planes de tratamiento con sistemas de control de contingencias. En este caso nos centraríamos en el control de las conductas de evitación y en la superación de las diferentes situaciones de exposición. En personas con mayor necesidad de apoyos se pueden utilizar sistemas de refuerzos positivos donde la persona pueda visualizar sus logros.

4.5. TRATAMIENTO FARMACOLÓGICO

Tratamiento de urgencia:

Se recomienda el uso de benzodiacepinas como: Alprazolam 1-2 mg, Diazepam 5-10 mg o Lorazepam 1-2 mg, dado que consiguen una rápida remisión tanto de la ansiedad anticipatoria, como de las crisis de angustia.

Puede ser útil el uso de una mascarilla obturada a fin de controlar la hiperventilación y la posible tetania.

Tratamiento de base:

Como primera elección se aconseja utilizar:

- *Benzodiacepinas:* Clonazepam (2-6 mg/día) o Alprazolam Retard (3-10 mg/día). La BZD debe iniciarse a dosis bajas e incrementar progresivamente hasta la desaparición de las crisis.

  Son sobre todo útiles si se busca un control rápido de la sintomatología. Se desaconsejan en pacientes con antecedentes de abuso-dependencia de sustancias. Para evitar la posible aparición de fenómenos de tolerancia y abstinencia conviene evitar su uso durante períodos prolongados.

  Para interrumpir el tratamiento se debe disminuir la dosis muy lentamente, y no reducir semanalmente la dosis más de un 10%.

- *ISRS:* Citalopram: 20-40 mg/día. Paroxetina: 20-60 mg/día. Sertralina: 50-200 mg/día. Fluvoxamina: 100-300 mg/día.

  La respuesta suele tardar como mínimo, 4 semanas, aunque en algunos pacientes no se aprecia respuesta completa hasta pasadas 8-12 semanas.

- *Tratamiento combinado:* Frecuentemente se utilizan de forma conjunta las Benzodiacepinas asociadas a un ISRS, a las dosis referidas previamente, con objetivo de retirar progresivamente la BZD y mantener el ISRS.

Como segunda elección se recomienda el uso de:

– *Antidepresivos Tricíclicos*: Imipramina (100-300 mg/día); Clomipramina (150-250 mg/día).

Se utilizan menos que los ISRS por la peor tolerancia que presentan.

– Otros Antidepresivos:

- IMAO, en casos resistentes, dada la necesidad de restricciones dietéticas importantes, y el riesgo de crisis hipertensivas.

- ISRN (Venlafaxina).

- Otros (Carbamacepina, Lamotrigina, Gabapentina).

- Combinaciones: Asociación de un ISRS con Imipramina (a dosis inferiores que en Monoterapia).

Mantenimiento:

Se mantendrán los fármacos y dosis con los que se obtuvo respuesta, por lo menos 1 año, tras la remisión completa de las crisis de pánico.

A partir de ese momento se intentará reducir la pauta de forma muy lenta, para evitar aparición de ansiedad de rebote (reducción de un 20%/mes), y en el caso de empeoramiento se retomará el tratamiento previo eficaz, permaneciendo un mínimo de 1 año sin crisis antes de intentar una nueva reducción.

5. ALGUNOS FACTORES DE VULNERABILIDAD Y PROTECCIÓN

FACTORES DE VULNERABILIDAD	BBPP PARA LA INMUNIDAD
Variables personales biológicas.	Entrenamiento en asertividad.
Tendencia a sobregeneralizar respuestas de ansiedad a estímulos.	Entrenamiento en estrategias personales de afrontamiento.
Tendencia a la hipocondría.	Información y creencias adecuadas para la explicación de sus síntomas.
Modelos del trastorno en familiares o personas cercanas.	Red social de apoyo adecuada.
Exposición a circunstancias estresantes.	Buen estado de salud.
Personalidad dependiente.	Ausencia de estrés.
Elevada ansiedad rasgo.	
Hipersensibilidad a la estimulación externa.	
Historia previa de aprendizaje en relación a los síntomas somáticos y experiencias emocionales.	
Creencias disfuncionales.	
Hipervigilancia continua.	

6. BIBLIOGRAFÍA

Aisbett, B. (2004). *Convivir con el pánico y mejorar la autoestima*. Barcelona: Ediciones Obelisco.

American Psychiatric Association (APA). (1995). *Manual Diagnóstico y Estadístico de los Trastornos Mentales DSM-IV*. Barcelona: Masson.

Ayuso, J.L., Martorell, A., Novell, R. (2007). *Discapacidad Intelectual y Salud Mental: Guía Práctica*. Madrid: Fundación Carmen Pardo-Valcarce y Consejería de Familia y Asuntos Sociales.

Botella, C. y Ballester, R. (1997). *Trastorno de pánico. Evaluación y Tratamiento*. Barcelona: Martínez Roca.

Eaton, Louise F.; Menolascino, Frank J. (1982) Psychiatric disorders in the mentally retarded: Types, problems, and challenges. *The American Journal of Psychiatry*, 139(10), Oct 1982, 1297-1303.

Emerson, E. (2003) *Prevalence of psychiatric disorders in children and adolescents with and without intellectual disability. Journal of Intellectual Disability Research*, 47, 51 -58.

Enifeld, S. and Hall, W. (1992), Behavior phenotype of the fragile X syndrome. *Am. J. Med. Genet.*, 43: 56–60.

Fletcher, R., Loschen, E., Stavrakaki, C., & First, M. (Eds.). (2007). *Diagnostic Manual -- Intellectual Disability (DM-ID): A Textbook of Diagnosis of Mental Disorders in Persons with Intellectual Disability.* Kingston, NY: NADD Press.

Franco, M. (1998). *Trastornos Mentales y de Conducta en el Retraso Mental. Evaluación e Intervención*. Zamora: Edintras.

Gedye, A. (1998). *Behavioural diagnostic guide for developmental disabilities*. Vancouver: Diagnostic Books.

King et al., (1994) Assessing the fears of children with disability using the Revised Fear Survey Schedule for Children: A comparative study. British Journal of Medical Psychology. The British Psychological Society. *67 (4), 377–386.*

Linaker, OM. y Nitter, R., (1990).Psychopatology in Institutionalised Mentally Retarded Adults. *British Journal of Psychiatry*, 156, 522-525.

Menolascino, F.J. (1988) Mental Ilness in the Mentally Retarded: Diagnostic and Treatment Issues. *Mental Retardation and Mental Health. Disorders of Human Learning, Behavior, and Communication* 1988, 109-123

Moss et al. (1998). Reliability and validity of the PAS-ADD Checklist for detecting psychiatric disorders in adults with intellectual disability. *Journal of Intellectual Disability Research, 42,* 173-183.

Nadeu, M. (2003). *Juegos de relajación para niños de 5 a 12 años*. Málaga: Editorial Sirio.

Novell Alsina, R. (Coord.), Rueda Quillet, P. y Salvador Carulla, L. (2005). *Salud mental y alteraciones de la conducta en las personas con discapacidad intelectual. Guía práctica para técnicos y cuidadores* . Madrid: Colección FEAPS.

Rodríguez-Sacristán J. , Buceta, M.J. (1995). La Deficiencia Mental. Aspectos Psicológicos y Psicopatológicos de las estructuras deficitarias. En: J. Rodríguez-Sacristán (coord.), *Psicopatología del niño y adolescente*, p. 855-907. Sevilla: Servicio de publicaciones de la Universidad de Sevilla.

Royal College of Psychiatrists (2001). DC-LD. Diagnostic   Criteria for Psychiatric Disorder for Use with Adults with Learning Disabilities and Mental Retardation J., London: Gaskell Press.

Verhoeven, W.M.A. y S. Tuinier (1997). Neuropsychiatric Consultation in Mentaly-retarded Patients. A Clinical Report. *European psychiatry,* 12(5), 242-248.

AGORAFOBIA Y DISCAPACIDAD INTELECTUAL

1. ¿QUÉ ES? Definición, criterios diagnósticos, curso y prevalencia.
2. ¿CÓMO IDENTIFICARLO? Síntomas, signos e indicadores conductuales. Diagnóstico diferencial.
3. HERRAMIENTAS PARA DETECTARLO
4. RECURSOS Y ORIENTACIONES PARA LA INTERVENCIÓN. FARMACOLOGÍA
5. ALGUNOS FACTORES DE VULNERABILIDAD Y PROTECCIÓN
6. BIBLIOGRAFÍA

1. ¿QUÉ ES?
Definición, criterios diagnósticos, curso y prevalencia

1.1. DEFINICIÓN

La característica esencial de la agorafobia es la aparición de ansiedad al encontrarse en lugares o situaciones donde escapar puede resultar difícil o donde, en el caso de aparecer una crisis de angustia o síntomas similares a la angustia, puede no disponerse de ayuda. Esta ansiedad suele conducir de forma típica a comportamientos permanentes de evitación de múltiples situaciones, entre los que cabe citar el estar solo dentro o fuera de casa; mezclarse con la gente o en multitudes; viajar en automóvil, autobús, o avión; o encontrarse en un puente o en un ascensor.

1.2. CRITERIOS DIAGNÓSTICOS

A. Ansiedad que aparece al encontrase en lugares o situaciones donde escapar puede ser difícil (o embarazoso) o donde se percibe que la ayuda no va a estar disponible en caso de aparecer una crisis de angustia inesperada o síntomas parecidos a los de la ansiedad, relacionados o no con una situación determinada. Los temores agorafóbicos suelen estar relacionados con un conjunto de situaciones características, entre las que se incluyen estar solo fuera de casa; mezclarse con la gente o hacer cola; pasar por un puente, o viajar en autobús, tren o automóvil.

B. Por temor a que aparezca una crisis de angustia o síntomas de ansiedad, se evitan estas situaciones, se resisten con marcado malestar o se hace indispensable la presencia de un conocido para soportarlas. En personas con discapacidad grave y profunda, evitar las situaciones es difícil o impracticable a causa de la discapacidad o por la falta de elección. La situación puede provocar un incremento en la intensidad del malestar y de la ansiedad que pueden llevar a la agresión, autolesión o comportamiento destructivo.

C. Esta ansiedad o comportamiento de evitación no se explica mejor por la presencia de otro trastorno mental, como la fobia social (p. ej; evitación limitada a situaciones sociales por miedo a ruborizarse), fobia específica (p. ej; evitación limitada a situaciones aisladas como los ascensores), trastorno obsesivo-compulsivo (p. ej; evitación de todo lo que pueda ensuciar a un individuo con ideas obsesivas de contaminación), trastorno por estrés postraumático (p. ej; evitación de estímulos relacionados una situación altamente estresante o traumática) o trastorno se ansiedad por ansiedad de separación (p. ej; evitación de abandonar el hogar o la familia).

1.3. CURSO

No existe un modelo etiológico definitivo que explique el inicio del trastorno de agorafobia. No obstante el modelo debe contemplar una etiología multifactorial en la que se vean implicados mecanismos de aprendizaje (p.ej., procesos de condicionamiento), cognitivos y procesos biológicos como la predisposición de la persona. De manera que la génesis y mantenimiento de la agorafobia puede comprender distintos mecanismos.

En población general, la edad más habitual de aparición del trastorno de pánico y agorafobia es entre la adolescencia y los 35 años aproximadamente. En población con DI la aparición del trastorno puede llegar más tarde. Esto puede deberse a la ausencia de exposición a situaciones que potencialmente puedan provocar agorafobia hasta edades más avanzadas que la población general, aunque no existen investigaciones al respecto. Tampoco hay más datos sobre el curso y remisión de la agorafobia en personas con discapacidad intelectual.

1.4. PREVALENCIA

En población general oscila entre el 1,2%-6,9%. Se da una mayor prevalencia en mujeres que en hombres.

En población con DI la prevalencia es mayor, al igual que en conjunto todos los trastornos mentales. Es posible que exista una mayor vulnerabilidad debido tanto a sus mayores necesidades de apoyo y a que disponen de menos habilidades para afrontar el estrés, como a la frecuente sobreprotección que muchos han vivido a lo largo de su historia de aprendizaje.

Tras la revisión de varios estudios que se han realizado con el fin de obtener datos que corroboren una mayor prevalencia de trastornos de ansiedad en población con DI en comparación con la población normal, se obtienen los siguientes resultados referentes a la agorafobia:

En un estudio realizado por E. Emerson (2003, en prensa) en el que participaron niños y adolescentes con DI de Gran Bretaña, se detectó la presencia de trastornos de ansiedad en el 8,7% y concretamente agorafobia en el 0,4%. Estos resultados fueron significativamente superiores a los de la población general donde se encontró un porcentaje de trastornos de ansiedad del 3,6% y de agorafobia de un 0,1%.

Algunos de los trastornos asociados a la agorafobia con mayor prevalencia son: fobia social, ansiedad generalizada, trastorno obsesivo-compulsivo, depresión y fobias específicas.

Existen pocos estudios que aporten más datos sobre este aspecto.

2. ¿CÓMO IDENTIFICARLO?
Síntomas, signos e indicadores conductuales. Diagnóstico diferencial.

2.1. SÍNTOMAS, SIGNOS E INDICADORES CONDUCTUALES

Recuerda que:

- Muchas personas con DI presentan un déficit en habilidades de afrontamiento, además de baja tolerancia a la frustración a la incertidumbre y al cambio. De modo que es necesario realizar un buen análisis topográfico y funcional para poder discriminar de la manera más objetiva posible si las respuestas de ansiedad y las conductas de evitación presentan las características propias de la agorafobia, o forman parte del repertorio habitual de la persona ante cualquier situación que esté fuera de su rutina habitual o le pueda generar estrés.
- La respuesta es desproporcionada y desadaptada en relación al estímulo y en comparación al repertorio de respuesta habitual de la persona.
- La magnitud y complejidad de las respuestas de la persona con DI ante estímulos que percibe como amenazantes puede variar con respecto al patrón general de la población general.
- La complejidad de los pensamientos negativos o anticipación de las situaciones podría ser menor (menos elaborado) que en población general.

SÍNTOMAS O SIGNOS	ALGUNOS INDICADORES
Evaluación de la estimulación como amenazante.	Tendencia a sobrevalorar las dificultades para poder escapar o pedir ayuda. P.ej., "en este autobús hay demasiada gente, la puerta está muy lejos y si me pasa algo no voy a poder salir, no conozco a nadie y no voy a poder pedir ayuda". Las personas con mayores necesidades de apoyo pueden manifestar este síntoma a través de la búsqueda con la mirada de posibles salidas o de la búsqueda activa de otra persona. Si tienen lenguaje verbal el contenido de los mensajes es menos elaborado. P.ej., "ven conmigo", "ayuda", "aquí no"…
Evaluación del repertorio conductual como insuficiente.	Tendencia a infravalorar las propias capacidades para afrontar una situación amenazante. P.ej., "si me pongo nervioso no me voy a poder controlar". En personas con mayores necesidades de apoyo podemos identificar esta valoración a través de verbalizaciones más sencillas "no puedo", "yo no" o por gestos o expresiones faciales.
Preocupación por las respuestas psicofisiológicas.	P.ej., "¿y si me desmayo?, ¿y si me da un infarto?" En personas con mayores necesidades de apoyo podemos identificar esta preocupación por expresiones más sencillas "dolor", "aquí". Pueden señalar o tocar la parte del cuerpo en la que sufran el malestar; p.ej., llevarse las manos al pecho al pensar en la opresión.
Rumiación de las respuestas de escape/evitación.	Pensamientos recurrentes tipo "No voy a ser capaz de subir en el autobús", "no podré entrar en el salón de actos y si lo hago, inmediatamente tendré que buscar a alguien por si me pasa algo". En personas con mayores necesidades de apoyo debemos estar atentos a palabras, expresiones y estereotipias que se repitan ante las situaciones temidas.
Expectativas de daño.	Tendencia a anticipar consecuencias negativas acerca de posibles daños "si me desmayo me puedo caer y abrirme la cabeza". Las personas con mayores necesidades de apoyo pueden intentar proteger la parte del cuerpo por la que temen.

SÍNTOMAS O SIGNOS	ALGUNOS INDICADORES
Respuestas emocionales negativas ante estimulación externa: miedo intenso	La persona se siente amenazada ante estímulos externos tipo ascensores, transporte público, lugares con mucha aglomeración, etc. y puede expresarlo claramente: "tengo mucho miedo a que me ocurra algo aquí". Las personas con mayores necesidades de apoyo pueden expresar el miedo a través de la mirada, el lenguaje corporal, gritando y a través de conductas de evitación.
Respuestas emocionales negativas asociadas a la problemática que genera el trastorno: tristeza	La persona puede tener sentimientos de fracaso y deprimirse al percibirse incapaz de afrontar el problema o al sentirse incomprendido por los demás. Lo puede manifestar a través de llanto, pérdida de interés en actividades que antes le resultaban placenteras, retraimiento, expresión facial apática, apagada, etc.

SÍNTOMAS O SIGNOS	ALGUNOS INDICADORES
Respuestas emocionales negativas ante estimulación interna: ansiedad, angustia.	La persona se siente preocupada por las sensaciones corporales que se derivan del temor. En personas con mayores necesidades de apoyo es más difícil reconocer esa angustia. Algunos indicadores pueden ser el gesto, la expresión facial, bloqueo, rumiaciones, respiración, estereotipias,…
Aumento de la conductancia de la piel	La activación de las glándulas sudoríparas o sudoración, incluso con temperatura ambiental baja, origina sensaciones como palmas de las manos sudorosas, húmedas o pegajosas, sudor frío en las espalda, etc.
Aumento de la actividad cardiovascular	El incremento de la respuesta cardíaca eleva la presión arterial y la tasa del pulso. La taquicardia y las palpitaciones originan dolor en el pecho o sensación de que el corazón va a salirse por la boca. Las alteraciones del flujo sanguíneo varían el color de la piel (rubor o palidez) y la temperatura corporal provoca sofocos o escalofríos.
Aumento de la tensión muscular	La elevación del tono muscular produce movimientos espasmódicos y se percibe como entumecimiento o tensión en diversas zonas del cuerpo.
Aumento de la tasa respiratoria	La alteración del ritmo respiratorio puede generar en la persona sensación de ahogo o suspiros.
Cambios en el patrón de la alimentación	Pueden aparecer indicadores como comer en exceso o inapetencia.
Cambios en el patrón del sueño	La persona puede tener dificultades para conciliar el sueño, despertarse muchas veces o despertarse temprano.

Nivel Conductual

SÍNTOMAS O SIGNOS	ALGUNOS INDICADORES
Evitación activa	Realiza una acción alternativa para no enfrentarse con el estímulo aversivo. P.ej., se va andando para no subir en el ascensor.
Evitación pasiva	No realiza una acción con el fin de eludir los estímulos aversivos. P.ej., no acude a lugares muy concurridos, se niega a realizar actividades que tengan lugar en esos sitios, se niega a moverse.
Conductas de escape	La persona escapa o huye de las situaciones a las que teme. P.ej., se baja del autobús varias paradas antes del destino al experimentar malestar.
Aislamiento	La persona se queda confinada en un espacio determinado que le proporciona seguridad. Pueden llegar a esconderse en el baño, vestuario, habitación...
Búsqueda de compañía	La persona busca activamente la manera de no quedarse sola ante las situaciones que le generan temor y en casos agudos no quiere estar nunca a solas.
Alteración comportamental	Cuando la situación es inevitable y no hay posibilidad de escape, pueden aparecer alteraciones como voz temblorosa, comportamientos perturbadores, rabietas e incluso agresiones y autoagresiones.

- **Entre agorafobia y fobia social:** Se debe considerar el diagnóstico de fobia social la ansiedad se relaciona solamente con acontecimientos de carácter social. En la fobia social aparece un temor acusado y persistente por una o más situaciones sociales o actuaciones en público en las que el sujeto se ve expuesto a personas que no pertenecen al ámbito familiar o a la posible evaluación por parte de los demás. El individuo teme actuar de un modo (o mostrar síntomas de ansiedad) que sea humillante o embarazoso.

- **Entre agorafobia y fobia específica:** Se debe considerar el diagnóstico de fobia específica si el comportamiento de evitación se limita a una o pocas situaciones específicas. Consiste en un temor acusado y persistente que es excesivo e irracional, desencadenado por la presencia o anticipación de un objeto o situación específicos (p.ej., volar, precipicios, animales, administración de inyecciones, visión de sangre). En personas con mayores necesidades de apoyo la ansiedad puede traducirse en lloros, inhibición o retraimiento ante determinadas situaciones.

3. HERRAMIENTAS PARA DETECTARLO

Instrumentos generales de evaluación para personas con discapacidad intelectual (pueden encontrarse en "Salud mental y alteraciones de la conducta en las personas con discapacidad intelectual", Colección FEAPS, 2005):

- Psychiatric Asseement Schedule for Adults with a Developmental Disability –10 (PAS-ADD 10) Interview Moss, Prosser, y Goldberg, (1996).

- PAS-ADD Checkist (Moss et al 1998).

- Diagnostic Assessment of the Severely Hanicapped – II (DASH-II). (Versión española de Novell, Forgas y Medinya en Novell, Rueda y Salvador Carulla, 2004).

- Diagnostic Manual-Intellectual Disability (DM-ID): A texbook of diagnosis of mental disorders in persons with intellectual disability (Fletcher, Loschen, Stavrakaki, y First, 2007).

- DC-LD Diagnostic Criteria for Psiquiatric Disorders for use with Adult with Learning Disabilities (Royal Collage of Psychiatrist, 2001).

- Entrevista a la persona con discapacidad intelectual con las adaptaciones necesarias e individuales para recoger información. Para completar y contrastar la información es conveniente entrevistarse con las personas que le conocen bien (padres, cuidadores, educadores, etc).

- Ambas entrevistas van dirigidas a recoger información sobre aspectos generales del funcionamiento de la persona con DI, y aspectos específicos de los temores propios de la agorafobia. Preguntas sobre:

- La respuesta fóbica: ¿Qué hace, que dice, qué siente, qué piensa, que se imagina, etc, la persona en la situación o circunstancias temidas?, ¿cuál es la intensidad, frecuencia y duración de esas reacciones?

- Estímulo fóbico: ¿Qué situaciones causan miedo a la persona? ¿cuándo, dónde se presenta la respuesta fóbica? ¿qué señales de seguridad amortiguan la respuesta fóbica, compañía de personas de referencia, etc.?.

- Reacción de las personas de su entorno familiar y/o institucional: ¿cómo responden a la respuesta fóbica, sobreprotección, persuasión, etc.?, ¿qué ventajas obtiene?.

- Repertorios conductuales de la persona con DI: ¿cómo afronta las situaciones temidas?, ¿sabe relajarse?, se mentaliza repitiéndose frases tranquilizadoras?.

- Historial de la agorafobia: ¿cuándo apareció?, ¿qué acontecimientos la originaron?, experiencia directa, aprendizaje social, transmisión de información?, ¿cuál ha sido su evolución?, ¿ha recibido tratamiento?.

- Repercusiones negativas de la agorafobia: ¿cómo afecta a la persona?, ¿cómo influye en la familia?, que motivación presenta para un posible tratamiento?.

Otras técnicas que podemos utilizar son:

– *Observación de la conducta:* Se puede llevar a cabo a través de la observación natural o a través de pruebas de evaluación conductual, donde los estímulos temidos se presentan de menos a más intensidad. Estas tareas son útiles posteriormente para el tratamiento (jerarquías, aproximaciones sucesivas, etc). Si la persona tiene capacidad intelectual suficiente y un nivel de reconocimiento de sensaciones y estados corporales/ emocionales adecuado, podemos preguntarle cuanto miedo experimenta y solicitarle que valore la intensidad con ayuda de algún termómetro del miedo o escala de estimación. Si no es así (mayoría de los casos), es necesario que la persona de referencia que colabore en la evaluación y en el tratamiento, conozca lo suficiente a la persona con discapacidad intelectual para poder determinar la intensidad del miedo que experimenta.

– *Análisis conductual del pánico y la agorafobia:* Las áreas de evaluación que resulta necesario explorar de forma más exhaustiva en el análisis conductual del pánico y la agorafobia son las siguientes (Magraf, 1990):

  · *Evaluación de los ataques de pánico:* es imprescindible recoger información acerca de: situaciones, sensaciones corporales, cogniciones y conductas durante los ataques de pánico del usuario, evitación y temor de situación y actividades, reacción habitual frente a un ataque de pánico, reacción de otras personas, circunstancias moduladoras del ataque, comienzo y curso del problema (Botella y Ballester, 1997). Además esta información general debe ser complementada con otra más específica a través de registros diarios. Botella y Ballester (1997) proponen la utilización de un diario de pánico en el que se anotarían las características principales de dichos ataques. Este diario tendría que ser rellenado por una persona de referencia que pasara mucho tiempo con el usuario y que le conozca lo suficiente como para poder partir de una línea base adecuada.

  · *Evaluación de la ansiedad anticipatoria:* dada la dificultad que supone la realización de autorregistros diarios en los que deberían quedar anotados datos acerca de la preocupación por padecer un ataque de pánico y la probabilidad subjetiva de que el ataque se presente próximamente y estimación de la gravedad del mismo; al igual que en el apartado anterior es fundamental que sea otra persona de referencia la que rellene estos registros y la que formule preguntas adaptadas al nivel de la persona que sean sencillas y abiertas de modo que no corramos el riesgo de inducir respuestas condicionadas.

  · *Evaluación de los síntomas fóbicos:* Además de la información que debe recopilarse en la entrevista que anteriormente hemos mencionado (identificación de situaciones evitadas, variables funcionalmente relacionadas, etc) se pueden utilizar cuestionarios e inventarios específicos para detectar miedos. P.ej.: Inventario de Miedos para niños de Pelechano (1984); Consta de 100 elementos y 7 escalas. Lo cumplimentan los padres de los niños de 4 a 9 años. En el caso de las personas con discapacidad lo cumplimentarían los familiares, educadores o cuidadores que tengan el mayor contacto con ellos. Esta prueba resulta de utilidad para recoger más información acerca de los síntomas fóbicos y especialmente para aquellos usuarios que tengan un desarrollo cognitivo similar al de estas edades. No obstante no se puede utilizar como prueba estandarizada. Igualmente existen inventarios y cuestionarios para adultos como el Inventario de Agorafobia para Adultos de Echeburrúa, que no se pueden utilizar como prueba estandarizada pero cuyos ítems nos pueden ayudar a identificar síntomas fóbicos. También pueden ser útiles para establecer una línea base y la variación que se pueda dar después de la intervención.

  · *Evaluación del deterioro del funcionamiento cotidiano:* que podemos realizar a través de los seguimientos rutinarios del usuario, a través del ICAP y de la evaluación periódica de las diferentes áreas y dimensiones según la AAMR. Es importante estimar el grado de deterioro en cada área y el grado de deterioro global.

4. RECURSOS Y ORIENTACIONES PARA LA INTERVENCIÓN PSICOSOCIAL Y FARMACOLÓGICA

El programa de tratamiento debe ser diseñado en función de las peculiaridades del caso y debe ser llevado a cabo desde una perspectiva multidisplinar. No obstante podemos mencionar algunas directrices que han de servir para ofrecer una orientación general.

Es necesario tener en cuenta que antes de llevar a cabo cualquier tipo de intervención dirigida a afrontar las situaciones temidas, la persona con discapacidad intelectual debe ser capaz de discriminar emociones básicas en sí misma. Es muy importante realizar un buen entrenamiento en el área emocional si queremos que la persona con discapacidad intelectual adquiera un cierto grado de autocontrol. Así mismo debe aprender a comunicar sentimientos y demandas de forma adecuada para evitar que su ansiedad se canalice a través de conductas agresivas o autoagresivas. En estos casos puede ser muy útil ayudarse con pictogramas o fotografías de caras que expresen emociones, haciendo un entrenamiento previo.

Uno de los objetivos centrales es la exposición en vivo a los estímulos temidos por la persona. Para conseguir este objetivo es necesario trabajar en imaginación (si el sujeto tiene capacidad para ello), con soportes visuales o modelado, y posteriormente en vivo con la ayuda de un coterapeuta (persona cercana al usuario), cuya presencia se iría retirando de forma progresiva. En el caso de las personas con discapacidad intelectual que tengan dificultades para imaginar y para comunicarse verbalmente es necesario utilizar soportes visuales (pictogramas, fotografías, audio-visuales).

Es imprescindible entrenar a la persona en habilidades de afrontamiento para hacer frente a las situaciones aversivas anteriores o concomitantes a las experiencias de exposición y en la medida de lo posible, trabajar la modificación de pensamientos irracionales acerca de los estímulos temidos. En aquellas personas con discapacidad intelectual que presenten dificultad de comprensión/ expresión oral se pueden utilizar nuevamente soportes visuales que representen las alternativas adecuadas y reales a la exposición de la situación temida.

Dado que un problema común en las personas con agorafobia es el elevado nivel de ansiedad general, el programa de intervención debe incluir entrenamiento en relajación que, además de contribuir al objetivo de disminuir el casi permanente estado de hiperactivación de la persona, resulta una técnica útil sobre la que apoyarse para el desarrollo de las habilidades de afrontamiento necesarias para el éxito en la exposición a las situaciones temidas.

4.1. PSICOEDUCACIÓN SOBRE EL PROBLEMA

Orientada principalmente a las familias y personas de referencia significativas. Se trata de favorecer la conciencia y conocimiento del trastorno. A través de la psicoeducación se persiguen los siguientes objetivos:

– Fomentar la participación/colaboración de las personas más significativas para el sujeto en su tratamiento.

– Evitar un agravamiento de la problemática debido a prácticas inadecuadas como el sometimiento o la exposición forzada ante una situación que el sujeto no es capaz de tolerar.

– Mantener/ mejorar la adherencia al tratamiento farmacológico en caso de que la persona lo requiera.

– Identificar los síntomas de un ataque de pánico o en su defecto, de un aumento del nivel de ansiedad en la persona.

– Conocer las estrategias más efectivas para prevenir o afrontar los ataques de pánico o aumento de ansiedad.

– Informar de forma objetiva y precisa al especialista.

– Completar/ rellenar los registros de la forma más detallada posible, dado que son esenciales para la evaluación, el seguimiento y el post tratamiento del usuario.

– Promover una actitud más tolerante y empática ante los síntomas del trastorno. P. ej., ante las posibles conductas agresivas que genera un elevado estado ansiedad en la persona, poder interpretar dicha conducta como un intento de escapar de una situación que le supera y no como una agresión en sí.

– También es importante identificar y actuar poco a poco contra las prácticas de evitación establecidas casi de modo permanente y rutinario, por parte de la familia y de personas de atención directa, que pueden estar reforzando la fobia al evitar el enfrentamiento total a los estímulos aversivos.

4.2. AJUSTE DEL ENTORNO

Es importante ajustar el medio físico en función de la situación clínica de la persona, tratar de reducir su aversividad y aumentar su previsibilidad. Al igual que en el caso de las crisis de pánico se debe evitar exponer a la persona a situaciones ansiógenas por encima de las programadas para evitar un posible recondicionamiento pero en este caso no tanto en relación a los síntomas de ansiedad sino más en relación específica con la exposición a espacios abiertos, medios de transporte, multitudes, etc.

4.3. ENSEÑANZA DE HABILIDADES

Dentro de la enseñanza de habilidades destacamos los siguientes procedimientos de intervención:

4.3.1. Preparación para la exposición in vivo:

Se trata de informar a la persona (siempre con un lenguaje adecuado a sus posibilidades de comprensión y teniendo en cuenta su nivel de tolerancia al contenido de la información), y al coterapeuta sobre los mecanismos que pueden estar manteniendo el problema y las pautas de intervención más apropiadas para su solución, así como acerca de la participación que ambos van a llevar a cabo, las perspectivas de éxito y las dificultades que pueden encontrarse. Muchas personas con discapacidad intelectual tienen limitaciones para poder llevar a cabo este punto del programa debido a su dificultad para comprender contenidos referentes a su propia conducta. Además se entrena al usuario en técnicas de relajación (adaptadas) y se elaboran autoinstrucciones u otros recursos alternativos, en caso de que la persona no pueda llevar a cabo un diálogo interno, como p. ej., sacar del bolsillo una foto suya superando la situación (que podemos elaborar a través de un foto montaje) a continuación de otras fotos o pictogramas que muestren la secuencia de lo que debe hacer.

4.3.2. Exposición in vivo a situaciones temidas:

Se trata de exponer a la persona a los estímulos temidos y modificar los pensamientos irracionales relacionados con esta experiencia, a partir de los datos obtenidos de la misma. Se pueden utilizar soportes visuales que atestigüen la realidad. Puntos importantes que deben tenerse en cuenta en el procedimiento de exposición en vivo que se vaya a llevar a cabo son:

– Intentar que el usuario comprenda (en la medida de sus posibilidades/ explicación siempre adaptada a su nivel intelectual) la justificación de la exposición en vivo, dado que esta requiere un esfuerzo y una cierta cantidad de ansiedad y malestar.

– Explicar los objetivos que queremos conseguir con esta práctica, de modo que el usuario puede comprender las ganancias que obtendrá y le encuentre un sentido a su esfuerzo.

– Aunque la exposición en vivo debe realizarse tanto en días buenos como en malos, en el caso de los usuarios con DI debemos tener en cuenta que la percepción de éxito al principio es fundamental, por tanto se retrasarían las dificultades hasta confirmar que está preparado para afrontarlas.

– La exposición en vivo debe incluir una reeducación sobre la naturaleza de la ansiedad (si el nivel intelectual de la persona con DI lo permite). Si es posible, debemos explicarle al usuario que un cierto grado de ansiedad es normal y que, aunque resulte perturbadora no es peligrosa. Si conocemos las consecuencias que el usuario anticipa cuando siente ansiedad, debemos explicarle que es altamente improbable que se puedan dar. Aprovechar este punto de la intervención para trabajar posibles creencias inadecuadas como p. ej., el pensar que la ansiedad persistirá hasta que no se escape de la situación.

– Debemos ayudarle a que no se rinda si recae en un paso que ya tenía superado, enseñarle a que no se fijen solo en lo que no pueden hacer sino en lo que ya han conseguido. Debemos ser muy persistentes no solo en reforzar sus avances sino también sus intentos.

– Debemos elegir tareas de exposición en vivo que tengan un impacto positivo en la vida cotidiana del usuario.

La exposición se debe realizar de forma muy gradual, jerarquizando antes las situaciones de exposición de menor a mayor ansiedad. Se deben llevar a cabo aproximaciones sucesivas o moldeamiento adecuadas al nivel de tolerancia de la persona. Las exposiciones deben ser continuadas y en contexto natural a ser posible, y jamás dar un paso sin estar seguro de que ha sido capaz de superar el anterior. Si se permite una respuesta de escape por parte del usuario es necesario realizar una reexposición pasados unos minutos con el fin de no generar recondicionamiento. Es muy probable que el tratamiento sea más largo que en población sin discapacidad, los pasos serán más pequeños y los objetivos más a largo plazo. Las ayudas se irían retirando en función del progreso del usuario. Así pues, un objetivo terapéutico podría ser que el paciente acompañe a otros usuarios a coger el autobús (aunque él no suba) y se mantenga este objetivo durante meses.

4.4. TRATAMIENTO FARMACOLÓGICO

El término "agorafobia" hace referencia en su sentido más amplio a un conjunto de fobias relacionadas entre sí, a veces solapadas, en los que puede aparecer miedo intenso o vergüenza, que se acompañan, en grados variables, de conductas de evitación que en ocasiones llegan a ser incapacitantes.

Es más común en mujeres, y suele iniciarse al principio de la vida adulta, con un curso clínico fluctuante, que tiende a la cronicidad.

Debemos tener en cuenta, a la hora de decidir el tratamiento, la elevada comorbilidad con Trastornos Depresivos, TOC y Fobia Social.

Alrededor de 1/3 de los pacientes con Trastorno de pánico también padecen Agorafobia.

Los pacientes que sufren Trastorno de Pánico acompañado de agorafobia parecen presentar un curso más grave y complicado que los pacientes que solo sufren trastorno de pánico.

El primer objetivo del tratamiento es la supresión de las crisis, lo que debería conseguirse mediante el tratamiento farmacológico,

Frecuentemente la eliminación de las crisis conlleva la desaparición de la agorafobia; en los casos en los que esto no ocurre debe iniciarse o potenciarse el tratamiento psicoterapéutico, para el abordaje de las conductas evitativas.

El manejo farmacológico de este trastorno es prácticamente superponible al del Trastorno de Pánico, tanto en el tratamiento de base, como en el de mantenimiento.

El hecho de que una parte considerable de estos pacientes responden a dosis bajas de antidepresivos tricílicos, y que en ocasiones el trastorno es altamente incapacitante hacen que sea razonable iniciar el tratamiento con un antidepresivo tricíclico.

5. ALGUNOS FACTORES DE VULNERABILIDAD Y PROTECCIÓN

FACTORES DE VULNERABILIDAD	BBPP PARA LA INMUNIDAD
Estilo educativo basado en la confianza de las posibilidades de la persona con DI y en la potenciación de sus puntos fuertes.	Personalidad dependiente. Poca asertividad.
Adecuada enseñanza y entrenamiento desde temprana edad en la expresión y el manejo de emociones.	Escasa confianza en uno mismo, bajas expectativas de autoeficacia y grado de control percibido escaso o nulo.
Favorecer autodeterminación: asunción de responsabilidades, toma de decisiones, etc.	Elevada ansiedad rasgo.
Fomentar estilo cognitivo flexible basado en tolerancia a los cambios y valoración de alternativas / solución de problemas.	Retraimiento social.
	Miedo a la evaluación negativa.
Entorno rico en estimulación y actividades.	Alta búsqueda de aprobación/ elevada necesidad de aceptación.
Autoconcepto adecuado, autoimagen realista.	Personalidad introvertida.
	Inhibición conductual ante lo desconocido.
Control de autoestima, adecuado refuerzo externo.	Problemas médicos (hipotiroidismo, hipertiroidismo, disfunción vestibular, feocromocitoma, taquicardia paroxística, epilepsia del lóbulo temporal, angina de pecho, arritmias, prolapso de la válvula mitral, asma, hipoglucemia).
	Locus de control externo.
	Al menos uno de los progenitores sobreprotector, y/ o falto de cariño, lo cual puede interferir en el desarrollo de la independencia.
	Síndrome X Frágil (padecen angustia social, hipersensibilidad a estímulos, dificultad con los cambios, etc.).
	Síndrome de Williams (personalidad ansiosa con preocupaciones excesivas por temas recurrentes).
	Autismo y/ o trastornos generalizados del desarrollo (por su dificultad para adaptarse a los cambios y su rigidez mental y comportamental).

6. BIBLIOGRAFÍA

Bardos López, A. (2000). *Agorafobia y ataques de pánico*. Madrid: Pirámide S.A.

Bardos López, A. (1995). Agorafobia I y II. Tratamientos psicológicos y farmacológicos. Barcelona: Paidós Ibérica S.A.

Botella, C. y Ballester, R. (1997). Trastorno de pánico: Evaluación y tratamiento. Barcelona: Martínez Roca.

Caballo, V. E. y Simón, M. A. (2005). Manual de Psicología clínica infantil y del adolescente. Madrid: Ediciones Pirámide.

Comeche Moreno, M. I. y Vallejo Pareja, M. A. (2005). Manual de terapia de conducta en la infancia. Trastornos generales. Madrid: Dykinson Psicología.

Confederación Española de Organizaciones en favor de las Personas con Discapacidad Intelectual (Feaps). (2006). Síndromes y apoyos. Panorámica desde la ciencia y desde las asociaciones. Madrid: IPACSA.

Emerson, E. (2003). Prevalence of psychiatric disorders in children and adolescents with and without intellectual disability. Journal of Intellectual Disability Research, 47(1), 51-58.

Fletcher, R., Loschen, E., Stavrakaki, C. y First, M. (Eds.) (2007). Diagnostic Manual Intellectual Disability (DM-ID). Kingston NY: NADD Press.

Margraf, J. y Schneider, S. (1990). Panik: Angstanfälle und ihre Behandlung. Berlin: Springer.

Moss, S., Ibbotson, B., Prosser, H., Goldberg, D., Patel, P., Simpson, N. (1997). Validity of the PAS-ADD for detecting psyquiatric symptoms in adults with learning disability (mental retardation). Social Psyquiatry and Psyquiatric Epidemiology, 32 (6), 344-354.

Moss, S.C., Prosser, H., Costello, H., Simpson, N., Patel, P., Rowe, S., Turner, S., y Hatton, C. (1998) Reliability and validity of the PAS-ADD Checklist for detecting psychiatric disorders in adults with intellectual disability. Journal of Intellectual Disability Research, 42, 173-183.

Novell, R., Rueda, P. y Salvador-Carulla, L. S. (2005). Salud mental y alteraciones de conducta en las personas con discapacidad intelectual. Madrid: FEAPS.

Pelechano, V. (1984). Programas de intervención psicológica en la infancia: miedos. Análisis y Modificación de Conducta, 10, 1-224.

Royal College of Psychiatrists (2001) DC-LD Diagnostic Criteria for Psychiatric Disorders for use with Adult with Learning Disabilities. London: Gaskell.

Salvador-Carulla, L. (1995). Retraso mental y enfermedad psiquiátrica: Evaluación, tratamiento y servicio. Barcelona: Ediciones Neurociencias.

Vallejo, M.A. (1998). Manual de terapia de conducta. Madrid: Dykinson Psicología.

TRASTORNO DE ANSIEDAD GENERALIZADA EN LA DISCAPACIDAD INTELECTUAL

1. ¿QUÉ ES? Definición, criterios diagnósticos, curso y prevalencia
2. ¿CÓMO IDENTIFICARLO? Síntomas, signos e indicadores conductuales. Diagnóstico diferencial
3. HERRAMIENTAS PARA DETECTARLO
4. RECURSOS Y ORIENTACIONES PARA LA INTERVENCIÓN. FARMACOLOGÍA
5. ALGUNOS FACTORES DE VULNERABILIDAD Y PROTECCIÓN
6. BIBLIOGRAFÍA

1. ¿QUÉ ES?
Definición, criterios diagnósticos, curso y prevalencia

1.1. DEFINICIÓN

La característica esencial del trastorno de ansiedad generalizada es la ansiedad y la preocupación excesiva que se observa durante un período superior a 6 meses y que se centran en una amplia gama de acontecimientos y situaciones.

Varios aspectos distinguen el trastorno de ansiedad generalizada de la ansiedad no patológica. Por ejemplo las preocupaciones del TAG son difíciles de controlar e interfieren típica y significativamente en la actividad general de la persona, mientras que las preocupaciones normales de la vida diaria son más controlables o no producen malestar. También las preocupaciones del TAG son más permanentes, intensas, perturbadoras y duraderas apareciendo a menudo sin desencadenantes objetivos. Por último, las preocupaciones normales de la vida diaria no suelen acompañarse de síntomas físicos (p.ej. fatiga excesiva, hiperventilación, taquicardia).

1.2. CRITERIOS DIAGNÓSTICOS

– Ansiedad y preocupación excesivas (expectación aprensiva) sobre una amplia gama de acontecimientos o actividades (como el rendimiento laboral o escolar), que se prolongan más de 6 meses.
– Al individuo le resulta difícil controlar este estado de constante preocupación.
– La ansiedad y preocupación se asocian a tres (o más) de los seis síntomas siguientes (algunos de los cuales han persistido más de 6 meses). *En los niños sólo se requiere uno de estos síntomas:*

   (1) **Inquietud o impaciencia.**
   (2) **Fatigabilidad fácil.**
   (3) **Dificultad para concentrarse o tener la mente en blanco.**
   (4) **Irritabilidad.**
   (5) **Tensión muscular.**
   (6) **Alteraciones del sueño (dificultad para conciliar o mantener el sueño, o sensación al despertarse de sueño no reparador).**

– El centro de la ansiedad y de la preocupación no se limita a los síntomas de un trastorno; por ejemplo, la ansiedad o preocupación no hacen referencia a la posibilidad de presentar una crisis de angustia (como en el trastorno de angustia), pasarlo mal en público (como en la fobia social), contraer una enfermedad (como en el trastorno obsesivo-compulsivo), estar lejos de casa o de los seres queridos (como en el trastorno de ansiedad por separación), engordar (como en la anorexia nerviosa), tener quejas de múltiples síntomas físicos (como en el trastorno de somatización) o padecer una enfermedad grave (como en la hipocondría), y la ansiedad y la preocupación no aparecen exclusivamente en el transcurso de un trastorno por estrés postraumático.

– La ansiedad, la preocupación o los síntomas físicos provocan malestar clínicamente significativo o deterioro social, laboral o de otras áreas importantes de la actividad del individuo.

– Estas alteraciones no se deben a los efectos fisiológicos directos de una sustancia (p. ej., drogas, fármacos) o a una enfermedad médica (p. ej., hipertiroidismo) y no aparecen exclusivamente en el transcurso de un trastorno del estado de ánimo, un trastorno psicótico o un trastorno generalizado del desarrollo.

El DM-ID tan sólo añade sobre el DSM-IV los siguientes criterios diferenciales para diagnosticar TAG en personas con DI:

Considera que en personas con DI grave o profunda no es aplicable el criterio del DSM-IV referido a la dificultad para controlar la preocupación y que de los seis síntomas listados en el DSM-IV para diagnosticar TAG sería suficiente que el sujeto presentara uno de ellos.

1.3. CURSO Y PREVALENCIA

El TAG es un trastorno considerado como crónico ya que la mayoría de los pacientes continúan bastante afectados entre 6 y 12 años después del diagnóstico (Tyrer y Baldwin, 2006).

No obstante, existen conductas concretas que mejoran a través de técnicas cognitivo-conductuales y/o intervención farmacológica, lo que redunda en un aumento de la calidad de vida de la persona.

En cuanto a la prevalencia, el TAG se encuentra entre los trastornos de ansiedad más frecuentes en población general. Según el National Comorbidity Survey (NCS) siguiendo los criterios diagnósticos del DSM-III-R, la prevalencia del trastorno durante un período de 6 meses sería del 3,6% y a lo largo de la vida del 5,1% (Kessler et al., 1994). Por su parte, Goldberg y Lecrubier (1995), siguieron los criterios de la CIE-10 y hallaron una prevalencia del 7,9%, tomando como muestra pacientes de centros de atención primaria. Estudios epidemiológicos europeos sugieren que el trastorno tiene una prevalencia a lo largo de la vida de entre el 4,3% y el 5,9% y en un período de 12 meses, entre el 1,2% y el 1,9% (Tyrer et al., 2006).

En España, Chocrón et al. (1995) encontraron en una muestra también de pacientes de atención primaria, una prevalencia del TAG del 7,3%, siguiendo los criterios del DSM-III-R. El NCS reveló también una mayor presencia del trastorno en mujeres que en hombres, a lo largo de la vida, con un 6,6% y un 3,6% respectivamente.

Además, los estudios indican que el TAG aparece con más frecuencia en las mujeres que en los hombres (Brawman-Mintzer and Lydiard, 1996) y en personas con DI que en población general (Deb, Thomas y Bright, 2001).

En personas con DI, White, Chant y Edwards (2005), encontraron una prevalencia de trastornos de ansiedad en general del 14% en una muestra de Australia. Por su parte, Shoumitro, Thomas y Bright (2001) encontraron una prevalencia del TAG del 2,2% en personas adultas con DI del Reino Unido.

En España, Salvador-Carulla et al. (2000) en una muestra de 130 sujetos adultos pertenecientes a un Centro Especial de Empleo encontraron que 42 sujetos (32,3%) presentaban algún trastorno psiquiátrico, de los cuales dos casos (1,54%) presentaban TAG como diagnóstico.

Emerson (2003) encontró una presencia del TAG en niños y adolescentes con DI del 1,5% frente al 0,6% de prevalencia del trastorno en niños sin DI.

Como se puede observar, los datos de prevalencia en DI son dispersos y apuntan a la necesidad de hacer evaluaciones con los mismos criterios diagnósticos y empleando una metodología de análisis similar.

2. ¿CÓMO IDENTIFICARLO?
Síntomas, signos e indicadores conductuales. Diagnóstico diferencial.

2.1. SÍNTOMAS, SIGNOS E INDICADORES CONDUCTUALES

Nivel Cognitivo	
SÍNTOMAS O SIGNOS	**ALGUNOS INDICADORES**
Nerviosismo	Verbalización de estar nervioso. Deambulación constante. Falta de atención. Respuestas agresivas.
Irritabilidad	Respuestas agresivas. Respuesta exagerada a una pequeña molestia. Suspicacia.
Preocupación	Respuestas agresivas.. Bloqueo. Verbalización de anticipaciones negativas sin datos que apoyen esa suposición. Ej. "no voy a saber hacer ese trabajo". Verbalización de desasosiego. Subestimar sus capacidades.
Dificultad para concentrarse	Incapacidad de permanecer en la tarea un tiempo razonable. Quedarse en blanco. Cambiar de una actividad a otra. Distractibilidad.

Nivel Fisiológico-Emocional	
SÍNTOMAS O SIGNOS	**ALGUNOS INDICADORES**
Tensión muscular	Mostrarse rígido en sus movimientos y al tacto. Manifestaciones de dolor.
Elevada tasa cardíaca	Expresar que le palpita rápido o fuerte el corazón.
Presión en el pecho	Expresar dolor en el pecho, por ej. poniéndose la mano.
Dificultad para respirar y sensación de ahogo	Respirar demasiado deprisa y por la boca. Llanto. Expresión facial de angustia. Respiración entrecortada e irregular. Rigidez de las manos.
Sudoración. Ráfagas de frío-calor	Secarse la frente. Quitarse la ropa. Sudoración en las manos o la espalda. Tener la ropa empapada.

SÍNTOMAS O SIGNOS	ALGUNOS INDICADORES
Sequedad de boca	Tragar repetidamente. Toser. Cogerse el cuello. Dificultad o negativa a comer.
Dificultad para tragar	Mostrarse rígido en sus movimientos y al tacto. Manifestaciones de dolor.
Náuseas, gastritis crónica, úlcera, diarrea	Vómitos. Mareo. Tirar la comida. Negarse a comer. Descomposición.
Impulsos frecuentes de orinar	Ir con frecuencia a orinar. Hacerse pis encima.
Mareos, sensación de debilidad o inestabilidad física	Caerse. Tropezarse. No querer moverse. Evitar hacer actividad física.
Dificultad para dormir	Dificultad para conciliar el sueño.
Agotamiento o fatiga	Manifestación de cansancio. Oposición para hacer cosas. Negativa a hacer deporte. Menor participación en las actividades.
Temblores o sacudidas	Movimientos de temblor. Tirar algo de las manos. Comprobar si al tomar algo en las manos tiembla o cuando le tomas las manos).
Alerta	Respuesta exagerada a pequeñas sorpresas (asustadizo, sobresaltos). Tensión muscular. Movimientos forzados.

Nivel Conductual

SÍNTOMAS O SIGNOS	ALGUNOS INDICADORES
Inquietud motora	Aparición o aumento de alteraciones de conducta como: Respuestas agresivas, estereotipias, autolesiones y respuestas negativistas.
Respuestas de evitación o escape	Evitación a estímulos relacionados con su preocupación. Aislamiento ante situaciones que le supongan una exigencia personal. Deterioro de las interacciones sociales.

2.2. DIAGNÓSTICO DIFERENCIAL

– *Comorbilidad*. Es importante señalar que muchos estudios informan de elevadas tasas de comorbilidad en pacientes que tienen como diagnóstico principal el TAG; la mayoría de diagnósticos adicionales que aparecían en estos estudios eran fobia social, trastorno por pánico, trastorno distímico y fobia simple (Sanderson y Barlow, 1990; De Ruiter, Ruken, Garssen, Van Schaik y Kraaimaat, 1989). También suele concurrir con depresión y otros trastornos de personalidad (Tyrer y Baldwin 2006).

El TAG debe diferenciarse:

– Del *trastorno de ansiedad debido a enfermedad médica*, en el que los síntomas se consideran secundarios a los efectos fisiológicos directos de una enfermedad subyacente, p.ej. hipertiroidismo.

– Del *trastorno de ansiedad inducido por sustancias*, donde la sustancia (p.ej. drogas, fármacos, tóxicos) se considera etiológicamente relacionada con los trastornos de ansiedad.

– Del *trastorno de angustia*, donde el origen de la ansiedad se debe a la preocupación e inquietud excesiva de sufrir una crisis de angustia.

– De la *fobia social* si la ansiedad se relaciona p. ej. con situaciones futuras en las que la persona tiene que actuar en público o teme ser evaluado por los demás.

– Del *TOC* si la ansiedad se refiere p. ej. a la preocupación excesiva de contraer una enfermedad.

– De la *anorexia nerviosa* cuando la ansiedad surge de la preocupación o el miedo a engordar.

– De la *hipocondría* cuando la ansiedad aparece debido a la preocupación de padecer una enfermedad grave.

– Del *trastorno de ansiedad por separación*, si la ansiedad surge por la preocupación por el bienestar de las personas queridas o por el hecho de estar alejados de ellas o de casa.

– Del *trastorno de estrés postraumático* cuando la ansiedad es reactiva a una experiencia vital extremadamente estresante.

– Del *trastorno adaptativo* cuando la ansiedad aparece en respuesta a estresantes vitales y no se prolonga más de 6 meses después de la desaparición de la situación estresante o de sus consecuencias.

– Si la ansiedad aparece como característica frecuente de un *trastorno del estado de ánimo* o de un *trastorno psicótico* no debe considerarse como un TAG.

– En población con DI no se dispone de información a este respecto, por lo que resultaría de interés realizar investigaciones que analicen este aspecto.

3. HERRAMIENTAS PARA DETECTARLO

Instrumentos generales de evaluación para personas con discapacidad intelectual:

– Psychiatric Assessment Schedule for Adults with a Developmental Disability –10 (PAS-ADD 10) Interview Moss, Prosser, y Goldberg, (1996). Se trata de una entrevista clínica semi-estructurada que se aplica a personas con D.I. y a informantes clave. Utiliza un algoritmo para producir diagnósticos en el marco de la ICD-10 y está guiada por un glosario clínico. Su uso está destinado fundamentalmente a clínicos con formación en psicopatología.

– Kiddie-Sads-Present and Lifetime Version (K-SADS-PL) (Kaufman, Birmaher, Brent, Rao & Ryan, 1996). Entrevista diagnóstica semiestructurada diseñada para evaluar distintos trastornos psicopatológicos (episodios actuales y pasados) en niños y adolescentes. Contiene un apartado que permite diagnosticar el trastorno de ansiedad generalizada. Masi et al. (2000) emplearon con éxito esta entrevista para evaluar la ansiedad generalizada en adolescentes con discapacidad intelectual moderada.

- PAS-ADD Checklist (Moss et al 1998): es un cuestionario de 25 ítems, redactado en lenguaje coloquial, diseñado para uso fundamentalmente por cuidadores de atención directa y familiares para identificar casos potenciales de enfermedad mental. Su objetivo es ayudar a decidir si se requiere más evaluación de la salud mental del individuo. Por tanto puede ser empleado para hacer un screening a grupos, como parte de una valoración regular para aquellas personas en situación de riesgo de padecer enfermedad mental. Produce tres puntuaciones relativas a trastornos neuróticos o afectivos, posible condición orgánica (incluyendo demencia) o trastorno psicótico.

- Diagnostic Assessment of the Severely Handicapped – II (DASH-II). (Versión española de Novell, Forgas y Medinya en Novell, Rueda y Salvador Carulla, 2004): Diseñado para la evaluación psicopatológica de personas con discapacidad intelectual severa o profunda. Se obtiene una puntuación en la escala de ansiedad de forma general y no específica para la ansiedad generalizada.

- Escala de Ansiedad de Glasgow para personas con discapacidad intelectual (Glasgow Anxiety Scale for people with an Intellectual Disability (GAS-ID), Mindham y Espie, 2003). Se trata de una escala de 27 ítems que evalúa preocupaciones, miedos específicos y síntomas fisiológicos. Posee una buena fiabilidad test-retest (r = .95) y adecuada consistencia interna (r = .75).

- Zung Self-Rating Anxiety Scale for Adults with Intellectual Disabilities (SAS-ID) (Ramirez y Lukenbill, 2008). Esta escala se ha empleado para evaluar la ansiedad generalizada y los efectos del tratamiento. Ha podido adaptarse para ser aplicada en personas con discapacidad intelectual al simplificarse su escala de respuesta y reducirse a la mera presencia o ausencia de síntomas.

- Psychopathology Instrument for Mentally Retarded Adults PIMRA (Kazdin, Matson & Senatore, 1983). Ofrece una puntuación total, así como otras en las subescalas de ansiedad y síntomas afectivos.

- Registro de Evaluación e Información (A.I.R.P.). Incluye, en la parte de valoración del "Estado Mental", una "Escala de Evaluación Psicopatológica de la Deficiencia Mental", obteniéndose una puntuación sobre trastornos de ansiedad en general.

- Scatter Plot, como hoja de registro para la identificación de estímulos de control de las alteraciones de la conducta y Diario de sueño-vigilia (de posible mayor utilidad para personas con bajo nivel intelectual y comunicativo).

- Registro "Escala de Disconfort Modificada" de Gedye (1998), para detectar posibles indicadores conductuales de problemas de ansiedad en personas con bajo nivel intelectual y comunicativo.

- La ansiedad puede evaluarse además a través de la observación y registro de la conducta de la persona con discapacidad intelectual y su respuesta ante los distintos estímulos temidos (lo cual no requiere capacidad de comunicación verbal).

- Otras medidas alternativas para evaluar de forma objetiva la respuesta de ansiedad en esta población son la tasa cardiaca y la respuesta electrodermal.

Instrumentos específicos para la evaluación de la Ansiedad no adaptados a personas con discapacidad intelectual:

- Inventario de Ansiedad Estado Rasgo, STAI (Spielberger, Gorsuch, Lushene, 1970).

- BAI (Beck Anxiety Inventory) (Beck y Steer, 1990).

- Cuestionario de Ansiead y preocupación (Worry and Anxiety Questionnaire, WAQ, Dugas, Freeston, Lachance, Provencher y Ladouceur, 1995).

- Cuestionario de preocupación del Estado de Pensilvania (Penn State Worry Questionnaire, PSWQ, Meyer, Miller, Metzger y Borkovec, 1990).

- Escala del trastorno de ansiedad generalizada (GAD-7). Spitzer, Kroenke, Williams y Löwe (2006).

4. RECURSOS Y ORIENTACIONES PARA LA INTERVENCIÓN PSICOSOCIAL Y FARMACOLÓGICA

El tratamiento del trastorno de ansiedad generalizada incluye la utilización de medicación y formas específicas de psicoterapia. Los tratamientos psicológicos que han demostrado una mayor eficacia en el tratamiento específico de la ansiedad generalizada son los basados en procedimientos cognitivo-conductuales.

Los principales objetivos de la psicoterapia en el trastorno por ansiedad generalizada son:

– Reducción de la frecuencia, intensidad y duración de la activación autonómica/ansiedad.
– Reducción de la conducta de evitación, huida o inhibición.
– Facilitación de la adquisición de habilidades de afrontamiento de la ansiedad generalizada.
– Identificación y modificación de la base cognitiva del trastorno: distorsiones cognitivas y esquemas cognitivos (supuestos personales) que hacen vulnerable al sujeto a padecer ansiedad.

Tomando como referencia los esquemas de tratamiento expuestos por Dugas & Ladouceur (1997) y por Kroese, Dagnan & Loumidis (1997), la intervención se estructuraría en torno a tres grandes bloques: ayudar a la persona con discapacidad intelectual a identificar sus preocupaciones generadoras de ansiedad, sustituirlas por pensamientos más adaptativos, y reevaluación de las mismas, llevándolo a la práctica en situaciones reales. Aunque los principios, componentes y procedimientos esenciales se han mantenido en la medida de lo posible, los métodos de terapia cognitiva, así como el programa de tratamiento, deben adaptarse a las necesidades de cada persona con discapacidad intelectual, aunque siempre se incluirán los tres componentes anteriores. En caso de que se trate de una preocupación con base en la realidad, el foco de la intervención estaría situado en el entrenamiento en solución de problemas adaptado. Por el contrario, cuando se trate de preocupaciones sobre acontecimientos muy improbables, se abordaría a través de la exposición funcional cognitiva.

En personas con mayores necesidades de apoyo es fundamental la participación de la familia y/o profesionales de referencia para la observación, identificación y registro de signos de ansiedad y conductas.

La conclusión a la que llegan Kroese, Dagnan & Loumidis (1997) tras la intervención llevada a cabo en dos personas con discapacidad intelectual ligera y trastorno de ansiedad generalizada es que las técnicas de la terapia cognitiva para tratar la ansiedad pueden ser simplificadas y adaptadas para esta población, manteniéndose los principales elementos de la misma. Así, terapeuta y usuario establecerán una agenda para las sesiones, identificarán los pensamientos automáticos negativos, así como las creencias irracionales subyacentes, comprobarán la evidencia a favor y en contra de esas creencias, llevando a cabo role-playing con maneras más positivas de pensar y animando a esta persona a emplearlas en su vida. A la vez, se mandarán y revisarán las tareas para casa y se registrarán las emociones durante un periodo de tiempo. Luego los principios básicos de la terapia cognitiva se siguieron en la medida de lo posible. La evidencia de mejoría en estas dos personas apoya el uso de estas técnicas con esta población.

4.1. PSICOEDUCACIÓN SOBRE EL PROBLEMA

Al inicio del tratamiento es esencial destinar alguna sesión a la psicoeducación en ansiedad. Es importante que la persona sepa que la ansiedad es una respuesta adaptativa del ser humano ante posibles peligros o amenazas, que nos hace estar alerta. Consta de tres componentes: fisiológico, cognitivo y motor. No es peligroso sentirla; incluso un cierto nivel de ansiedad nos permite rendir mejor (curva ansiedad-rendimiento). Sólo se trataría de una emoción desadaptativa si se da en situaciones en las que no tendría por qué aparecer, o si es excesiva la duración, intensidad o frecuencia de la respuesta de ansiedad.

4.2. AJUSTE DEL ENTORNO

Las medidas para ajustar el entorno irán dirigidas a la reducción de los niveles de estrés. Para ello se pueden adoptar las siguientes estrategias:

- Intervenir con la familia o cuidadores específicos proporcionándoles información, apoyos y pautas.
- Adaptar el entorno a la situación específica de la persona considerando posibles déficits cognitivos derivados de su alto nivel de activación (regulación de horarios de actividades de la vida diaria, flexibilización de las tareas, exposición graduada a posibles situaciones temidas...).
- Reducir la aversividad del entorno y disminuir posibles situaciones aversivas.
- Aumentar la predictibilidad del entorno tanto en tiempo como espacio con el fin de proporcionar mayor seguridad a la persona al aumentar la estructuración de su entorno y sus posibilidades de anticipación.
- Garantizar el respeto a la intimidad de la persona y generarle espacios y tiempos donde pueda relajarse.
- En personas con más necesidades de apoyo individualizar la atención, asignarle un momento específico con el psicólogo en un encuentro enriquecedor y reforzante, no de queja.

4.3. ENSEÑANZA DE HABILIDADES

Dentro de la enseñanza de habilidades destacamos los siguientes posibles procedimientos de intervención.

4.3.1. Reestructuración cognitiva

Incluye diferentes pasos:

- El primer paso consiste en la presentación del tratamiento y el establecimiento de una agenda. El tener una agenda para las sesiones de terapia permite a la persona con discapacidad intelectual hacer frente a los conceptos más complicados de una forma organizada y sistemática. Por ella misma, la agenda es uno de los aspectos más importantes y explícitos del tratamiento. Puede emplearse un gráfico para escribir en la agenda al principio de cada sesión y enfatizar los puntos principales. Es muy importante utilizar pocas y sencillas palabras para facilitar la comprensión.

- Otro punto destacado de esta primera fase consiste en identificar los pensamientos negativos o preocupaciones que generan la ansiedad. Lindsay y Kasprowicz (1987) discutieron diferentes métodos para obtener los pensamientos automáticos negativos a través del role-playing. Puede llevarse a cabo rememorando algunas de las experiencias traumáticas que hayan tenido lugar más recientemente en la vida del sujeto. Estos autores emplean el caso de una persona con discapacidad intelectual ligera, Pepe (hombre de 19 años, con un C.I. = 66), quien tenía miedo a permanecer en una sala con mujeres. Esta situación fue representada con role-playing después de tres sesiones de terapia durante las que él se había ido sintiendo más relajado y seguro. Durante este role-playing, la ansiedad de Pepe fue evidente y el terapeuta simplemente le preguntó qué estaba pensando. Los pensamientos automáticos salieron a la luz: *"No puedo permanecer aquí"*, *"estoy colorado"*, *"se estarán riendo de mí"*, *"esto es terrible"*, *"no me gustan las chicas"*, *"es malo hablar con chicas"*.

- A la vez, los pensamientos negativos también pueden llegar a obtenerse a través de la entrevista terapéutica. Algunas personas con discapacidad intelectual son capaces de identificar sus pensamientos automáticos a través de las entrevistas; otros encuentran mucha dificultad en expresar lo que han estado pensando, o, como en el caso de Pepe, otros simplemente dirán sencillamente, *"no me gusta..."*.

- Otro método empleado durante el tratamiento es el intercambio de roles terapeuta-usuario. La persona con discapacidad intelectual, convertida en terapeuta, tendrá entonces que preguntar qué está pensando el "usuario". El "terapeuta" puede entonces hacer preguntas muy reveladoras, que reflejen claramente la naturaleza de los pensamientos que consideran importantes en su propia vida (ej. *"¿te preocupa por la noche cuando estás acostado que alguien pueda entrar en tu casa?"*).

- Los pensamientos automáticos pueden ser también identificados elaborando una secuencia de los acontecimientos que desencadenan la respuesta de ansiedad. Se realizará con tanto detalle como sea posible, comprobando el pensamiento de la persona con discapacidad intelectual en cada etapa de la secuencia. Este método también se emplea para ayudarles a que tomen conciencia de la relación entre pensamiento, emoción y conducta.

– Una vez finalizada la fase anterior, es necesario identificar las creencias irracionales subyacentes. Generalmente se lleva a cabo identificando el tema principal a través de los pensamientos automáticos. Lindsay y Kasprowicz (1987) ponen como ejemplo el caso de Carlos (hombre de 27 años, con un C.I. = 67), que tenía pensamientos automáticos tales como *"alguien está entrando en mi casa"*, *"si salgo, alguien me atacará"*, *"nadie me encontrará si permanezco aquí"*. Estos pensamientos automáticos estaban ligados a la creencia irracional de que estaba completamente solo en el mundo. Sus pensamientos y su creencia de estar solo incrementaron su nerviosismo hasta el punto de ser incapaz de dormir por las noches, sentir que era imposible salir de casa, tener ataques de pánico cuando tenía que salir y estar extremadamente ansioso y agitado cuando permanecía en casa. Este nivel tan elevado de ansiedad y agitación condujo a unos pensamientos y creencias mucho más serios (se detallan más adelante).

– Puede ocurrir que las creencias irracionales no puedan ser identificadas a través de los pensamientos automáticos. Por ejemplo, en el caso de Pepe no estaba claro si los pensamientos automáticos eran una extensión de la creencia subyacente, ya que él decía estar seguro de que no le desagradaban las chicas, únicamente se ponía muy ansioso en su presencia. Algunos de los pensamientos automáticos podrían indicar un sentimiento más básico hacia las mujeres (ej. *"es malo hablar con ellas"*). Sin embargo, durante el tratamiento esto fue tratado más como pensamientos automáticos que como creencias irracionales.

– Tras identificar las creencias irracionales que subyacen a los pensamientos automáticos negativos, habrá que comprobar la veracidad de esas cogniciones. Dugas y Ladouceur (1997) diferencian las preocupaciones en tres tipos: las basadas en la realidad y modificables (ej. un conflicto interpersonal), las basadas en la realidad pero que no son modificables (ej. la enfermedad de un ser querido), y los acontecimientos muy improbables que no se basan en la realidad y que, por tanto, no son modificables. Habrá que ayudar a la persona con discapacidad intelectual a determinar de qué tipo de preocupación se trata, a través de preguntas que incidan en si tiene alguna prueba de que pueda ocurrir o si ha sucedido anteriormente, comprobar si el sujeto tiene tendencia a preocuparse incluso cuando no existe un problema real, etc. Para ayudarle se puede emplear alguna escala tipo Likert (0=nada, 9=totalmente). Se continuará con preguntas acerca del carácter modificable del problema objeto de la preocupación. Como con el resto de aspectos de la terapia cognitiva en personas con discapacidad intelectual, la simplicidad y claridad son aspectos esenciales del tratamiento. Para comprobar la veracidad de la creencia deben usarse los métodos más sencillos y directos (ej. cuando Pepe dice *"Es malo hablar con chicas"* revisaríamos la evidencia de por qué sería malo hablar con ellas; esto conduciría a la conclusión, obviamente ridícula, de que si de hecho es malo hablar con las mujeres, entonces ningún hombre hablaría nunca con ninguna). Por lo tanto, en el ejemplo anterior, los pensamientos de Pepe están siendo relativizados a través de la evidencia lógica y el humor.

– Otros pensamientos y creencias se han contrastado empleando evidencia más personal (ej. con Carlos fue posible revisar el número de veces que alguien había entrado en su casa (ninguna), tras lo que se cuestionaba hasta qué punto era razonable tener el pensamiento de que alguien iba a entrar cuatro o cinco veces durante la noche cuando, de hecho, su casa nunca había sido asaltada).

– El siguiente paso consistiría en generar pensamientos alternativos. Una vez más se emplean en el tratamiento los razonamientos más sencillos derivados de la evidencia. Cuando sea posible se realizará a través de la conversión del pensamiento negativo (ej. cuando Pepe se dice a sí mismo *"las chicas se van a reír de mí"*, el pensamiento contrario que se utilizó fue *"nadie se está riendo de mí"*, *"nadie está molesto conmigo"*, *"ellas están a lo suyo"*; cuando él pensaba *"es malo hablar con las mujeres"* se empleó el pensamiento contrario *"es bueno hablar con las chicas"*). En este sentido, y en las situaciones generadoras de ansiedad, su pensamiento puede ser tranquilizador en lugar de aterrador. En el ejemplo del caso de Carlos, los pensamientos alternativos empleados se basaban en la comprobación de la evidencia; fue animado a decirse a sí mismo *"nadie ha entrado nunca en mi casa de noche, vuelve a dormir"*. En este caso, no resulta apropiado convertir el pensamiento en positivo. Aunque Carlos era consciente de ese hecho, se decía que tal vez podría ser ésta la ocasión en que entraran por primera vez. Por tanto, se emplearon a la vez cogniciones basadas en experiencias previas, junto a las medidas de seguridad que él tomaba y comparaciones con otras personas. Es decir, consiguió pensar *"he cerrado todas las puertas y ventanas, así que nadie puede entrar sin hacer ruido"*, *"¿Por qué alguien iba a querer entrar en mi casa? Sólo tengo cosas sin importancia"*.

– Es fundamental llevar a cabo un registro de los pensamientos y emociones. Para ello pueden emplearse diferentes sistemas. Aquí utilizaremos el desarrollado por Helsel y Matson (1989) y descrito por Lindsay (1991). Consiste en realizar dibujos que representen la emoción y una escala análoga en la que poder registrar el nivel de la misma. La escala análoga es flexible y puede ser usada para registrar la emoción y el pensamiento a diario o cada hora. Al sujeto, o a la persona de referencia que lleve a cabo la observación y el registro, se le explica cómo debe responder. Las personas con discapacidad intelectual moderada han mostrado ser capaces de usar este registro de manera coherente, y de forma que coincide con la descripción que otras personas han hecho de su estado de ánimo.

– El role-playing es muy usado en las terapias. Se emplea para identificar pensamientos automáticos negativos. Se representan las situaciones generadoras de ansiedad con el fin de ayudar a la persona con discapacidad intelectual a entender las relaciones entre sus pensamientos, emociones y conducta. Frecuentemente es utilizado, además, para ayudarle a practicar formas más adaptativas de pensar en situaciones críticas. Se realizaría como paso previo a las tareas para casa donde podría aplicar esos pensamientos en la situación real.

– Otras tareas específicas pueden emplearse cuando el caso lo considere apropiado. Por ejemplo, en el caso de Pepe se emplearon una serie de dibujos y diapositivas de hombres y mujeres hablando, para medir su grado de malestar y permitirle la práctica en casa de formas más adaptativas de pensar en esas situaciones. Además pueden ser estímulos para generar discusiones acerca de la base de realidad que tiene su forma de pensar.

– El acompañamiento y apoyo en contextos naturales poniendo en práctica las competencias aprendidas, junto con tareas para casa son de vital importancia, tanto para registrar el alcance que el pensamiento negativo ha tenido durante la semana como para facilitar situaciones en las que se puedan practicar respuestas más adaptativas. En los ejemplos que hemos estado citando, fueron animados a practicar pensamientos positivos cuando se enfrentaban a situaciones generadoras de ansiedad. Se les insistió, además, en que registraran su grado de ansiedad y el alcance de su pensamiento automático negativo a lo largo de la semana. Todos los deberes se revisan cuidadosamente en la siguiente sesión terapéutica.

4.3.2. Entrenamiento en relajación.

En paralelo y a lo largo de toda la intervención puede emplearse, por ejemplo, la relajación muscular progresiva de Jacobson y el entrenamiento en respiración abdominal. Existen otro tipo de técnicas de relajación, más sencillas o lúdicas, que permiten ser adaptadas a personas con mayores necesidades de apoyo (Cautela y Groden, 1986; Nadeu, 2003).

4.4. CONTROL DE CONTINGENCIAS

El manejo de consecuencias puede constituir un complemento útil en el tratamiento de este trastorno. En personas con mayores necesidades de apoyo, los sistemas de refuerzo diferencial pueden adquirir la forma de sistemas de puntos en los que se facilita que la persona pueda visualizar sus logros. En estos programas de control de contingencias es importante contar con la participación de los familiares y cuidadores dado que serán las personas que proporcionarán directamente los reforzadores para que el programa resulte eficaz. Por tanto un programa de manejo de contingencias debería incluir:

– Aplicación estructurada de reforzamiento positivo para aumentar y consolidar los logros obtenidos en las conductas de exposición gradual a las distintas situaciones temidas. También puede utilizarse cada vez que realice los ejercicios prescritos de relajación y respiración, de su constancia y mantenimiento en la realización de tareas o ante el establecimiento de interacciones sociales adecuadas.

– La extinción, dentro del refuerzo diferencial, puede emplearse en cuanto a procurar no hacer contingente la atención a la conducta de queja de forma constante. Se trata de dedicar a la persona un tiempo para escuchar sus preocupaciones pero hacerlo de forma programada y no de forma inmediata a la aparición de las quejas verbales cuando estás se presentan de forma continúa.

4.5. TRATAMIENTO FARMACOLÓGICO

Tres grandes familias farmacológicas han demostrado ser eficaces en el tratamiento del TAG: benzodiacepinas, azapironas, y antidepresivos. Entre estos últimos, los datos más sólidos provienen de los tricíclicos (imipramina), los ISRS (paroxetina), y los ISRN (venlafaxina). También existen indicios de eficacia de mirtazapina y nefazodona.

Otro fármaco que se ha mostrado eficaz para el tratamiento del TAG ha sido la pregabalina a dosis de entre 150-600 mg/día. También se aconseja el tratamiento con Propanolol (beta bloqueante), a dosis de 20-160 mg/día, asociado a otros psicofármacos para el control de los síntomas de la esfera somática de la ansiedad (palpitaciones, temblores, etc.).

Consideraciones generales:

– El objetivo principal de la farmacoterapia son los síntomas nucleares del trastorno, que según el DSM-IV TR serían: preocupación excesiva, crónica e incontrolable, fatigabilidad, tensión muscular, irritabilidad, inquietud, dificultades de concentración e insomnio.

– Objetivos accesorios son la comorbilidad con otros trastornos psiquiátricos, la reducción del nivel de discapacidad, y la mejoría de la calidad de vida relacionada con la salud.

– El tratamiento agudo (duración inferior a 6 meses), en gran parte de los pacientes, requerirá continuarse con un tratamiento de mantenimiento, para evitar recaídas.

– Dada la necesidad de mantener el tratamiento durante períodos prolongados de tiempo, los fármacos que se utilicen deben tener eficacia mantenida a largo plazo, bajo potencial de abuso y dependencia, y no deben plantear problemas de retirada.

Recomendaciones del Grupo Internacional de Consenso en Depresión y Ansiedad

– El tratamiento de primera elección son los ISRS, ISRN o tricíclicos no sedativos, a las dosis antidepresivas habituales.

– En casos de larga evolución, con múltiple patología comórbida o riesgo de suicidio se recomiendan ISRS o ISRN.

– Otras opciones terapéuticas que se pueden contemplar son la buspirona, y la hidroxicina.

– Los antipsicóticos no son una elección apropiada para el tratamiento del TAG.

– En caso de que nos encontremos ante una reacción de ansiedad aguda (por ejemplo, con duración de entre 2 y 6 semanas), y no ante un TAG, el tratamiento de elección son las benzodiacepinas.

– Si los pacientes ya han iniciado un tratamiento con benzodiacepinas, la elección del antidepresivo dependerá de las posibles interacciones entre ambos.

Mantenimiento

Dado que este tipo de trastorno tiende a la cronicidad, se recomienda mantener como mínimo hasta el control de los síntomas. Puede intentarse la disminución progresiva de la dosis del fármaco empleado 1 año después de la remisión. Si el proceso se reagudiza se recomienda retomar la dosis eficaz previa, y mantenerla. Una opción que puede resultar consistiría en realizar el mantenimiento únicamente con Psicoterapia.

5. ALGUNOS FACTORES DE VULNERABILIDAD Y PROTECCIÓN

FACTORES DE VULNERABILIDAD	BBPP (Buenas Prácticas) PARA LA INMUNIDAD
Intolerancia a la incertidumbre	Pensamiento positivo, optimismo
Personalidad dependiente, escasa autodeterminación	Habilidades de autonomía para la vida diaria. Autodeterminación
Perfeccionismo / Elevado nivel de exigencia	Patrón cognitivo flexible
Elevada necesidad de aprobación externa	Patrón de conducta resolutivo
Falta de confianza / seguridad en uno mismo	Autoconfianza
Escasa respuesta asertiva: escasa expresión de emociones, opiniones y puntos de vista	Asertividad
Baja autoestima	Nivel de autoestima adecuado
Antecedentes familiares de trastornos de ansiedad	Ausencia o presencia de historia familiar de trastornos de ansiedad
Estrategias de afrontamiento del estrés desadaptativas	Autocontrol emocional (saber relajarse, detener pensamientos negativos, etc.)
Ambiente familiar con excesiva sobreprotección	Entorno que favorece que la persona responda a los problemas autónomamente
Darle excesivo valor a las sensaciones corporales	Normalización de las sensaciones corporales

6. BIBLIOGRAFÍA

Beck, A.T. y Steer, R.A. (1990). *BAI Beck anxiety inventory: manual*. San Antonio, TX, USA: The Psychological Corporation.

Brawman-Mintzer, O. y Lydiard, R. B. (1996). Generalized anxiety disorder: issues in epidemiology. *Journal of Clinical Psychiatry, 57* (Suppl. 7), 3-8.

Cautela, J.R, y Groden, J. (1986). *Técnicas de relajación. Manual práctico*. Barcelona: Martínez Roca.

Chocrón, L., Vilalta, J., Legazpi, I., Auquer, K. y Franch, L. (1995). Prevalencia de Psicopatología en un centro de atención primaria. *Atención Primaria*, 16, 586-90.

De Ruiter, C., Ruken, H., Garssen, B., Van Schaik, A. y Kraaimaat, F. (1989). Comorbidity among the anxiety disorders. *Journal of Anxiety Disorders*, 3, 57-68.

Deb, S., Thomas, M. y Bright, C. (2001). Mental disorder in adults with intellectual disability. I: Prevalence of functional psyquiatric illness among a community-based population aged between 16 and 64 years. *Journal of Intellectual Disabilty Research*, 45 (6), 495-505.

Dugas, M.J., Freeston, M.H., Lachance, S., Provencher, M. y Ladouceur, R. (1995). The Worry and Anxiety

Questionnaire: initial validation in non-clinical and clinical samples. Paper presented at the World Congress of Behavioural and Cognitive Therapies. Copenhague, Dinamarca.

Dugas, M. J. y Ladouceur, R. (1997). Análisis y tratamiento del trastorno por ansiedad generalizada. En V. E. Caballo, *Manual para el tratamiento cognitivo-conductual de los trastornos psicológicos*, 211-240. Madrid: Siglo Veintiuno de España Editores.

Emerson, E. (2003). Prevalence of psychiatric disorders in children and adolescents with and without intellectual disability. *Journal of Intellectual Disability Research, 47*(1), 51-58.

Fletcher, R., Loschen, E., Stavrakaki, C. y First, M. (2000). *Diagnostic Manual-Intellectual Disability: A textbook of Diagnosis of Mental Disorders in Persons with Intellectual Disability (DM-ID)*. NADD Press: New York.

Gedye, A. (1998). *Behavioural diagnostic guide for developmental disabilities*. Vancouver: Diagnostic Books.

Helsel, W. J. y Matson, J. L. (1989). The relationship of depression to social skills and intelectual functioning in mentally retarded adults. *Journal of Mental Deficiency Research, 32*, 411-418.

Kaufman, J., Birmaher, B., Brent, D., Rao, U. y Ryan, N. (1996). *Diagnostic Interview Kiddie-Sads-Present and Lifetime Version (K-SADS-PL)*. Pittsburgh: University of Pittsburgh School of Medicine, Western Psychiatric Institute and Clinics

Lindsay, W. R. (1991). Psychological therapies in mental handicap. En W. Fraser, R. MacGillivray y A. Green (eds.), *Hallas´Caring for People with Mental Handicaps´*. London: Butterworth.

Lindsay, W. R. y Kasprowicz, M. (1987). Challenging Negative Cognitions. *Mental Handicap, 15*, 159-162.

Masi, G., Favilla, L., Mucci, M. (2000). Generalized anxiety disorder in adolescents and young adults with mild mental retardation. *Psychiatry, 63* (1), 54-64.

Mindham, J. y Espie, C. A. (2003). Glasgow Anxiety Scale for people with an Intellectual Disability (GAS-ID): development and psychometric properties of a new measure for use with people with mild intellectual disability. *Journal of intellectual disability research, 47* (1), 22-30.

Meyer, T. J., Miller, M. L., Metzger, R. L. y Borkovec, T. D. (1990) Development and validation of the Penn State Worry Questionnaire. *Behaviour Research and Therapy, 28*(6):487–495.

Moss, S., Ibbotson, B., Prosser, H., Goldberg, D., Patel, P., Simpson, N. (1997). Validity of the PAS-ADD for detecting psyquiatric symptoms in adults with learning disability (mental retardation). *Social Psyquiatry and Psyquiatric Epidemiology, 32* (6), 344-354.

Moss, S.C., Prosser, H., Costello, H., Simpson, N., Patel, P., Rowe, S., Turner, S., y Hatton, C. (1998) Reliability and validity of the PAS-ADD Checklist for detecting psychiatric disorders in adults with intellectual disability. *Journal of Intellectual Disability Research, 42*, 173-183.

Nadeu, M. (2003). *Juegos de relajación para niños de 5 a 12 años*. Málaga: Sirio.

Novell, R., Rueda, P. y Salvador-Carulla, L. (2004). *Salud Mental y alteraciones de conducta en personas con discapacidad intelectual. Guía práctica para técnicos y cuidadores*. Madrid: FEAPS.

Ramírez, S. y Lukenbill, J. (2008). Psychometric Properties of the Zung Self-Rating Anxiety Scale for Adults with Intellectual Disabilities (SAS-ID). *Journal of Developmental and Physical Disabilities, 20* (6), 573-580.

Salvador-Carulla, L., Rodríguez-Blázquez, C., Rodríguez de Molina, M., Pérez-Marín, J. y Velázquez, R. (2000). *Journal of Intellectual Disability Research, 44*(2), Special issue: Mental health and intellectual disability: VI. pp. 147-154.

Sanderson, W. C. y Barlow, D. H. (1990). A description of patients diagnosed with DSM-III-R generalized anxiety disorder. *The Journal of Nervous and Mental Disease, 178*, 588-591.

Senatore, V., Matson, J. L. y Kazdin, A. E. (1985). An inventory to assess psycopathology of mentally retarded adults. *American Journal of Mental Deficiency, 89* (5): 459-66.

Shoumitro, D., Thomas, M. y Bright, C.; Mental disorder in adults with intellectual disability. I: Prevalence of functional psychiatric illness among a community-based population aged between 16 and 64 years. *Journal of Intellectual Disability Research, 45* (6), Special issue: Mental health and intellectual disability: IX. pp. 495-505.

Spielberger, C.D., Gorsuch, R.L. y Lushene, R.E. (1970). The State-Trait anxiety inventory. Palo Alto, California: Cosulting Psychologist Press.

Spitzer, R. L., Kroenke, K., Williams, J.B. y Löwe, B. (2006). A brief measure for assessing generalized anxiety disorder: the GAD-7. *Archives of Internal Medicine, 166* (10), 1092-1097.

Stenfert Kroese, B., Dagnan, D. y Loumidis, K. (1997). *Cognitive-Behaviour Therapy for people with learning disabilities.* London: Routledge.

Tyrer, P. y Baldwin, D. (2006). Generalized Anxiety Disorder. *Lancet, 368,* 2156-66.

White, P., Chant, D. y Edwards, N. (2005). Prevalence of intellectual disability and comorbid mental illness in an Australian community sample. *Australian and New Zealand Journal of Psychiatry, 39* (5), 395-400.

TRASTORNO OBSESIVO-COMPULSIVO Y DISCAPACIDAD INTELECTUAL

1. **¿QUÉ ES?** Definición, criterios diagnósticos, curso y prevalencia.

2. **¿CÓMO IDENTIFICARLO?** Síntomas, signos e indicadores conductuales. Diagnóstico diferencial.

3. **HERRAMIENTAS PARA DETECTARLO**

4. **RECURSOS Y ORIENTACIONES PARA LA INTERVENCIÓN. FARMACOLOGÍA**

5. **ALGUNOS FACTORES DE VULNERABILIDAD Y PROTECCIÓN**

6. **BIBLIOGRAFÍA**

1. ¿QUÉ ES?
Definición, criterios diagnósticos, curso y prevalencia

1.1. DEFINICIÓN

El trastorno obsesivo-compulsivo (TOC) pertenece al grupo de los desórdenes de ansiedad caracterizado por:

Obsesiones: ideas, pensamientos, imágenes o impulsos recurrentes y persistentes que son egodistónicos, es decir, que la persona no experimenta que los produce voluntariamente, sino más bien experimenta que son pensamientos que invaden la conciencia y son vividos como sin sentido, causando un malestar significativo. La persona que lo padece realiza intentos para ignorarlos o suprimirlos, a veces sin conseguirlo.

Compulsiones: son conductas repetitivas que se realizan según determinadas reglas de forma estereotipada y que la persona se ve obligada a realizar, en respuesta a una obsesión o con arreglo a ciertas reglas que debe seguir estrictamente.

Desde el punto de vista clínico el TOC puede comenzar por un único síntoma que persiste a lo largo de meses, o incluso años, y al que se irán añadiendo nuevas obsesiones y compulsiones de forma progresiva. Los síntomas pueden cambiar además a lo largo del tiempo y sustituirse unos por otros, pudiendo permanecer el contenido de alguno de ellos.

Lo más típico es que se den obsesiones y compulsiones conjuntamente, pero también puede presentarse un cuadro obsesivo sin compulsiones, si bien en personas con DI lo más habitual es la observación de conductas compulsivas, siendo más difícil acceder al contenido de las obsesiones.

La conducta no es un fin en sí misma, sino que aparece para producir o evitar algún acontecimiento o situación futura, y fundamentalmente reduce la ansiedad.

Por lo general, la persona reconoce la falta de sentido de la conducta, algo que habitualmente no suele ocurrir en personas con DI, y no obtiene placer en llevar a cabo esta actividad, aunque le procure un alivio de su tensión. Las obsesiones y las compulsiones son una fuente significativa de malestar e interfieren en su funcionamiento social.

TIPOS DE TOC

Dentro del TOC se pueden diferenciar ocho tipos más comunes, de los cuales los más habituales en persona con DI son los "ordenadores", "acumuladores" y "repetidores":

- Lavadores y limpiadores: son personas con obsesiones relacionadas con la contaminación a través de determinados objetos o situaciones.
- Verificadores: son personas que inspeccionan de manera excesiva con el propósito de evitar que ocurra una determinada catástrofe.
- Repetidores: son aquellos individuos que se empeñan en la ejecución de acciones repetitivas.
- Ordenadores: son personas que exigen que las cosas que les rodean estén dispuestas de acuerdo con determinadas pautas rígidas, incluyendo distribuciones simétricas.
- Acumuladores: coleccionan objetos insignificantes, de los que no pueden desprenderse.
- Ritualizadores mentales: acostumbran a apelar a pensamientos o imágenes repetitivos, llamados compulsiones mentales, con el objeto de contrarrestar su ansiedad provocadora de ideas o imágenes, que constituyen las obsesiones.
- Obsesivos puros: experimentan pensamientos negativos reiterados, que resultan incontrolables y bastante perturbadores. No obstante, a diferencia de quienes sufren los demás tipos de TOC, no se entregan a comportamientos reiterativos de tipo físico, sino rumiaciones mentales.
- Sexuales: consiste en pensamientos sexuales recurrentes, que pueden incluir un temor exagerado a ser homosexual.

1.2. CRITERIOS DIAGNÓSTICOS

A. Se cumple para las obsesiones y compulsiones

Se cumple para las obsesiones y las compulsiones (aunque puede que no sea posible identificar las obsesiones a causa de deficiencias comunicativas en personas con D.I. y distintas necesidades de apoyo)

Las obsesiones se definen por (1), (2), (3), (4),

(1) Las obsesiones son recurrentes, persistentes y egodistónicas que causan malestar. *En personas con discapacidad intelectual, puede que las obsesiones no se expresen por dificultades comunicativas y las obsesiones recurrentes, persistentes pueden no ser experimentadas como intrusivas o inapropiadas, ni causar ansiedad o angustia*

(2) Los pensamientos no son preocupaciones sobre problemas de la vida real.

(3) La persona que lo padece realiza intentos para ignorarlos o suprimirlos, a veces sin conseguirlo.

En personas con necesidades de apoyo intermitente/limitado, es posible que los intentos de ignorar o suprimir estos pensamientos no se puedan detectar a causa de deficiencias comunicativas y cognitivas.

Criterios diagnósticos para personas con necesidades de apoyo extenso / generalizado.

Es posible que la persona con necesidades de apoyo extenso/generalizado no intente suprimir estas compulsiones y obsesiones. y que no puedan expresar su deseo de ignorar, suprimir o neutralizar estos pensamientos o impulsos.

(4) La persona reconoce que sus obsesiones o compulsiones son producto de su mente.

Posiblemente no se puede determinar a causas de deficiencias comunicativas y cognitivas.

Las compulsiones se definen por (1) y (2)

(1) Las compulsiones son conductas repetitivas que se realizan de forma estereotipada, que la persona se ve obligado a realizar, en respuesta a una obsesión o con arreglo a ciertas reglas que debe seguir es:

En personas con necesidades de apoyo intermitente y limitado, las compulsiones son conductas repetitivas que se realizan de forma estereotipada, que la persona se ve obligado a realizar, en respuesta a una obsesión o con arreglo a ciertas reglas que debe seguir estrictamente. Las más frecuentes son: ordenar, acumular o acaparar, preguntar, frotar o friccionar.

En personas con necesidades de apoyo extenso y generalizado , las compulsiones son basadas en pensamientos más sencillos (suelen ser: insistir en seguir secuencias rígidas, orden excesivo, vaciar y llenar compulsivamente).

(2) La conducta no es un fin en sí misma, sino que está diseñada para reducir angustia o producir o evitar algún acontecimiento. Sin embargo, o bien la actividad no está conectada de forma realista con lo que se pretende impedir o provocar o puede ser claramente excesiva.

La función de la conducta compulsiva puede no estar establecida.

B. La persona reconoce la falta de sentido de la conducta compulsiva.

En personas con necesidades de apoyo intermitente y limitado, puede que no se reconozca la irracionalidad de la conducta compulsiva.

C. Las obsesiones y las compulsiones: son una fuente significativa de malestar e interfieren en su funcionamiento social. (Como medida estándar; las compulsiones conllevan más de 1 hora/día).

En personas con DI, puede que no aparezcan ansiedad o angustia sino atisbos de felicidad al realizar la compulsión. Pueden aparecer conductas desafiantes especialmente auto y heteroagresiones si se evita que la persona complete la compulsión.

D. Si existe otro trastorno del eje 1, el contenido de la obsesión o compulsión no está restringido sólo a este trastorno. p.ej. preocupación por la comida en personas con trastornos alimenticios o preocupación por la enfermedad en personas con hipocondría.

En personas con DI, es importante distinguir compulsiones de las estereotipias y el deseo de mantener la monotonía (las primeras van seguidas de ansiedad elevada si se detienen, las segundas no van seguidas de ansiedad o van seguidas de ansiedad leve transitoria.).

Estereotipias (balanceos, girar objetos) u otras conductas repetitivas como robar, demandar atención, masturbarse en público, sobre ingesta de alimentos, perseveración verbal… no deben tenerse en cuenta para efectuar un diagnostico de TOC en personas con altas necesidades de apoyo.

E. Los síntomas no son la consecuencia directa de otro trastorno psiquiátrico, fármacos, drogas o enfermedad física.

1.3. CURSO Y PREVALENCIA

El inicio del TOC es muy precoz, siendo en los varones más común su comienzo en la infancia y en las mujeres más tarde (hombres: 6-16 años, mujeres: 20-29 años). Se acepta que el curso de la enfermedad es continuo, con periodos de mejoría y otros de agravamiento.

Tradicionalmente el pronóstico del TOC no ha sido bueno hasta la introducción de la clorimipramina e inhibidores de la recaptación de serotonina, junto con las terapias conductuales, que logran mejorar un alto porcentaje de pacientes, aunque son poco frecuentes los casos de remisiones totales.

En la población general, la prevalencia del TOC es del 1%, mientras que los estudios en DI indican prevalencias entre el 1 y el 4% (Deb et al., 2001). Si se incluye el TOC subclínico o el TEOC (trastornos del espectro obsesivo-compulsivo), la prevalencia aumenta considerablemente.

Las personas con Trastornos del Espectro de Autismo y algunos síndromes cromosómicos (Prader-Willi, Síndrome de Down, Síndrome de X frágil, Cornelia de Lange y Síndrome de Williams) tienen mayores probabilidades de mostrar conductas compulsivas (Dimitropoulos et al., 2001, Hyman et al., 2002, Evans and Gray, 2000).

Dentro del TEA, los estudios indican una comorbilidad TEA- TOC del 37% (Leyfer et al., 2006).

El trastorno obsesivo-compulsivo estadísticamente es igual de frecuente en varones que en mujeres, aunque la edad de inicio se adelanta en hombres.

2. ¿CÓMO IDENTIFICARLO?
Síntomas, signos e indicadores conductuales. Diagnóstico diferencial.

2.1. SÍNTOMAS, SIGNOS E INDICADORES CONDUCTUALES

Es importante tener en cuenta que, en términos generales, en las personas con DI es frecuente encontrar rasgos de personalidad obsesiva y rigidez cognitiva, que no necesariamente deben ser diagnosticados como TOC. Sobre todo en personas con mayores necesidades de apoyo los comportamientos rígidos y/o repetitivos pueden ser funcionales y adaptativos porque les ayudan a controlar y predecir el entorno en el que se desenvuelven.

Recuerda que:

Es más fácil de diagnosticar y la prevalencia es mayor en personas con necesidades de apoyo intermitente o limitado.

En personas con DI no siempre encontraremos la asunción de que su comportamiento es irracional y excesivo cuando sobrevienen las compulsiones, ni siquiera por parte de la familia. En ocasiones lo consideran como un comportamiento asociado a la discapacidad.

Si intentamos detener a la persona con DI que quiere llevar a cabo una compulsión y se muestra muy ansioso o agresivo, puede ser indicio de que padece TOC. Aunque la aparición de ansiedad no es criterio diagnóstico de TOC en personas con DI.

No siempre se encuentra la presencia de ansiedad como tal, puede manifestarse de manera más difusa o en forma de alteraciones de conducta.

No encontraremos el fenómeno de resistencia cognitiva (intentos de suprimir o neutralizar la compulsión por miedo a reacciones de terceras personas) en personas con DI con necesidades de apoyo extenso o generalizado, por lo que hay que fijarse más en signos observables como aumento de ansiedad o inquietud.

Las conductas autolesivas de naturaleza compulsiva pueden considerarse indicios de presencia de TOC en personas con DI.

Las estereotipias, tics o rituales acústicos pueden confundirse erróneamente con compulsiones en personas con DI.

Las compulsiones que requieren pensamientos abstractos como contaminación por gérmenes o comprobación, son significativamente menos frecuentes en personas con DI.

También se han de diferenciar de las estereotipias motoras y verbales, los tics complejos y trastornos del movimiento relacionado con daño cerebral.

El diagnóstico de TOC en población sin DI requiere que las obsesiones o compulsiones interfieran en la vida de la persona durante al menos una hora al día. Este criterio no es aplicable a personas con DI. Las personas con DI que siguen complejos rituales para vestirse o asearse, comen en un estricto orden, se mueven siempre por el mismo recorrido… pero son parte fundamental de sus rutinas diarias, se pueden describir como "TOC subclínico". El TOC subclínico se refiere a una parte del continuo del TOC donde los síntomas tienen una mínima interferencia en la vida de la persona (Fletcher et al., 2007).

Recientemente se denomina TEOC a aquellos subtipos de TOC en los que no hay resistencia y no hay malestar significativo cuando no se completa la compulsión. La topografía puede ir desde actos mentales repetitivos, rituales simples o complejos, tics o impulsos.

En personas con DI son frecuentes las reacciones de extrema ansiedad manifestada en conductas desafiantes, cuando una de sus compulsiones intenta ser cortada o reducida. Son típicas las obsesiones y compulsiones de orden, comprobación y el empleo de rituales de limpieza. Todas aparecen con mayor frecuencia en el hogar que en otros contextos. Estas personas no demandan ayuda, por tanto el problema suele ser identificado por la familia o cuidadores.

Al igual que en otros trastornos, el diagnóstico requiere de una evaluación conductual sistemática y en muchos casos debe basarse en la presencia de sólo algunos de los síntomas. Aún en estos casos se observa una respuesta favorable al tratamiento farmacológico del TOC.

Las obsesiones verdaderas deben diferenciarse de los rasgos obsesivos de personalidad. Por otro lado, es necesario diferenciar los pensamientos obsesivos de alteraciones del lenguaje asociadas a DI como la ecolalia y el habla repetitiva (por ejemplo, en el autismo). Los rituales y las rutinas rígidas forman parte también del autismo y pueden dar lugar a alteraciones de conducta cuando se intenta variarlas. De hecho, los comportamientos repetitivos son comunes en la DI y pueden asociarse a otro tipo de trastornos mentales, como son los trastornos del ánimo o trastornos de tipo psicóticos.

Nivel Cognitivo

SÍNTOMAS O SIGNOS	ALGUNOS INDICADORES
Pensamientos obsesivos	- Dudas cotidianas y reiteradas que pueden ser verbalizadas o no, por ej.: ¿me he portado bien, me he portado bien? ¿Después de taller toca ocio, toca ocio? - Preocupación y necesidad de orden-simetría, exactitud, por ej. entrar en la sala una y otra vez para comprobar que está todo en su sitio. - Rumiaciones o verbalizaciones interminables sobre un tema en concreto. - Establecer reglas de orden rígidas, por ej. saludar a todo el mundo por orden alfabético. - Preocupación exagerada por un tema. - Indecisión (deambulación, lentitud a la hora de realizar acciones sencillas, tomar decisiones …). - Atención excesiva a los detalles, por ej. está permanentemente mirando si hay algo que está fuera de su sitio. - Temor a distintos peligros que puedan pasarle a él/ella.
Compulsiones mentales	- Lentitud obsesiva. - Repetir una y otra vez la misma frase o la misma ecolalia.

Nivel Fisiológico

SÍNTOMAS O SIGNOS	ALGUNOS INDICADORES
Malestar emocional	- Irritabilidad. Susceptibilidad. Reacciones exageradas. Inquietud.
Bajo estado de ánimo	- Llanto, postura encorvada, enlentecimiento motor, apatía.
Alivio transitorio al realizar la compulsión	- Sonrisa, gesto de satisfacción. - Verbalizaciones de éxito, por ej. "ya está, todo controlado ","ya puedo salir".
Ansiedad elevada	- Sobre todo cuando no se puede llevar a cabo una compulsión o un ritual aparece tensión muscular, hiperventilación, inquietud, palpitaciones, etc. - En personas con dificultades comunicativas, la expresión de ansiedad puede observarse en conductas como: llevarse la mano al pecho, sensación de ahogo, rigidez corporal, movimientos espasmódicos, etc.
Alteraciones del sueño	- Acostarse tarde y/o levantarse excesivamente temprano para iniciar sus rituales..

SÍNTOMAS O SIGNOS	ALGUNOS INDICADORES
Conductas compulsivas	- Lavarse las manos repetidamente. - Orden exagerado: por ej. colocar objetos según una simetría, colocar su ropa y zapatos de una determinada forma antes de acostarse. - Comprobación reiterada, por ej. entrar en casa una y otra vez para comprobar que todo está en orden. - Repetición de acciones., por ej. encender cada interruptor tres veces. - Repeticiones mentales de palabras, verbalizaciones o rumiaciones. - Rituales relacionados con el lavado e higiene personal. -Periodos excesivos de tiempo dedicándose a una determinada acción, por ej. en hábitos de aseo personal - Necesidad de tocar, por ej. tocar todas las esquinas de los muebles que tiene a su paso. - Contar. - Repetir preguntas aún sabiendo la respuesta. - Acumular objetos innecesarios. - Rituales varios. - No tolerar el cambio de orden de determinados objetos.
Aislamiento	- La persona puede buscar intimidad para realizar las compulsiones porque sabe lo irracional de su conducta. En el caso de personas con mayores necesidades de apoyo puede buscar aislamiento para que para que nadie interrumpa su ritual.
Respuestas de evitación o escape	- Reacciones descontroladas como por ej. empujar, insultar o agredir a la persona que interrumpe la compulsión e incluso golpearse ellos mismos.

2.2. DIAGNÓSTICO DIFERENCIAL

Este trastorno puede ser difícil de distinguir de un trastorno de estado de ánimo, de la esquizofrenia, de las fobias o de algunas patologías neurológicas.

– **Depresión**: la presencia de síntomas obsesivos en cuadros melancólicos y la habitual contaminación de los TOC con síntomas depresivos pueden interferir en el diagnóstico. En estos casos, suele ayudar el considerar: la edad de inicio de la enfermedad (infantil en el TOC, adulta en las depresiones), el curso (continuo y crónico en el TOC, episódico en la depresión) y la presencia de rituales (típica en el TOC y muy rara en la depresión).

– **Esquizofrenia**: El poder constatar si existe o no conciencia de lo absurdo, y si las ideas se viven como propias o como impuestas, puede ayudar a clarificar el diagnóstico sobre todo en aquellas personas con DI con menos necesidades de apoyo.

– **Fobias**: las conductas de evitación suelen ser eficaces, no así en los TOC.

– **Trastorno del espectro del autismo (TEA):** Las conductas repetitivas de naturaleza obsesiva y la marcada rigidez (cognitiva y conductual) de las personas con TEA suele dar lugar a una confusión diagnóstica con el TOC. El TOC puede manifestarse asociado al TEA, especialmente en el Síndrome de Asperger, pero ambos trastornos son condiciones clínicas diferenciadas e independientes. Para realizar el diagnostico diferencial hay que fijarse en primer lugar en la edad de inicio. El inicio del TOC es bastante posterior a la expresión inicial de los TEA. En segundo lugar, la persona con TEA no experimenta sus obsesiones como irracionales o como fuente de angustia, sino que se entrega a ellas con entusiasmo al obtener placer y disfrutar de su realización. En tercer lugar, mientras que las dificultades sociales propias del TOC proceden de la necesidad de completar los rituales o las compulsiones o de la vergüenza de realizarlos bajo la mirada de otros, las personas con TEA muestran limitaciones sociales que proceden de la existencia de un déficit innato en las áreas de comprensión social y desarrollo emocional, por tanto, estas limitaciones sociales les han acompañado durante toda su vida. (Martín Borreguero, 2004).

3. HERRAMIENTAS PARA DETECTARLO

Es evidente que el diagnóstico de un TOC debe ser realizado por el psiquiatra. Sin embargo, podemos ayudarle registrando los comportamientos repetitivos y ritualistas mediante la cumplimentación de distintas herramientas:

- Escala de Conductas Compulsivas, Gedye (1992): nos proporciona información sobre el grado de interferencia de los actos compulsivos en el rendimiento diario de la persona, así como qué sucede cuando le impedimos su realización. Puntuaciones altas en estos dos apartados pueden sugerir la presencia de un posible TOC.
- Escala de lenguaje obsesivo. OSC, Gedye (1998). Es una guía que recopila información sobre patrones de lenguaje obsesivo para personas con DI y lenguaje verbal.
- Y-BOCS (Yale-Brown Obsessive-compulsive Scale), Rosario-Campos, M C et al., (2006). Evalúa la gravedad del TOC desde TOC subclínico hasta TOC extremo.
- The Obsessive-Compulsive Disorder Severity Scale, Vitiello et al. (1989). Escala que evalúa la severidad de la sintomatología en personas con DI. Es válida para evaluar cambios en la sintomatología tras un tratamiento, pero tiene escasa validez como herramienta diagnóstica.
- Cuestionario de conductas repetitivas, RBQ. Evalúa la severidad de los síntomas en distintas subescalas: comportamiento estereotipado, comportamiento compulsivo, preferencias limitadas, discurso repetitivo, insistencia en la monotonía.
- PAS-ADD Checklist (Moss et al., 1998). Cuestionario de 25 ítems, cuyo objetivo es ayudar a decidir si se requiere una evaluación más exhaustiva de la salud mental del individuo.
- Evaluación Diagnóstica para Discapacitados Graves (DASH-II). Su objetivo es ayudar a decidir si la persona con DI requiere una evaluación más exhaustiva de su salud mental e incluye una escala para valorar la presencia de TOC.
- La ansiedad que puede conllevar la interrupción de la compulsión en personas con menores necesidades de apoyo puede evaluarse a través de la observación y registro de la conducta del tipo ABC (antecedentes, conducta, consecuencia).

4. RECURSOS Y ORIENTACIONES PARA LA INTERVENCIÓN PSICOSOCIAL Y FARMACOLÓGICA

La intervención es un proceso complejo donde no podemos centrarnos única y exclusivamente en un concepto, dando soluciones simplistas. Para llevar a cabo una buena intervención, debemos abarcar todos los contextos de la persona y planificar dicha intervención centrándonos en la persona a la que va dirigida.

Por tanto, la intervención va a depender del tipo de necesidades de apoyo que en ese momento tenga la persona, es decir, de los recursos reales de la persona y la motivación que tenga.

Los tratamientos que han demostrado una mayor eficacia en el tratamiento específico de los trastornos obsesivo-compulsivos (TOC) son los tratamientos farmacológicos y los psicológicos basados en procedimientos cognitivo-conductuales., centrándonos en un primer momento en marcar unas pautas en cuanto a:

- Uso de terapia de exposición y/o de prevención de respuesta.
- Uso de cualquiera de las anteriores técnicas asociadas a técnicas de modelado, intención paradójica, inundación o parada del pensamiento.
- La duración será de un año (o un mínimo de 30 sesiones), o bien, hasta que se demuestre fehacientemente la incapacidad para tolerar la ansiedad asociada a la terapia por parte del usuario.

4.1. PSICOEDUCACIÓN SOBRE EL PROBLEMA

Formación al personal, a la familia y a la persona con D.I. sobre el TOC. (Ver el modelo conductual del TOC).

Modelo conductual del TOC

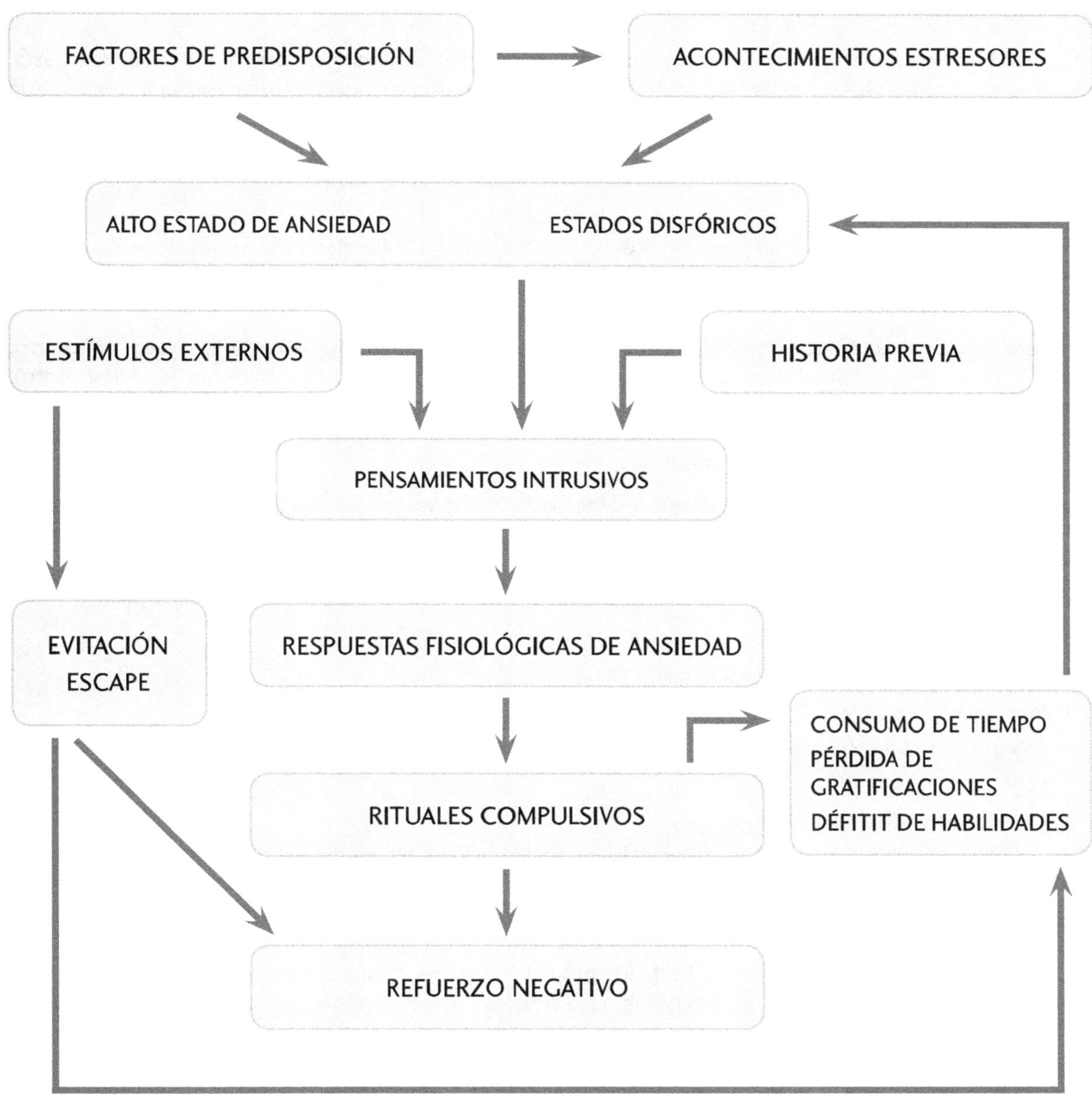

4.2. ENSEÑANZA DE HABILIDADES

Dentro de la enseñanza de habilidades destacamos los siguientes procedimientos de intervención.

4.2.1. Programa de relajación adaptado

Con el objetivo de condicionar respuestas fisiológicas de disminución de arousal, en presencia del estímulo iniciador del ritual compulsivo.

4.2.2. Exposición in vivo

Cuando hay obsesiones con rituales o compulsiones, se trabajan exposiciones con prevención de respuesta. Les exponemos a las obsesiones sin dar respuestas de comprobación o rituales, mantenemos a la persona con ansiedad exponiéndose al estímulo ansiógeno hasta que descienda la ansiedad. Por ej. ante los pensamientos obsesivos de contaminación, exposición a tocar el pomo de la puerta, se trata de que toquen bien el pomo de la puerta, se puede hacer modelado para que vean que no hay peligro. Es importante que no den respuestas de comprobación.

Para los rituales de acumulación pactamos con la persona con D.I. Seleccionamos lo que acumula y vamos deshaciéndonos de lo más antiguo, sin mirar ni comprobar si es algo importante. Se mantiene la exposición hasta que la ansiedad desaparece.

Es necesario llevar autorregistro de las respuestas de comprobación que se pudieran dar fuera del centro, para ver si van reduciéndose o no. Si continúan presentes los rituales o comprobaciones fuera del centro, sería conveniente diseñar un plan de exposición para éstos. Para esto sería de suma importancia contar con la familia del usuario o con figuras de referencia que actuando como coterapeutas apoyaran el programa de exposición y reforzaran los logros alcanzados.

Tras realizar con el usuario una jerarquía que ordene los estímulos ansiógenos según la intensidad del malestar que le provocan, empezaremos a exponerle por el ítem de menor intensidad. Para facilitar la habituación del tratamiento de exposición/inundación es importante:

- Presentación repetida.
- Hacer exposiciones en días consecutivos.
- Novedad mínima entre presentaciones.
- Intensidad constante.
- Tiempo de ocurrencia predecible.
- Lenta progresión.
- Duración predecible y más larga.
- Tasa de ocurrencia predecible. Es decir, máxima predictibilidad, tendencia a la habituación.

4.2.3. Programación de actividades

Con objeto de favorecer la desaparición de los rituales buscamos respuestas alternativas a estos. Se trata de que ocupen el tiempo que antes dedicaban a los rituales con otras actividades alternativas que resulten estimulantes.

4.2.4. Exposición en imaginación

En aquellos estímulos que no permiten exposición en vivo puede llevarse a cabo una exposición en imaginación. Por ej.: para las obsesiones de daño o accidentes de otras personas. Se trata de que imaginen y mantengan la imagen de lo temido, hasta que disminuya la ansiedad.

4.2.5. Tratamiento de lentitud compulsiva

Para esta problemática se pueden emplear el moldeamiento y la limitación del tiempo. Se establece un tiempo para que la persona con DI realice las tareas y si no las terminan quedan inacabadas durante un día. Se realiza un proceso de moldeamiento de conductas aproximativas. Por ej.: cuando tardan mucho en vestirse porque tienen que realizar muchos rituales, se hacen secuencias de cada paso. Si tardan más tiempo de lo establecido, dejan la prenda como está, por ej.: si tiene los zapatos sin abrochar se dejan así. Se pueden usar también relojes adaptados que hagan visible el tiempo.

4.2.6. Reestructuración cognitiva

Se trataría de apoyar la exposición con una modificación de los pensamientos irracionales y negativos. De inicio, se busca la evidencia a favor y en contra de sus hipótesis, se evalúa entonces la probabilidad de que suceda la situación temida, y qué podría hacer la persona en el peor de los casos. Y en última instancia sustituir los pensamientos negativos por otros más positivos y realistas.

4.2.7. Intención paradójica

Se trata de pedirle que piense en la obsesión continuamente, así pierde valor el pensamiento obsesivo, al pensarlo muchas veces o exagerarlo.

Por ej.: en el caso de personas muy perfeccionistas se busca que cometan fallos a propósito, que se rían de sus fallos y que hablen de ellos. El humor es un estado incompatible con la ansiedad y es una forma de minimizar la importancia del problema sin hacerlo explícito (que sería una forma de re aseguración), por ejemplo: para un usuario que era incapaz de tocar una silla "contaminada" incluso después de modelado, fue capaz de hacerlo a través del juego "puño, puñetas" que consiste en que varias personas ponen las manos sucesivamente unas encima de otras, se practicaba el juego sobre la silla contaminada, de forma que el usuario hubo de tocar muchas veces la silla.

4.2.8. Autoinstrucciones

Sería una estrategia válida para personas con necesidad de apoyo intermitente: "puedo hacerle frente y me sentiré mejor", "si aguanto la ansiedad bajará"…incluso si hay dificultades de memoria, se le puede preparar una tarjeta con la autoinstrucción escrita para que la lleve encima y pueda usarla en el momento.

4.2.9. Técnicas de distracción

En situaciones puntuales en las que aparece la obsesión y no es posible llevar a cabo una exposición puede emplearse la parada de pensamiento unida a una técnica de distracción para tratar de mitigar la presencia de la obsesión y dirigir la atención a otros estímulos. Estas estrategias fundamentalmente se pondrían en marcha de forma dirigida por parte de las personas de apoyo del usuario (educadores, familiares, etc.).

4.3. CONTROL DE CONTINGENCIAS

Refuerzo diferencial. Será necesario aplicar refuerzo positivo de las conductas adaptativas. La persona debe recibir mucha atención cuando tenga un comportamiento adecuado.

La familia o los cuidadores han de dejar de participar en los rituales, no apoyando su realización. Los familiares no deben prestar atención a sus compulsiones o rituales para no castigar o reforzar inadecuadamente este tipo de conductas. En cambio, pueden apoyar la exposición con prevención de respuesta. Asimismo, el reconocimiento de lo que parecen pequeños logros tiene gran valor, alienta a la persona con TOC a seguir intentándolo y le demuestra que se reconoce su esfuerzo. Además, es necesario evitar la crítica personal cuando aparece la obsesión o el ritual. La familia no debe reforzar las respuestas de comprobación y debe evitar dar explicaciones extensas de lo que debe o no hacer la persona. Por otra parte, los familiares pueden ayudar a plantear expectativas realistas y informar a los terapeutas de las recaídas.

4.4. TRATAMIENTO FARMACOLÓGICO

Inhibidores de la recaptación de la serotonina

- Indicación general: Tratamiento de primera elección.
- Clomipramina: La mejor estudiada en cuanto a eficacia.
- Fluvoxamina: Superior a la desipramina y al placebo; bien estudiada.
- Fluoxetina: Eficaz.
- Sertralina: Eficaz;
- Paroxetina: Eficaz; menos estudiada.

Estrategias de potenciación

- Indicaciones generales: Respuesta parcial a los inhibidores de la recaptación de la serotonina; presencia de otros síntomas diana.
- Buspirona: Ansiedad.
- Clonacepam: Ansiedad, insomnio, crisis de angustia.
- Fenfluramina: Depresión.
- Trazodona: Insomnio, depresión.
- Litio: Labilidad afectiva, síntomas bipolares.
- Pimocida: Tics, rasgos esquizotípicos, síntomas delirantes.
- Haloperidol: Tics, rasgos esquizotípicos, síntomas delirantes.

Tratamientos combinados

- Indicaciones generales: Mala tolerancia a la clomipramina o a los inhibidores selectivos de la recaptación de serotonina por separado;
- Respuesta parcial a la clomipramina o a los inhibidores selectivos de la recaptación de serotonina por separado.
- Precauciones: Utilizar dosis bajas de cada fármaco; controlar los niveles plasmáticos de clomipramina.
- Clomipramina + inhibidor selectivo de la recaptación de la serotonina (p. ej., fluoxetina, sertralina o fluvoxamina).

5. ALGUNOS FACTORES DE VULNERABILIDAD Y PROTECCIÓN

FACTORES DE VULNERABILIDAD	BBPP PARA LA INMUNIDAD
Síndromes cromosómicos como Prader-Willi, Síndrome de Down, Síndrome de X frágil, Cornelia de Lange y Síndrome de Williams.	Realizar un diagnóstico precoz si aparece la sospecha de presencia de un síndrome genético.
Disfunción de los ganglios basales o procesos degenerativos del sistema frontobasal como el parkinsionismo secundario.	Recabar información médica relevante.
Funcionamiento serotoninérgico reducido.	Recabar información médica relevante.
Estrés.	Patrones correctos de afrontamiento del estrés.
Familiares con antecedentes con TOC, Síndrome de Tourette, tics, Corea de Huntington o de Sydenham.	Recabar información acerca de los antecedentes familiares.
Estilo cognitivo rígido (rasgos obsesivos subclínicos en fases premórbidas).	Fomentar estilo cognitivo flexible basado en tolerancia a los cambios y valoración de alternativas / solución de problemas.
Experiencias previas de aprendizaje relacionadas con el contenido de la obsesión.	Fomentar estilos de afrontamiento flexibles, más adaptativos.

6. BIBLIOGRAFÍA

Ayuso, J.L., Martorell, A., Novell, R. (2007). *Discapacidad Intelectual y Salud Mental: Guía Práctica*. Madrid: Fundación Carmen Pardo-Valcarce y Consejería de Familia y Asuntos Sociales.

Carulla, S.; Novell, R. (2002): *Guía Práctica de la Evaluación Psiquiátrica en el Retraso mental*. Madrid: Grupo Aula Médica.

Canal Bedia, R., Martín Cilleros, M.V. (2002). *Apoyo Conductual Positivo*. Junta De Castilla y León: Consejería de Sanidad Y Bienestar Social.

Deb, S., Thomas, M. & Bright, C. (2001) *Mental disorder in adults with intellectual disability: prevalence of functional psychiatric illness among a community-based population aged between 16 and 64 years. Journal of Intellectual Disability Research, 45, 495– 505.*

Dimitropoulos, A., Feurer, I. et al. (2001). Emergence of compulsive behavior and tantrums in children with Prader-Willi Syndrome. *American Journal on mental retardation, 106, 39-51.*

Evans, D.W , Gray, F.L. (2000) Compulsive like behaviors in individuals with Down syndrome: it's relation to mental age level adaptaive and maladaptive behavior. *Child Development, 71, 288-300*

Fletcher, R., Loschen, E., Stavrakaki, C., & First, M. (Eds.). (2007). *Diagnostic Manual -- Intellectual Disability (DM-ID): A Textbook of Diagnosis of Mental Disorders in Persons with Intellectual Disability.* Kingston, NY: NADD Press.

Gascón J. *Protocolo Trastorno obsesivo-compulsivo resistente (TOC)*. Barcelona: Servicio de neurocirugía y de psiquiatría. Hospital Mutua de Terrassa.

Gavino A. (2009). *Tratando trastorno obsesivo-compulsivo, técnicas, estrategias generales y habilidades terapéuticas.* Madrid: Pirámide.

Gedye, A. (1992). Compulsive Behavior Checklist. *Habilitative Mental Healthcare Newsletter*, 11.

Gedye, A. (1998). *Behavioural Diagnostic Guide for Developmental Disabilities*. Vancouver: Diagnostic Books.

Hyman, P., Oliver, C, Hall, S. (2002). Self injurious behavior, self-restratint, and compulsive behaviors in Cornelia de Lange syndrome. *American Journal on mental retardation, 107, 146-154*

Leyfer, et al. (2006). Comorbid psychiatric disorders in children with autism: Interview development and rates of disorders. *Journal of Autism and Developmental Disorders, 36, 849–861*

Mardomingo, M.J, (1994): *Psiquiatría del niño y del adolescente: método, fundamento y síndromes.* Madrid: Díaz de Santos.

Martín Borreguero, P. (2004). *El Síndrome de Asperger: ¿Excentricidad o Discapacidad Social?* Madrid: Alianza Editorial.

Matson, J. L. (1995). *The Diagnostic Assessment for the Severely Handicapped*, Revised (DASH-II), Disability Consultants, LLC, Baton Rouge, LA.

Moss et al. (1998). Reliability and validity of the PAS-ADD Checklist for detecting psychiatric disorders in adults with intellectual disability. *Journal of Intellectual Disability Research, 42, 173-183.*

Novell, R., Rueda, P. y Salvador-Carulla, L. (2004). *Salud Mental y alteraciones de conducta en personas con DI. Guía práctica para técnicos y cuidadores.* Madrid: FEAPS.

Novell Alsina, R. (2009) *DI y trastornos de Conducta o Enfermedad Mental.* Madrid: Consejería de Familia y Asuntos Sociales.

Rosario-Campos, M C, et al. (2006) The Dimensional Yale–Brown Obsessive–Compulsive Scale (DY-BOCS): an instrument for assessing obsessive–compulsive symptom dimensions. *Molecular Psychiatry 11, 495–504.*

Vázquez-Barquero, J.L. (1998): *Psiquiatría en atención Primaria.* Biblioteca Aula Médica.

Vitiello, B., Spreat, S. & Behar, D. (1989) Obsessive–compulsive disorder in mentallyretarded patients. *Journal of Nervous and Mental Disease, 177, 232–236.*

FOBIA Y DISCAPACIDAD INTELECTUAL

1. **¿QUÉ ES?** Definición, criterios diagnósticos, curso y prevalencia.

2. **¿CÓMO IDENTIFICARLO?**
   Síntomas, signos e indicadores conductuales. Diagnóstico diferencial.

3. **HERRAMIENTAS PARA DETECTARLO**

4. **RECURSOS Y ORIENTACIONES PARA LA INTERVENCIÓN. FARMACOLOGÍA**

5. **ALGUNOS FACTORES DE VULNERABILIDAD Y PROTECCIÓN**

6. **BIBLIOGRAFÍA**

1. ¿QUÉ ES?
Definición, criterios diagnósticos, curso y prevalencia

1.1. DEFINICIÓN

La palabra fobia deriva del término griego *phobos* (miedo, pavor), y se utiliza para denotar reacciones de miedo intenso acompañado de evitación inducidas por situaciones (reales o anticipadas) que objetivamente no justifican tales respuestas.

La característica central de los trastornos fóbicos es que el miedo y la evitación están asociados a estímulos más o menos específicos (objetos, personas, sensaciones, actividades…). Además, las reacciones de ansiedad y evitación no están justificadas por el peligro real de la circunstancia amenazante. La persona es completamente consciente de que su miedo y evitación (si existe) son excesivos e irracionales (Sandín y Chorot, 1995); no obstante, esta característica puede estar ausente en los niños y en personas con DI.

1.2. CRITERIOS DIAGNÓSTICOS

Temor marcado y persistente, excesivo o no razonable ante la presencia o anticipación de un objeto o situación específica (ej. volar, alturas, animales, inyecciones, sangre). Este criterio es difícil de aplicar en personas con grandes necesidades de apoyo.

A. La exposición al estímulo fóbico provoca casi invariablemente una respuesta de ansiedad, que puede tomar la forma de una crisis de angustia situacional o más o menos relacionada con una situación determinada. En personas con mayores necesidades de apoyo la ansiedad puede ser expresada por llantos, rabietas, quedándose inmóvil o aferrándose a otros.

B. La persona reconoce que el miedo es excesivo e irracional. En personas con DI este reconocimiento puede faltar.

C. La situación fóbica es evitada o se soporta con mucha ansiedad o estrés. Puede que no sea posible evitar estas situaciones por las personas con mayores necesidades de apoyo, cuando tienen pocas posibilidades de elección.

D. Los comportamientos de evitación, la anticipación ansiosa o el malestar provocado por las situaciones temidas interfieren acusadamente con la rutina normal de la persona, con las relaciones laborales (o académicas) o sociales o bien provocan un malestar clínicamente significativo.

E. En personas con DI la duración es de, al menos, 6 meses.

F. La ansiedad, las crisis de angustia o los comportamientos de evitación fóbica asociados a objetos o situaciones específicas no pueden explicarse mejor por la presencia de otro trastorno mental, por ejemplo un trastorno obsesivo-compulsivo (miedo a la suciedad en un individuo con ideas obsesivas de contaminación), trastorno por estrés postraumático (por ejemplo, evitación de estímulos relacionados con un acontecimiento altamente estresante), trastorno de ansiedad por separación (por ejemplo evitación de ir a la escuela), fobia social (por ejemplo, evitación de situaciones sociales por miedo a que resulten embarazosas), trastorno de angustia con agorafobia o agorafobia sin historial de trastorno de angustia.

El DM-ID enumera los mismos tipos de fobia que el DSM IV sin establecer diferencia alguna en su manifestación, contenido, frecuencia de aparición, etc. Según el objeto del miedo o evitación en la fobia específica podemos encontrar los siguientes tipos:

- *Tipo animal:* El miedo hace referencia a animales o insectos. Este subtipo suele iniciarse en la infancia.

- *Tipo ambiental:* El miedo hace referencia a situaciones relacionadas con la naturaleza y los fenómenos atmosféricos como tormentas, precipicios o agua. Este subtipo suele iniciarse en la infancia.

- *Tipo sangre-inyecciones-daño:* El miedo hace referencia a la visión de sangre o heridas, o a recibir inyecciones u otras intervenciones médicas de carácter invasivo. Este subtipo presenta una incidencia marcadamente familiar y suele caracterizarse por una intensa respuesta vasovagal (por ejemplo, descenso de la presión arterial y/o desmayos).

- *Tipo situacional:* El miedo hace referencia a situaciones específicas como transportes públicos, túneles, puentes, ascensores, aviones, coche o recintos cerrados. El inicio de este trastorno sigue una distribución bimodal, con un pico de mayor incidencia en la segunda infancia y otro a mitad de la tercera década de la vida. No hay evidencia de que exista esta distribución bimodal en personas con DI.

- *Otros tipos:* El miedo hace referencia a otro tipo de estímulos, entre los que se incluyen las situaciones que pueden conducir al atragantamiento, al vómito, a la adquisición de una enfermedad; fobia a los «espacios» (es decir, el individuo tiene miedo de caerse si no hay paredes u otros medios de sujeción), y el miedo que los niños y algunas personas con DI tienen a los sonidos altos o a las personas disfrazadas.

La distribución de frecuencias de estos subtipos en los centros asistenciales para adultos, de la más a la menos frecuente, es la siguiente: situacional, ambiental, fobia a la sangre-inyecciones-daño y, por último, animal. En muchos casos hay más de un subtipo de fobia específica. El hecho de tener una fobia de un subtipo determinado aumenta las probabilidades de padecer otra fobia del mismo subtipo (ej., miedo a los gatos y a las serpientes).

1.3. CURSO Y PREVALENCIA

La fobia específica es un trastorno cuya edad de inicio varía en función del tipo de objeto fóbico. En líneas generales suele aparecer en la infancia y en el momento de la edad adulta.

Las fobias específicas son los trastornos que producen menor grado de incapacitación o perturbación de entre todas las fobias. En muchas ocasiones no son clínicamente relevantes ya que la persona puede evitarlas fácilmente o no suele encontrarse con los estímulos elicitadores. Por tanto, no suelen interferir con las actividades habituales de la persona.

En población general, muchas de las fobias específicas que se inician en la infancia tienden a desaparecer espontáneamente. Las que persisten en la edad adulta suelen requerir tratamiento si la persona tiene que afrontar con frecuencia el estímulo fóbico.

Aunque son frecuentes en la población general, las fobias raramente provocan un malestar o un deterioro general suficientes como para permitir realizar el diagnóstico de fobia específica. Según el DSM IV (APA, 1995), la tasa de prevalencia global oscila entre el 10 y el 11,3% de la población. Otros estudios sitúan la prevalencia del trastorno durante un periodo de 6 meses entre el 2,7 y el 5,4% de la población y a lo largo de la vida de entre el 6,2 y 3l 12,5%.

En población con discapacidad intelectual existen pocos datos epidemiológicos. En un estudio con niños británicos, Emerson y Hatton (2007) sitúan la tasa de prevalencia de los trastornos de ansiedad en el 11,4%, y concretamente las fobias específicas alrededor del 2%. En este trabajo se hacía una comparativa con niños sin discapacidad intelectual, grupo en el cual la prevalencia de la fobia específica era del 0,8%.

Por último, Novell, Rueda y Salvador-Carulla (2003) señalan que la prevalencia de los trastornos de ansiedad en personas con discapacidad intelectual es similar a la población general, sin que se aporten datos más concretos para referirse a la fobia específica.

2. ¿CÓMO IDENTIFICARLO?
Síntomas, signos e indicadores conductuales. Diagnóstico diferencial.

2.1. SÍNTOMAS, SIGNOS E INDICADORES CONDUCTUALES.

<table>
<tr><th colspan="2">Nivel Fisiológico</th></tr>
<tr><th>SÍNTOMAS O SIGNOS</th><th>ALGUNOS INDICADORES</th></tr>
<tr><td>Tensión muscular.</td><td>Mostrarse rígido en sus movimientos y al tacto.
Manifestaciones de dolor.</td></tr>
<tr><td>Aumento de la tasa cardiaca, palpitaciones o sacudidas del corazón</td><td>Expresar que le palpita rápido o fuerte el corazón.
Observación por parte de otros: expresión facial, gestos…
Cambio/alteración conductual relacionada (por ejemplo, darse golpes en el pecho).</td></tr>
<tr><td>Presión en el pecho.</td><td>Expresar dolor en el pecho, pej., poniéndose la mano.
Observación por parte de otros: expresión facial, gestos…</td></tr>
<tr><td>Incremento de la tasa respiratoria. Sensación de ahogo.</td><td>Respirar demasiado deprisa y por la boca.
Llanto.
Expresión facial de angustia.
Respiración entrecortada e irregular.
Rigidez de las manos.</td></tr>
<tr><td>Sudoración. Ráfagas de frío-calor.</td><td>Secarse la frente.
Quitarse la ropa.
Sudoración en las manos o la espalda.
Tener la ropa empapada.</td></tr>
<tr><td>Sequedad de boca.</td><td>Pedir o beber con mucha frecuencia.
Labios secos.</td></tr>
<tr><td>Dificultad para tragar.</td><td>Tragar repetidamente.
Toser.
Cogerse el cuello.
Dificultad o negativa a comer.</td></tr>
<tr><td>Náuseas, molestias abdominales.</td><td>Vómitos.
Mareo.
Tirar la comida.
Negarse a comer.</td></tr>
</table>

<table>
<tr><th>SÍNTOMAS O SIGNOS</th><th>ALGUNOS INDICADORES</th></tr>
<tr><td>Impulsos frecuentes de orinar.</td><td>Ir con frecuencia a orinar.
Hacerse pis encima.</td></tr>
<tr><td>Mareos, sensación de debilidad o inestabilidad física.</td><td>Caerse.
Tropezarse.
No querer moverse.
Evitar hacer actividad física.</td></tr>
<tr><td>Agotamiento o fatiga.</td><td>Manifestación de cansancio.
Oposición para hacer cosas.
Negativa a hacer deporte.
Menor participación en las actividades.</td></tr>
<tr><td>Temblores o sacudidas.</td><td>Movimientos de temblor.
Tirar algo de las manos.
Comprobar si tiene temblor cuando coge algo o cuando le tomas las manos.</td></tr>
<tr><td>Alerta.</td><td>Respuesta exagerada a pequeñas sorpresas (asustadizo, sobresaltos).
Tensión muscular.
Movimientos forzados.</td></tr>
<tr><td>Nerviosismo.</td><td>Verbalización de estar nervioso.
Deambulación constante.
Falta de atención.
Respuestas agresivas.</td></tr>
</table>

Nivel Cognitivo

<table>
<tr><th>SÍNTOMAS O SIGNOS</th><th>ALGUNOS INDICADORES</th></tr>
<tr><td>Inquietud y preocupación persistente al anticipar la presencia del estímulo fóbico.</td><td>Dificultades de atención.
Falta de concentración en las tareas.
Problemas para permanecer sentado.
Dificultades para el funcionamiento habitual.
Verbalizaciones recurrentes sobre la preocupación.</td></tr>
<tr><td>Miedo a perder el control, a angustiarse o desmayarse.</td><td>Verbalizaciones de la persona ("tengo miedo a ponerme nervioso y meter la pata").
En personas con mayores necesidades de apoyo puede no aparecer o ser muy difícil de valorar. Algunas manifestaciones pueden ser retraimiento ante situaciones que evoquen el estímulo fóbico, esconderse, verbalizaciones repetitivas que anticipen la evitación del estímulo fóbico ("no, no no", "no va, no va, no va…"), alteraciones conductuales…</td></tr>
<tr><td>Dificultad para concentrarse.</td><td>Incapacidad de permanecer en la tarea un tiempo razonable.
Quedarse en blanco.
Cambiar de una actividad a otra.
Distractibilidad.</td></tr>
</table>

SÍNTOMAS O SIGNOS	ALGUNOS INDICADORES
Inquietud motora.	Aparición o aumento de alteraciones de conducta como: respuestas agresivas, estereotipias, autolesiones y respuestas negativistas.
Respuestas de evitación o escape.	Evitación a estímulos relacionados con su preocupación: correr, mirar a otro lado…

2.2. DIAGNÓSTICO DIFERENCIAL

– **Trastorno De Angustia Con Agorafobia:** Hay crisis de angustia de aparición inesperada que llevan a la evitación de múltiples situaciones, no siempre claramente especificadas, provocando además una ansiedad más permanente. En la fobia específica se evitan menos situaciones, quedando claro qué provoca la ansiedad. Es decir, las crisis de angustia (si las hay) se limitan a estos estímulos o situaciones fóbicas, y la ansiedad está completamente ligada a los mismos. Sin embargo, a veces, se pueden dar los dos trastornos en un mismo individuo.

– **Fobia social:** se evitan y temen situaciones en que se está sometido a evaluación social.

– **Trastorno por estrés postraumático:** aparece con posterioridad a un acontecimiento estresante, y en relación a estímulos que recuerdan a éste. Además aparecen síntomas característicos como reexperimentación del acontecimiento (flashbacks).

– **Trastorno obsesivo-compulsivo:** la ansiedad está asociada al contenido de los pensamientos obsesivos (ej. contaminación o suciedad).

– **Trastorno de ansiedad por separación:** se da en niños o en personas con DI como un gran temor a separarse de personas a las que se siente ligado. Suele incluir temor a personas u acontecimientos que ponen en peligro su unidad familiar (viajes, negativa a ir a la escuela, dormir fuera de casa…). Se considera más grave, aparece a edades más tempranas y el tiempo mínimo requerido para su diagnóstico es menor.

– **Hipocondría:** se puede confundir con la fobia específica ante situaciones en las que se pueden contraer una enfermedad. Mientras que en la hipocondría hay convicción de sufrir una enfermedad con la preocupación derivada, en la fobia específica sólo se teme la posibilidad de tenerla.

– **Anorexia y bulimia nerviosa:** la evitación se limita a la comida y a estímulos relacionados y está motivada por el miedo a engordar, más que por el temor a los alimentos.

3. HERRAMIENTAS PARA DETECTARLO

Como ya se ha comentado en otros trastornos de ansiedad, las mejores herramientas son la observación y la entrevista a la persona con discapacidad intelectual con las adaptaciones necesarias para recoger información (apoyos visuales, etc.).

Para completar y contrastar la información es conveniente entrevistarse con las personas que le conocen bien (familiares, cuidadores, educadores, etc.).

Para recoger los datos más específicos sobre las fobias, algunas preguntas podrían ser:

– Estímulo fóbico: ¿Qué objetos o situaciones causan miedo a la persona?, ¿cuándo y dónde se presenta la respuesta fóbica?.

– La respuesta fóbica: ¿Qué hace, qué dice, qué creemos que siente, piensa o se imagina la persona en la situación o circunstancias temidas?, ¿cuál es la intensidad, frecuencia y duración de esas reacciones?, ¿describir el episodio más grave?, ¿qué pasó en el último episodio?.

- Reacción de las personas de su entorno familiar y/o institucional: ¿cómo responden a la respuesta fóbica (retirando o manteniendo el estímulo fóbico, facilitando la evitación…)?, ¿qué beneficios secundarios obtiene?.
- Repertorios conductuales de la persona con DI: ¿cómo afronta las situaciones temidas?, ¿sabe relajarse?, ¿se mentaliza repitiéndose frases tranquilizadoras?.
- Historial de la fobia: ¿cuándo apareció?, ¿qué acontecimientos la originaron?, ¿cuál ha sido su evolución?, ¿ha recibido tratamiento?.
- Repercusiones negativas de la fobia: ¿cómo afecta a la persona?, ¿cómo influye en la familia?, ¿qué motivación presenta para un posible tratamiento?.
- Interferencia del problema en la vida, trabajo, estudios, familia y actividades sociales de la persona.

En cuanto a la observación, se puede hacer en el entorno natural o en situaciones preparadas y programadas.

Para intentar saber cuánto miedo experimenta, se puede solicitar una valoración de la intensidad (si presenta habilidades suficientes), o contar con la ayuda de alguna herramienta como por ej. *"termómetro de miedo"*. En los casos en que la persona necesite mayores necesidades de apoyo, es necesario contar con una persona de referencia que le conozca bien para poder determinar la intensidad del miedo por medio de indicadores conductuales.

Existen algunos instrumentos que nos pueden ayudar:

- Psychiatric Assessment Schedule for Adults with a Developmental Disability-10 Interview (PAS-ADD 10) (Moss, Ibbotson, Prosser, Goldberg, Patel y Simpson, 1997). Se trata de una entrevista clínica semiestructurada que se aplica a personas con discapacidad intelectual y a informantes clave. Utiliza un algoritmo para producir diagnósticos en el marco de la ICD-10 y está guiada por un glosario clínico. Esta herramienta detecta si la persona sufre ansiedad, pero no especifica qué trastorno.
- Scatter Plot, como hoja de registro para la identificación de episodios en los que aparecen ansiedad fóbica y diario de sueño-vigilia.

No existe ninguna escala específica y validad para personas con DI, por tanto puede ser útil recurrir a escalas realizadas para niños, adaptando el lenguaje y las situaciones a la persona con DI. Ejemplos de esto pueden ser:

- Entrevista sobre Miedos, Estrategias y Respuestas de los Hijos (Pelechano, 1981), ejemplo de entrevista estructurada para miedos infantiles.
- Inventario Revisado de Exploración de Miedos para Niños (Fear Survey Schedule for Children-Revised, FSSC-R, (Ollendick, 1983). Consta de 80 elementos en los que la persona debe valorar según una escala de 1 a 3 (nada, algo, mucho) el miedo que le da cada uno.
- Inventario de Miedos (Pelechano, 1984). Es un cuestionario en el que padres y/o profesores informan sobre la intensidad de los miedos. En nuestra población podrían cumplimentarlo los familiares o los profesionales de atención directa que conocen bien a la persona. Consta de 100 ítems en la versión revisada y la escala es nada/algo/mucho (se puntúa de 0 a 2).

Existen cuestionarios que evalúan una clase concreta de miedos específicos. Aunque están elaborados para la población general podrían adaptarse a las personas con DI, que sufran ese tipo de fobia. Algunos de ellos son:

- Miedos Médicos: La "Escala de temores hospitalarios" (Hospital Fears Rating Scale), de Melamed y Siegel (1975), con 16 ítems relativos a sangre, inyecciones, cirugía, etc., y el "Inventarios de miedos dentales para niños" (Dental Fear Survey Schedule for Children, Milgrom, Jie, Yang y Tay (1994), con 15 ítems referidos a intervenciones odontológicas.
- Miedos escolares: Del Inventario de Miedos Escolares (IME) de Méndez (1988), existen tres formas, entre 20 y 40 ítems según los niveles educativos.

En relación con los cuestionarios generales de miedos, habría que llevar a cabo también las adaptaciones necesarias y prestar los apoyos correspondientes. Ejemplo de ellos pueden ser:

- Inventario de Reconocimiento de Miedos III (Fear Survey Schedule III, FSS-III; Wolpe y Lang, 1977). Consiste de una lista de 108 estímulos (objetos, animales o situaciones) potencial-mente ansiógenos; existen diversas versiones que oscilan entre los 52 y los 122 ítems. La persona debe valorar el grado de perturbación que le produce cada uno de ellos empleando una escala de 1 (en absoluto) a 5 (muchísimo). Este cuestionario no evalúa sólo miedos presentes en personas con fobias específicas, sino también otros. Habría que realizar las adaptaciones oportunas para las personas con D.I. y prestar los apoyos necesarios, contando también con una persona que le conozca bien.

- Escalas de Respuesta ante Estímulos Fóbicos (Phobic Stimuli Response Scales, PSRS; Cutshall y Watson, 2004). Evalúa la respuesta de miedo ante una diversidad de situaciones. Consta de 46 ítems valorados de 1 a 4, según el grado en que se está de acuerdo con ellos. Presenta cinco subescalas moderadamente correlacionadas: sangre-inyecciones (10 ítems), daño corporal (8), social (11 ítems), animal (8 ítems) y confinamiento físico (9 ítems).

Para evaluar las fobias específicas existen otros procedimientos como la observación (en situaciones artificiales o naturales), la aplicación de escalas de estimación o los registros psicofisiológicos.

En la observación en situaciones artificiales se prepara la situación fóbica y se observa la reacción de la persona con DI. La interacción con los estímulos fóbicos puede graduarse (pruebas de aproximación conductual) o no (pruebas de tolerancia).

4. RECURSOS Y ORIENTACIONES PARA LA INTERVENCIÓN PSICOSOCIAL Y FARMACOLÓGICA

El inicio de cualquier tratamiento para las fobias específicas requiere:

- Una valoración diagnóstica precisa.
- Un conocimiento exhaustivo de los factores implicados en el origen y desarrollo del problema: antecedentes, factores desencadenantes, factores predisposicionales, factores de mantenimiento, soluciones intentadas, etc.
- Un conocimiento suficiente de la persona y sus circunstancias: grado de deterioro de la salud y el bienestar, incapacitación e interferencias en planes de acción o estatus significativos para la persona, recursos personales, atribución de capacidad y eficacia, rasgos destacados de la personalidad y del sistema de valores, estado emocional general, etc. En personas con DI es muy importante saber cuál era su conducta antes de la aparición del problema y diferenciar bien el que se trate de una fobia y no de una conducta aprendida para lograr un beneficio (conseguir algo deseado o evitar algo no deseado).
- La formulación del análisis funcional que identifique las variables más relevantes del caso, las relaciones críticas entre ellas, y el proceso que han ido siguiendo a lo largo del tiempo.
- El establecimiento de una relación adecuada entre la persona y el profesional que les permita trabajar juntos de manera eficiente: reconocimiento mutuo, comunicación adaptada eficaz, confidencialidad, seguimiento de prescripciones, etc. En personas con DI es muy importante que la comunicación sea eficaz, proporcionando a la persona todos los apoyos que necesite, por ejemplo, comunicación aumentativa, apoyos visuales, etc. De igual manera, es importante entrevistar a la familia y las personas de referencia con el objetivo de identificar el mayor número posible de variables implicadas en el problema.
- Finalmente, en función de todo lo anterior, el establecimiento de unos objetivos evaluables y unos medios convenientemente ordenados y secuenciados. Estos últimos, los medios y su despliegue, en función de la demanda formulada por el paciente, son los que constituyen el tratamiento propiamente dicho.

La intervención terapéutica conjuga, normalmente, tratamientos específicos, en función del diagnóstico principal, con otros de carácter más general o contextual, en función de las características personales y circunstancias del paciente. Normalmente, las primeras intervenciones van encaminadas a reducir los síntomas de ansiedad y la incapacitación que producen. Posteriormente se analizan y tratan los factores que originan y/o mantienen la ansiedad y otras alteraciones que puedan acompañarla.

Habitualmente, los tratamientos incluyen aspectos relacionados con la recuperación de la salud, si se ha perdido, aspectos relacionados con la prevención, y aspectos relacionados con el desarrollo personal del paciente que de un modo u otro tienen que ver con lo que le pasa.

Los tratamientos que han demostrado una mayor eficacia en el tratamiento específico de las fobias específicas son los basados en técnicas de modificación de conducta. La intervención se basa principalmente en enfrentar progresivamente al paciente a la exposición gradual y sistemática del objeto de su temor.

4.1. PSICOEDUCACIÓN SOBRE EL PROBLEMA

Es necesario que la propia persona con DI comprenda su problema, para lo cual se pueden utilizar los siguientes procedimientos:

– Explicación comprensible de lo que le está pasando. Ayudarse con ejemplos, viñetas, dibujos, pictogramas, grabaciones, role-playing, representaciones o escenificaciones con muñecos... El objetivo es que la persona entienda que los síntomas que manifiesta son consecuencia del miedo que siente ante una situación o un estímulo determinado y que se le puede prestar ayuda para que ese malestar desaparezca o se haga menor. Se explicará qué es el miedo, qué es la ansiedad y cómo se puede medir utilizando, por ejemplo, un termómetro[1] o un semáforo de ansiedad:

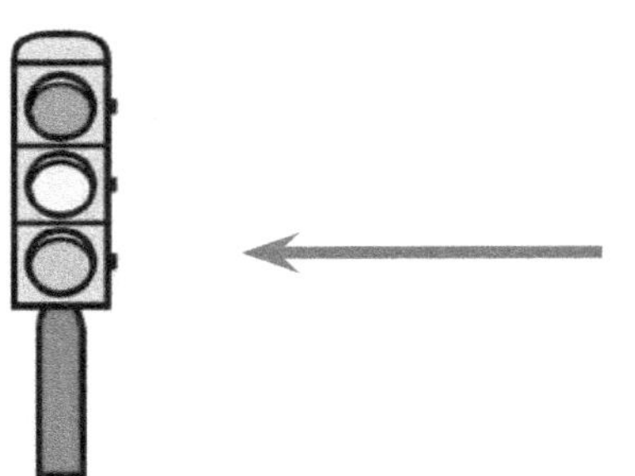

– Mediante un lenguaje adaptado y otros apoyos visuales (por ejemplo, secuencias de viñetas, escenificaciones con muñecos...) se explica cómo aparece la ansiedad ante los estímulos fóbicos y qué relación hay entre los pensamientos y el comportamiento. Se hará hincapié en que las respuestas que está utilizando la persona (evitación fundamentalmente) no es adecuada para solucionar el problema. También se explicarán las técnicas que vamos a utilizar para la intervención y cuáles son los mecanismos de los que se sirven para mejorar la respuesta fóbica. Para ello se ofrece información concreta y contextualizada que ayude a la persona a comprenderla mejor. Por ejemplo:

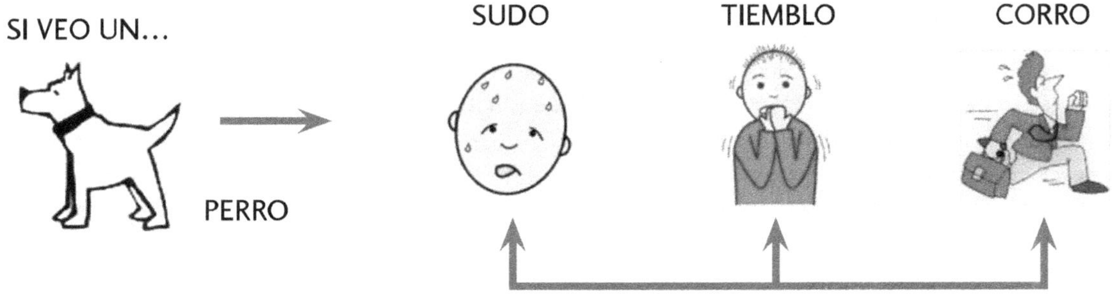

---

1   Ver termómetro de la ansiedad en el caso práctico de este trastorno.

– También utilizaremos la psicoeducación con la familia y profesionales para ayudar a identificar síntomas, para explicar el funcionamiento de la ansiedad en general y de las fobias en particular, para conseguir la participación de las personas de referencia en la intervención, para completar los registros que sean precisos (por ejemplo, para ver los niveles de ansiedad percibida por la familia o por la propia persona ante las situaciones o estímulos fóbicos) y para que sirvan como apoyo durante la exposición.

4.2. ENSEÑANZA DE HABILIDADES

4.2.1. Entrenamiento en técnicas de afrontamiento

– *Habilidades de comunicación:* estas habilidades son fundamentales en cualquier tipo de intervención que se realice con personas con DI. Lo más importante es facilitar los apoyos necesarios para que la comunicación sea eficaz. De este modo la persona puede comunicar mejor qué le está pasando y cómo va sintiendo la evolución de su problema.

– De la misma forma, al adaptar nuestra forma de interactuar a un modo que pueda comprender, será más fácil la intervención. Dibujos o fichas que expliquen qué es el miedo o por qué lo sentimos, instrumentos que le ayuden a expresar el grado de ansiedad que está experimentando, etc., pueden ser de utilidad.

– *Relajación:* es una técnica de afrontamiento muy útil, sobre todo cuando el componente fisiológico es el predominante en el patrón fóbico de respuesta. Se elegirá el procedimiento de relajación que la persona pueda manejar con mayor destreza durante la intervención.

– *Entrenamiento en habilidades para manejar el objeto o situación temidos:* por ejemplo, a una persona con miedo a los perros se le puede enseñar cuál es la mejor forma de acariciarle. Para ello podremos utilizar procedimientos audiovisuales, modelado en vivo, etc.

– *Otros procedimientos:* otras estrategias de afrontamiento que pueden resultar útiles pueden ser el juego, la presencia de personas en quienes confía, la reducción al absurdo… Por ejemplo, si la persona tiene miedo a un gato se le puede decir que imagine situaciones cómicas en las que aparecen gatos. El modelado por parte del terapeuta puede ayudar a que la persona pueda aprender estas estrategias.

4.2.2. Técnicas de exposición

Siguiendo el esquema de Bados (2005) y de Capafons Bonet (2001), la exposición en sus distintas variantes son las técnicas más eficaces para intervenir en un caso de fobia específica. En función del tipo de fobia es más recomendable utilizar la exposición en imágenes, en vivo, mediante realidad virtual, etc. También son muy eficaces las técnicas de exposición combinadas con habilidades de afrontamiento, por ejemplo, la desensibilización sistemática. En cualquier caso, los criterios que utilizaremos para seleccionar un tipo de técnica u otra varían en función de las siguientes variables:

– La dificultad para recrear el contexto fóbico (por ejemplo, fobia a viajar en avión o fobia a los truenos y relámpagos).

– La dificultad para manipular las variables de la exposición.

– Las reticencias de la persona a participar en una exposición en vivo.

– Si la persona tiene experiencias de pánico intenso difícilmente controlable.

Siempre que podamos optaremos por la exposición en vivo. Se jerarquizarán las situaciones de exposición de menor a mayor ansiedad, teniendo en cuenta que si la exposición es muy lenta la persona se puede desanimar y si es muy rápida aumenta el riesgo de abandono.

Para elaborar la jerarquía es conveniente elegir situaciones pertinentes y significativas para la persona, es decir, situaciones reales que debe afrontar en su vida o que es probable que encuentre. Para ello necesitaremos contar con información procedente de su entorno familiar, especialmente en el caso de personas con pocas habilidades comunicativas.

Hay que valorar también el tiempo y el número de veces que se va a presentar el estímulo fóbico teniendo en cuenta las características de la persona y cómo es su reacción. Es fundamental que sea la propia persona quien decida hasta dónde quiere llegar en cada sesión, aunque los avances sean muy pequeños. Es bueno, también que sea la propia persona quien maneje la situación, teniendo el control del mando a distancia, si se trata de una grabación, para que la pueda parar cuando lo vea necesario. Otro ejemplo puede ser el control del botón del volumen en una fobia a gritos o determinados sonidos.

Es conveniente realizar manipulaciones necesarias en el entorno (manipulaciones ecológicas) para ofrecer los apoyos necesarios para hacer frente a las situaciones temidas: profesionales especialmente pendientes de la persona, situar a ésta cerca de una puerta o un lugar seguro, programar las actividades donde sea más frecuente que se dé la situación en un horario en el que sabemos que la persona está más tranquila...

La exposición debe llevarse a cabo en una diversidad de lugares y contextos y con diversos estímulos temidos (por ejemplo, distintos perros en caso de fobia a estos animales). Durante la misma es recomendable utilizar variantes de la técnica del modelado, por ejemplo, el modelado en vivo o el modelado participante. Es muy importante no avanzar al siguiente paso de la jerarquía hasta no haber superado el anterior.

En el caso de que la persona experimente ansiedad durante la exposición le explicaremos que es el proceso normal y que no debe desanimarse por ello. Está aprendiendo a manejar la ansiedad y que lo normal es sentirse así. El refuerzo positivo cobra un valor muy importante en estos momentos. Si el nivel de ansiedad es tan elevado que la persona debe abandonar la situación, será necesario que vuelva a exponerse a la situación anterior en la jerarquía y quizá valorar la posibilidad de exponerse a una situación intermedia antes de pasar de nuevo a la que no consiguió exponerse antes. Otra posibilidad es poner en marcha estrategias de afrontamiento que se hayan entrenado previamente, por ejemplo, la relajación.

4.2.3. Desensibilización sistemática

Combinación de técnicas de relajación con el enfrentamiento gradual a estímulos fóbicos. Se trata de ir jerarquizando la exposición al estímulo con la propia persona, de modo que ella participe en la planificación de las exposiciones. Se incluye la relajación progresiva, apoyada con pictogramas y utilizando contextos de laboratorio y naturales.

Deben tenerse en cuenta las diferencias en percepción de cada persona, sobre todo de aquéllas con mayores necesidades de apoyo. De aquí se desprende también que la acción debe considerar como objetivos el control de la ansiedad por medio de estrategias adaptadas a cada individuo, y la necesidad de utilizar apoyos visuales que disminuyan la inflexibilidad mental y potencien las situaciones imaginarias de exposición al estímulo.

4.2.4. Modelado

El modelado simbólico (la persona observa una foto o un vídeo en el que alguien interactúa con el objeto fóbico), el modelado en vivo (la persona observa qué hace otra persona con el objeto o situación temidos) y el modelado participante (la propia persona se enfrenta a la situación ayudado por el modelo y recibiendo constantemente apoyo verbal, refuerzo social, etc.) son técnicas muy útiles durante la exposición en vivo ya que favorecen el aprendizaje de las conductas deseadas.

4.3. CONTROL DE CONTINGENCIAS

El refuerzo positivo puede servir como ayuda a la exposición y para ayudar a la persona a comprender lo positivo de los esfuerzos que está realizando. Se puede diseñar un programa de refuerzo que recompense las conductas de exposición. Estos refuerzos no deben ser solamente sociales sino que pueden consistir además en reforzadores materiales, elección de actividades de su interés, etc. Los refuerzos se irán desvaneciendo a medida que la superación del miedo se constituya en un elemento reforzador de por sí.

4.4. OTROS PROCEDIMIENTOS DE INTERVENCIÓN

Hasta ahora se han descrito los recursos terapéuticos más conocidos y probados en el tratamiento de las fobias simples. Se ha de tener en cuenta no obstante, que estos trastornos pueden venir asociados a otros problemas, que requieren también un abordaje en el contexto de un tratamiento integrado y convenientemente articulado. El tratamiento, en rigor, no lo es de la fobia, sino de la persona que lo padece, en relación, naturalmente, con la demanda que efectúa.

Por último, antes de finalizar este apartado vamos a describir algunos aspectos particulares de un tipo de fobia que se manifiesta de forma más específica: la fobia a la sangre.

Fobia a la sangre

Se trata de un tipo de fobia especial en la que el patrón fisiológico de respuesta es muy distinto al resto de las fobias. En concreto, en las otras fobias se produce un incremento de la presión sanguínea y del ritmo cardíaco ante el estímulo temido. En cambio, en la fobia a la sangre, inyecciones y heridas (SIH) se produce una respuesta difásica en la que el citado incremento es seguido en breve (de segundos a cuatro minutos) por una rápida caída de la presión sanguínea y del ritmo cardíaco (30-45 pulsaciones por minuto), lo cual puede conducir al desmayo en caso de seguir en la situación fóbica sin hacer nada al respecto (Bados, 2005). No todas las personas que presentan esta fobia presentan la respuesta difásica.

En la fobia a la SIH son frecuentes el mareo, el sudor, la palidez, las náuseas (sin vómitos) y el desvanecimiento. En estas personas, la anticipación del desmayo puede producir ansiedad.

Para prevenir el desmayo se han utilizado técnicas como tumbarse, bajar la cabeza hasta las rodillas estando sentado, inducción de tensión muscular o producción de respuestas de enfado a través de la imaginación. Estas técnicas pueden combinarse con la exposición en vivo a los estímulos fóbicos. Si se emplea solo la exposición, se aconseja que en las primeras fases la persona esté tumbada para evitar el desmayo en caso de ocurrir la respuesta difásica. Si la persona se desmaya, se recomienda que se le reanime y continuar con la exposición lo más pronto posible. No se recomienda el uso de la relajación ya que puede facilitar la disminución de la presión sanguínea y el desmayo consecuente.

El método de Tensión Aplicada.

Es una técnica diseñada por Öst y Sterner (1987) y especialmente pensada para el tratamiento de la fobia a la SIH. Básicamente, es un procedimiento con dos partes: en la primera se enseña a tensar los grandes grupos musculares. En la segunda parte se aprenden a identificar los primeros signos de la caída de presión arterial con el fin de emplearlos como una señal para aplicar la tensión. Esto último se consigue gracias a la exposición a diversos estímulos de sangre/heridas bajo la supervisión del terapeuta.

Para adquirir la habilidad de detectar las primeras y más pequeñas señales que indican la bajada de la presión sanguínea se pueden utilizar indicadores como mareo, sudor frío en la frente, malestar en el estómago, náuseas, etc.

Antes de empezar a utilizar esta técnica, es conveniente consultar con un médico para asegurarse de que la ocurrencia de algún posible desmayo no sea perjudicial para la persona.

4.5. TRATAMIENTO FARMACOLÓGICO

En el caso de las denominadas Fobias específicas el papel del tratamiento psicofarmacológico va a situarse en un segundo plano, tras las intervenciones psicoterapéuticas (fundamentalmente de corte cognitivo-conductual), que son más eficaces que la psicofarmacología.

Se recomienda como apoyo farmacológico:

– Benzodiacepinas: cualquiera de ellas, a dosis adecuada para cada caso. Básicamente se emplean en monodosis previa a la exposición al objeto fóbico.

– Propanolol: también se utilizará de forma combinada con la Psicoterapia. Es útil en monodosis (20-40 mg), antes de la exposición.

Si no es posible controlar los síntomas con Psicoterapia asociada a fármacos en monodosis se utilizarán los mismos (BZD's o Propanolol), en pauta continuada.

Una alternativa sería la asociación de Fenelzina (IMAO) a dosis de 30-90 mg/día en dosis ascendente según tolerancia, con Psicoterapia.

Mantenimiento

En el caso de uso de Benzodiacepinas o Beta bloqueantes en monodosis previa a la exposición, el mantenimiento estaría indicado por la evolución clínica. Se suspenderá, por lo tanto, con la remisión sintomática.

Si se emplean psicofármacos en pauta fija, se mantendrá el tratamiento hasta 6 meses después de la desaparición de los síntomas. Desde entonces se disminuirá la posología de forma progresiva.

Si reaparecen los síntomas durante la retirada, se volverá a la dosis inmediatamente superior y se mantendrá 6 meses más.

5. ALGUNOS FACTORES DE VULNERABILIDAD Y PROTECCIÓN

FACTORES DE VULNERABILIDAD	BBPP (Buenas Prácticas) PARA LA INMUNIDAD
Mal manejo de las contingencias por parte de las personas de su entorno reforzando la evitación del estímulo fóbico.	Ocurrencia anterior de un episodio traumático relacionado con el objeto o situación en cuestión.
Pocas oportunidades de autodeterminación y de desarrollo de la autonomía.	Estilo educativo basado en capacidades y puntos fuertes.
Baja autoestima.	Enseñanza temprana de la expresión y comprensión de emociones.
Escaso repertorio de habilidades sociales.	Favorecer la autodeterminación (responsabilidades, toma de decisiones…).
Estilo cognitivo rígido.	Enseñanza previa de tolerancia a los cambios y valoración de alternativas.
Dificultades de comunicación.	Entorno rico en estimulación y actividades.
Convivencia con personas que presentan fobias (por aprendizaje vicario).	Autoconcepto ajustado.
Fenotipos conductuales (Síndromes de Down, X frágil, Williams…).	Fomentar estilos de afrontamiento flexibles, más adaptativos.

6. BIBLIOGRAFÍA

American Psychiatric Association (APA). (1995). *Manual Diagnóstico y Estadístico de los Trastornos Mentales DSM-IV*. Barcelona: Masson.

Bados, A. (1995). Habilidades de enfrentamiento al estrés: Intervención para hablar en público. En J.M. Buceta y A.M. Bueno (Eds.), *Psicología y salud* (pp. 303-335). Madrid: Dykinson.

Cutshall, C. y Watson, D. (2004). The phobic stimuli response scales: A new self-report measure of fear. *Behaviour Research and Therapy, 42*, 1193–1201.

Capafons Bonet, J. I. (2001). Tratamientos psicológicos eficaces para las fobias específicas, *Psicothema, 13* (3), 447-452.

Cordero, A. y Calonge, I. (2009). *K-BIT. Test Breve de Inteligencia de Kaufman. Adaptación Española*. TEA Ediciones: Madrid.

Emerson, E. y Hatton, C. (2007) Contribution of socioeconomic position to health inequalities of British children and adolescents with intellectual disabilities. *American Journal on Mental Retardation, 112*, 140 -150.

Kaufman, A. S. y Kaufman, N. L. (1994). *K-BIT. Kaufman Brief Intelligence Test (K-BIT)*. American Guidance Service: Minnesota.

Melamed B.G. y Siegel L. J. (1975). Reduction of anxiety in children facing hospitalization and surgery by use of filmed modeling. *Journal of Consulting and Clinical Psychology, 43*, 511 -521.

Méndez, J.X. (1988). *Inventario de Miedos Escolares*. Documento Policopiado. Universidad de Murcia.

Milgrom, P., Jie, Z., Yang, Z., y Tay, K-M. (1994). Cross-cultural validity of a parent's version of the Dental Fear Survey Schedule for children in Chinese. *Behaviour Research and Therapy, 32*, 131-135.

Moss S.C., Ibbotson, B., Prosser, H., Goldberg, D.P., Patel, P. y Simpson, N. (1997). Validity of the PAS-ADD for detecting psychiatric symptoms in adults with learning disability. *Social Psychiatry and Psychiatric Epidemiology, 32*, 344–354.

Novell, R., Rueda, P. y Salvador-Carulla, L. (2003). *Salud mental y alteraciones de la conducta en las personas con discapacidad intelectual. Guía práctica para técnicos y cuidadores. Colección FEAPS*. Madrid: FEAPS.

Öst, L. G. y Sterner, U. (1987). Applied tension, a specific behavioral method for treatment of blood phobia. *Behaviour Research and Therapy, 25*, 25-29.

Pelechano, V. (1981): *Miedos infantiles y terapia familiar-natural*. Valencia: Alfaplús.

Pelechano, V. (1984): Programas de intervención psicológica en la infancia: Miedos. *Análisis y Modificación de Conducta, 10* (23-24).

Ollendick, T.H. (1983): Reliability and validity of the Revised Fear Survey Schedule for Children (FSSC-R). *Behaviour Research and Therapy, 21*, 685-692.

Rivière, A. (2000). *IDEA: Inventario de Espectro Autista*. FUNDEC: Buenos Aires.

Sandín, B. (1997). *Ansiedad, miedos y fobias en niños y adolescentes*. Madrid: Dykinson.

Sandín, B., y Chorot, P. (1995). Concepto y categorización de los trastornos de ansiedad. En A. Belloch, B. Sandín y F. Ramos (Eds.), *Manual de psicopatología, Vol. 2* (pp. 53-80). Madrid: McGraw-Hill.

Wolpe, J. y Lang, P. (1977). *Manual for the Fear Survey Schedule*. San Diego: CA: Educational and Instructional Testing Services.

TRASTORNO POR ESTRÉS POST-TRAUMÁTICO Y DISCAPACIDAD INTELECTUAL

1. **¿QUÉ ES? Definición, criterios diagnósticos, curso y prevalencia**
2. **¿CÓMO IDENTIFICARLO? Síntomas, signos e indicadores conductuales. Diagnóstico diferencial**
3. **HERRAMIENTAS PARA DETECTARLO**
4. **RECURSOS Y ORIENTACIONES PARA LA INTERVENCIÓN. FARMACOLOGÍA**
5. **ALGUNOS FACTORES DE VULNERABILIDAD Y PROTECCIÓN**
6. **BIBLIOGRAFÍA**

1. ¿QUÉ ES?
Definición, criterios diagnósticos, curso y prevalencia

1.1. DEFINICIÓN

El estrés es un tipo de reacción que se activa en aquellas situaciones en las que percibimos que no tenemos suficientes recursos para atender a las demandas y que nos permite reaccionar con rapidez y seguridad. Este mecanismo pone en marcha un proceso de activación a nivel cognitivo, fisiológico y conductual, que se detiene cuando se consigue el objetivo deseado. Después de haber agotado la energía y los recursos, éstos se vuelven a recuperar con el descanso, de manera que se trata de un proceso normal de adaptación al entorno que nos rodea. Cuando nuestro cuerpo y nuestra mente están activándose permanentemente, sin que se permita la recuperación, el estrés puede comenzar a producir algunos síntomas, tales como olvidos, problemas de concentración, fatiga, problemas de sueño, cefalea, dolores musculares, ansiedad, irritabilidad, etc. Por supuesto, aparecerán problemas más importantes cuando la situación que provoca el estrés nos desborda totalmente.

Quienes son víctimas/testigos de sucesos que ponen en peligro la integridad física de la persona responden generalmente con una reacción de estrés adaptativa, pudiendo sufrir en algunos casos un Trastorno de Estrés Postraumático (TEP). Como situaciones más frecuentes de TEP en la infancia o la juventud se señalan los accidentes de tráfico, los desastres naturales, el fallecimiento de un familiar, el abuso sexual, la violencia doméstica, la situación de refugiado de guerra, detención juvenil o situación de inmigración.

Las imágenes de la situación traumática han quedado grabadas en una memoria emocional indeleble. Dicha situación traumática vuelve a reexperimentarse una y otra vez con gran viveza, en contra de la propia voluntad. A pesar del paso del tiempo, se revive con todo lujo de detalles, como si estuviera sucediendo de nuevo (flashback). Estos procesos cognitivos disminuyen la capacidad de concentración, memoria, toma de decisiones. Además, producen reacciones emocionales muy fuertes, con intensas respuestas de ansiedad, ira, tristeza, culpa y otras emociones negativas. Todo ello genera una gran activación fisiológica, un tremendo malestar psicológico acompañado de una continua hipervigilancia que mantiene la reacción de estrés. Esto genera que vuelva a repetirse continuamente la situación traumática, creando la sensación de que puede volver a suceder en cualquier momento, provocando agotamiento, emociones intensas, pensamientos irracionales, sesgo atencional (todo el tiempo se piensa en lo mismo), sesgo interpretativo (estímulos que antes eran neutros ahora se viven como amenazantes y se evitan), que aumentan aún más la intensidad de las respuestas de ansiedad, aumentando las sensaciones de impotencia, debilidad, agotamiento, etc.

Para el DSM-IV-TR (APA, 2000), el TEP aparece cuando la persona ha sufrido "o ha sido testigo de" un acontecimiento estresante y extremadamente traumático, y donde el individuo se ve envuelto en hechos que representan un peligro real para su vida o cualquier otra amenaza para su integridad física; el individuo es testigo de un acontecimiento donde se producen muertes, heridos, o existe una amenaza para la vida de otras personas; o bien, conoce, a través de un familiar a cualquier otra persona cercana, acontecimientos que implican muertes inesperadas o violentas, daños serios o peligro de muerte o heridas graves. La respuesta de la persona a este acontecimiento debe incluir temor, desesperanza y horrores intensos (o en los niños, un comportamiento desestructurado o agitado). El cuadro sintomático característico secundario a la exposición al trauma debe incluir la presencia de reexperimentación persistente del acontecimiento traumático, evitación persistente de los estímulos asociados a él, embotamiento de la capacidad de respuesta del individuo, y de síntomas persistentes de activación (arousal). El cuadro sintomático completo debe estar presente más de un mes y provocar un malestar clínicamente significativo o deterioro social, laboral o de otras áreas importantes de la actividad del individuo.

1.2. CRITERIOS DIAGNÓSTICOS

A. La persona se ha expuesto a un suceso traumático en el que:

(1) La persona experimenta o es testigo de un suceso o sucesos que implican amenaza de muerte o riesgo de daño grave de la integridad física propia o de otros. (Nota: Los sucesos pueden ser cambios evolutivos, experiencias sexuales consentidas, cambio de residencia,...; el rango de sucesos potencialmente traumatizantes es mayor en personas con menor nivel de desarrollo).

(2) La reacción de la persona implica un intenso miedo, indefensión o terror. Las conductas desorganizadas o de agitación son frecuentes en personas con mayor grado de discapacidad.

B. El suceso traumático es reexperimentado de modo persistente en alguna de las siguientes formas:

(1) Pensamientos, imágenes o percepciones recurrentes e intrusivas sobre el suceso. La escenificación conductual es frecuente en personas con mayores necesidades de apoyo. En algunos casos pueden aparecer conductas autolesivas.

(2) Sueños relacionados con el suceso. Las pesadillas sin un contenido reconocible son frecuentes en personas con mayor necesidad de apoyo.

(3) También puede ocurrir **que la persona actúe o sienta como si el suceso estuviese ocurriendo** (incluyendo la sensación de revivir la experiencia, alucinaciones o episodios de flashbacks). Escenificaciones específicas del trauma se han observado en personas con discapacidad intelectual moderada o severa, y pueden parecer síntomas de psicosis.

(4) Intenso estrés y reactividad psicológica al exponerse a estímulos internos o externos que simbolicen o se parezcan en algún aspecto al suceso traumático.

C. Evitación persistente de estímulos asociados con el trauma y falta de repuesta general (ausente antes del trauma) que se manifiesta a través de:

(1) Intentos de evitar pensamientos, sentimientos, o conversación asociados al trauma. Este criterio es difícil de valorar en personas con limitaciones en la comunicación.

(2) Intentos de evitar actividades, lugares o personas que le recuerden al trauma. A veces pueden malinterpretarse como conductas no colaboradoras o de desobediencia.

(3) Incapacidad para recordar aspectos importantes del trauma. Este síntoma es difícil de valorar en personas con grandes necesidades de apoyo.

(4) Disminución marcada del interés o la participación en actividades. De nuevo, puede malinterpretarse como conductas negativistas.

(5) Sentimiento de separación o alejamiento de otros. Los cuidadores pueden interpretarlo como deseos de aislamiento.

(6) Restricción en la expresión emocional o afectiva.

(7) Sentimiento reducido de futuro. Este criterio es valorable en personas con pocas necesidades de apoyo, y no aparecerá en personas con mayor afectación.

D. Aumento persistente del nivel de activación que se manifiestan por dos o más de los siguientes síntomas:

(1) Dificultad para conciliar el sueño o mantenerse dormido.
(2) Irritabilidad o ataques de ira.
(3) Dificultad de concentración.
(4) Hipervigilancia.
(5) Exagerada respuesta de sobresalto.

E. La duración del trastorno debe ser mayor a un mes.

F. El trastorno causa malestar significativo o interferencia en el funcionamiento social, ocupacional o en otras importantes áreas.

1.3. CURSO

La experiencia traumática constituye una situación normalmente no habitual en la vida de la persona y, por tanto, la aparición de la misma se produce de forma brusca e inesperada. Aunque también puede darse como un episodio único, una serie de situaciones repetidas o como una situación crónica. Frente a la población general, en las personas con discapacidad intelectual es más frecuente la presencia de sucesos múltiples en vez de únicos. La mayoría de las personas con discapacidad intelectual y TEP describen experiencias traumáticas múltiples (muerte de la madre, posteriormente del padre, enfermedad de un familiar, etc.). Como más adelante veremos, el suceso estresante puede ser una situación considerada de menor gravedad para las personas sin discapacidad y pasar por ello desapercibido.

El TEP puede aparecer inmediatamente después del suceso traumático o de una manera más remota. En el caso de que dichas alteraciones duren un mínimo de dos días y un máximo de cuatro semanas, se corresponderían a un cuadro de estrés agudo. Si dichas sensaciones se prolongan más de un mes, sí se consideraría un TEP. En general, el trastorno tiende a ser más grave cuando el suceso sufrido es más intenso y cuando las causas son obra del ser humano y no accidentales.

La forma de presentación de este trastorno en PDI va a depender del grado y etiología de la discapacidad, circustancias sociales, habilidades sociales y de comunicación, y del tipo y manejo de la experiencia traumática. Existen diferentes revisiones sobre reacciones psicológicas post-traumáticas en personas con discapacidad intelectual, una de las más completas es la de Ryan (1994). McCarthy (2001) describe como síntomas más comunes del TEP en personas con discapacidad intelectual la ansiedad, los trastornos del sueño, agresividad e irritabilidad. Destaca por otra parte la necesidad de analizar los síntomas según grado de discapacidad y nivel de capacidades cognitivas y emocionales.

En todo caso debemos considerar la posibilidad de TEP en toda PDI que haya experimentado una situación traumática y presente conductas desafiantes o una alteración en su estado emocional (Turk y cols, 2005). McCarthy (2001) y Newman et al. (2000) concluyen que se requiere una mayor investigación que proporcione descripciones clínicas específicas por parte de grupos de personas adultas que hayan padecido diferentes tipos de eventos traumáticos.

1.4. PREVALENCIA

Los estudios con la población general sugieren que la prevalencia del TEP oscila entre el 1% y el 12% y puede llegar al 30% en determinados grupos de riesgo como en excombatientes (Fairbank et al. 1995). En relación a la prevalencia a pesar de que se suele decir que la probabilidad de experimentar sucesos traumáticos es igual a la de la población general, muchos autores sugieren una mayor incidencia debido a tratarse de una población con mayor vulnerabilidad a sufrir situaciones de abuso. (Turk y Brown, 1993). Las tasas de prevalencia son en general muy variables dado que dependen de determinados factores de riesgo como la exposición a sucesos traumáticos, la severidad del suceso traumático, el procesamiento cognitivo del trauma, las características de la persona, la historia del trauma e historia psiquiátrica, la influencia familiar o los criterios diagnósticos utilizados. Aproximadamente entre el 20% y el 30% de las personas expuestas a una situación traumática desarrollan un TEP.

Los síntomas del estrés postraumático han sido significativamente infravalorados en las persona adultas con discapacidad intelectual. Las personas que se ven desbordadas por un acontecimiento e incapaces de procesar lo que les ocurre en ese momento tienden a sentirse más vulnerables y pueden sufrir un TEP de forma más persistente. Por ello las dificultades de procesamiento de las personas con DI les hacen más vulnerables a desarrollar este trastorno. De hecho, las personas con DI y niveles más bajos de funcionamiento intelectual se han asociado con tasas más altas de TEP. Presentan menor capacidad de afrontamiento y mayores probabilidades de que la situación les sobrepase y generen indefensión.

Ryan (1994) encontró que el 16,5% de una muestra clínica de personas adultas con DI atendidas en un servicio de salud mental cumplían los criterios del DSMIII-R para el TEP. No existe actualmente información disponible referente a la prevalencia de la población general en nuestro país. En general se habla de que las tasas son mayores en las personas con DI debido también a su mayor susceptibilidad a situaciones de abuso (Turk y Brown, 1993). Aunque también es cierto que no siempre estas situaciones producen un trastorno de estrés postraumático porque a menudo solo unas pocas situaciones de abuso se llevan a cabo con violencia y en la mayoría de los casos se ejecutan con manipulación y engaño pero sin violencia.

2. ¿CÓMO IDENTIFICARLO?
Síntomas, signos e indicadores conductuales. Diagnóstico diferencial.

2.1. SÍNTOMAS, SIGNOS E INDICADORES CONDUCTUALES.

Nivel Cognitivo	
SÍNTOMAS O SIGNOS	**ALGUNOS INDICADORES**
Revivir, recordar y reexperimentar persistentemente el suceso traumático.	Se recuerdan muchos detalles de la situación, o sensaciones vividas (olores, gritos, sonidos...), con gran viveza, con gran intensidad, y con una alta frecuencia.
	Episodios de flashbacks recurrentes o sensación de estar reviviendo la experiencia: las imágenes y sensaciones visuales, auditivas, táctiles, pueden volverse intrusivas (acuden una y otra vez a la mente, produciendo malestar)
	Sueños y Pesadillas: el evento u otras imágenes asociadas al mismo, recurren frecuentemente en sueños.
	Pensamientos intrusivos.
	Juegos y actividades repetitivas.

SÍNTOMAS O SIGNOS	ALGUNOS INDICADORES
Dificultades de atención y concentración.	Dificultades para el funcionamiento habitual. Dificultades de atención y falta de concentración en las tareas. Bajo rendimiento en actividades y tareas. No es capaz de permanecer en la tarea un tiempo razonable. Olvidos.
Sesgo atencional e interpretativo.	Todo el tiempo se piensa lo mismo. Verbalizaciones recurrentes sobre la preocupación. Recuerdo parcial y no total de lo sucedido. Intentos de evitar o ignorar ideas o imágenes relacionadas con el trauma. Estímulos que antes eran neutros, ahora se tornan amenazantes y se evitan.
Desorientación.	Expresión verbal de no saber dónde está, a dónde tiene que ir... La persona se pierde en lugares conocidos y habituales para ella...
Visión negativa del futuro.	Preocupación o anticipaciones negativas y persistentes ante la posibilidad de tener más eventos traumáticos y sus posibles consecuencias e implicaciones. La persona llega a prever que perderá el control y el futuro se acortará. Ideas de: - Venganza - Peligrosidad: el mundo se percibe como altamente peligroso - Culpa, de cuestionamiento sobre lo sucedido. Ideas y comentarios recurrentes de suicidio
Miedos y ataques de pánico ante estímulos relacionados con el evento traumático.	Terror, sensaciones intensas de miedo y angustia. Crisis de ansiedad, gesto de temor y evitación al hablar de temas relacionados con el trauma. Llanto, gritos, autolesiones, agresividad. Oposición y evitación a través de quejas, excusas, verbalizaciones repetitivas, huida..... Deseo de estar acompañado.
Irratibilidad / impulsividad / agresividad.	Sentimientos de hostilidad y rabia hacia otros. Aumento de problemas de conducta en la interacción con otras personas.
Ansiedad de separación.	Miedo a permanecer solo: búsqueda y proximidad a una figura que le transmita protección. Pérdida de Autonomía: la persona deja de realizar actividades que venía realizando de forma autónoma, por el deseo de estar siempre acompañado.
Sentimientos de indefensión e impotencia.	Despreocupación e indiferencia. Pérdida de interés en actividades que anteriormente le daban placer. No se confía en los recursos propios ni en la posibilidad de recibir ayuda (apoyo social).

SÍNTOMAS O SIGNOS	ALGUNOS INDICADORES
Embotamiento afectivo, bloqueo emocional.	Inexpresividad afectiva, falta de reactividad emocional. Falta de interés y de respuesta emocional ante el entorno. Alejamiento.
Depresión.	Sentimientos de tristeza: ganas de llorar, crisis de llanto. Culpabilidad/autohumillación. Culpa por comportamientos que podían haber evitado el suceso (si no hubiera salido de casa...). Baja autoestima.

Nivel Fisiológico

SÍNTOMAS O SIGNOS	ALGUNOS INDICADORES
Palpitaciones, sacudidas del corazón o elevación de la frecuencia cardiaca.	Se toca o se da golpes en el pecho. Expresar que le palpita rápido o fuerte el corazón, dolor o presión en el pecho, por ej.: con gesto de dolor poniéndose la mano, agarrarse a otra persona, dificultad al respirar.
Sudoración.	Tener la ropa empapada. Quitarse la ropa. Sudoración de manos y/o espalda. Secarse la frente.
Inestabilidad, sensación de vértigo.	Mareo, desmayo. No querer moverse, evitar cualquier actividad que le saque de un entorno protegido. Saltar, tropezarse, caerse, negarse a moverse. Agarrarse a otra persona.
Molestias abdominales, musculares, dolor de cabeza...	Quejas somáticas. Dolor de estómago, náuseas, vómitos. Negarse a comer, tirar la comida. Descomposición, enuresis, encopresis. Temblores, contracturas. Fatiga, cansancio. Pérdida de pelo.
Ansiedad general	Hipervigilancia: aumento del estado de vigilancia y alarma. Reacciones de sobresalto desproporcionadas ante estimulos anodinos. Incremento de la activación generalizado. Hiperractividad, inquietud motora, movimientos repetitivos del cuerpo. Nerviosismo, agitación, problemas para permanecer sentado.
Perturbación del sueño	Insomnio, dificultades para conciliar o mantener el sueño. Pesadillas.

SÍNTOMAS O SIGNOS	ALGUNOS INDICADORES
Conductas extremas de evitación/huida/rechazo del evento traumático.	Disminución de la actividad en general. Aislamiento social y evitación acusada de estímulos (pensamientos, sentimientos, conversaciones, actividades, lugares, personas...) que recuerdan el trauma. Alejamiento, escape, absentismo (por ej.: la persona no quiere salir de casa, dificultad para hablar de la situación traumática, no querer subir a un tren...). Uso de sustancias psicoactivas como el alcohol para tratar de huir/esconder el dolor asociado.
Irritabilidad/ira.	Pueden aparecer problemas de conducta, cambios y alteraciones significativas del comportamiento relacionado con el evento traumático, como por ej.: reacciones de ira, respuestas agresivas hacia otras personas, conductas autolesivas. Tensión por querer hablar, pero no poder hacerlo.
Hiperactividad.	Agitación. Estereotipias, conductas repetitivas.
Escenificaciones de la situación.	Representan y reproducen conductualmente escenas. relacionadas con el evento traumático.

SÍNTOMAS O SIGNOS	ALGUNOS INDICADORES
Miedos y ataques de pánico ante estímulos relacionados con el evento traumático.	- Reacciones descontroladas como por ej. empujar, insultar o agredir a la persona que interrumpe la compulsión e incluso golpearse ellos mismos.
Irratibilidad / impulsividad / agresividad. Ansiedad de separación. Sentimientos de indefensión e impotencia. Embotamiento afectivo, bloqueo emocional.	Sentimientos de hostilidad y rabia hacia otros. Aumento de problemas de conducta en la interacción con otras personas. Miedo a permanecer solo: búsqueda y proximidad a una figura que le transmita protección. Pérdida de autonomía: la persona deja de realizar actividades que venía realizando de forma autónoma, por el deseo de estar siempre acompañado. Despreocupación e indiferencia. Pérdida de interés en actividades que anteriormente le daban placer. No se confía en los recursos propios ni en la posibilidad de recibir ayuda (apoyo social). Inexpresividad afectiva, falta de reactividad emocional. Falta de interés ante estímulos del entorno. Alejamiento.
Depresión	Sentimientos de tristeza: ganas de llorar, crisis de llanto. Culpabilidad/autohumillación. Culpa por comportamientos que podían haber evitado el suceso (si no hubiera salido de casa...). Baja autoestima.

2.2. DIAGNÓSTICO DIFERENCIAL

Para su diagnóstico diferencial, el trastorno por estrés post-traumático (TEP) ha de diferenciarse de:

– **Trastorno adaptativo**: se usa este diagnóstico cuando se dan los mismos síntomas que en el trastorno por estrés postraumático pero no son debidos a un acontecimiento grave.

– **Conductas de evitación, síntomas de embotamiento afectivo y aumento de la activación previos al acontecimiento traumático:** que obedecen a otros trastornos ya presentes antes del suceso estresante.

– **Aparición de otros trastornos mentales por la exposición al acontecimiento traumático:** en este caso haría referencia a cuando aparecen criterios para el trastorno psicótico breve, el trastorno de conversión, el trastorno depresivo mayor u otros. No obstante, si también se cumplen los criterios para el TEP, se harían ambos diagnósticos.

– **Trastorno por estrés agudo:** el cuadro de síntomas aparece y desaparece en las cuatro semanas siguientes al suceso traumático. Si persiste más de un mes los síntomas característicos del TEP, se confirma dicho diagnóstico.

– **Trastorno obsesivo-compulsivo:** también hay pensamientos intrusos y recurrentes, pero son reconocidos como inapropiados y no se relacionan con ningún acontecimiento traumático.

– **Fobias específicas o fobia social:** se evitan y temen situaciones concretas o aquellas en las que se la persona se ve sometida a algún tipo de evaluación social. En el TEP la persona puede mostrarse excesivamente reticente y evitativa a participar en cualquier situación que pueda recordarle a la experiencia traumática.

– **Ilusiones, alucinaciones y otras alteraciones perceptivas en otros trastornos mentales:** en estos casos, haría referencia a la esquizofrenia y otros trastornos psicóticos, el trastorno del estado de ánimo con síntomas psicóticos, el delirium, trastornos relacionados con sustancias y trastornos psicóticos por enfermedad médica.

– **Simulación:** cuando se fingen los síntomas para obtener beneficios materiales, laborales, legales o de otro tipo.

En todo caso es necesario considerar que la comorbilidad del TEP con otras enfermedades mentales como la depresión, el abuso de sustancias y los trastornos de ansiedad, especialmente fobia social y agorafobia, es bastante frecuente. Alrededor del 88% de los hombres y del 79% de las mujeres con TEP han padecido al menos otro trastorno.

El TEP a menudo es difícil de diagnosticar en las personas con discapacidad intelectual debido a su dificultad para describir emociones y experiencias. El hecho de que la característica principal de este trastorno sea la presencia de un evento traumático facilita la tarea diagnóstica en personas con discapacidad intelectual, sin embargo, dicha población puede reaccionar a las experiencias traumáticas de forma diferente a las personas sin discapacidad. Conocer las particularidades con las que se presenta este trastorno en las personas con discapacidad servirá así mismo para elaborar programas cada vez más ajustados a las características y necesidades especiales de esta población, lo cual sin duda tendrá un impacto altamente positivo en su grado de eficacia y en la magnitud de los resultados obtenidos.

Los criterios del DSM-IV-TR pueden utilizarse para diagnosticar TEP en personas con discapacidad intelectual. Sin embargo es necesario tener en cuenta las siguientes recomendaciones que, si bien no sustituyen los criterios estándar, si ayudan a proporcionar una mejor comprensión de este trastorno cuando lo padecen personas con discapacidad intelectual:

– *Eventos vitales que a las personas sin discapacidad no les resultan traumáticos si pueden serlo para una persona con discapacidad intelectual. El menor funcionamiento cognitivo hace que las personas con discapacidad intelectual tengan una peor comprensión de las situaciones y, que por tanto, sean más vulnerables a que éstas les supongan una amenaza. De hecho, uno de los datos encontrados entre los estudios con excombatientes de la guerra de Vietnam (que es el origen de la investigación sobre el estrés postraumático) mostraba que cuanto menor era el funcionamiento cognitivo de los excombatientes mayor era la frecuencia de trastornos por estrés postraumático. En personas con discapacidad intelectual se han descrito como situaciones potencialmente traumatizantes algunas tales como dejar el colegio, una mudanza, ser superado por sus hermanos en determinados logros, etc. Este hecho supone una complicación para el diagnóstico ya que los sucesos traumáticos pueden no ser reconocidos por sus cuidadores y pasados por alto.*

- *En general, los síntomas del TEP para personas sin discapacidad son similares en personas con menos necesidades de apoyo. En personas con altas necesidades de apoyo nos encontraremos con síntomas menos elaborados y generalmente expresados a través de indicadores conductuales o somáticos tales como problemas de conducta, alteraciones del apetito, dificultades en el sueño o cualquier otro cambio en su patrón de comportamiento. Los adultos con discapacidad intelectual tienden a mostrar reacciones similares a las de los adultos sin discapacidad, pero también a la de los niños sin discapacidad.*

- *En muchas ocasiones, los síntomas se han atribuido a otros problemas o sencillamente han sido etiquetados como "problemas de conducta". Es importante no descartar este tipo de trastorno en personas con extensas necesidades de apoyo simplemente porque no manifiesten toda la sintomatología de forma precisa. Este trastorno ha de tomarse en consideración en aquellas personas que habiendo experimentado alguna situación traumática, presentan posteriormente problemas de conducta o indicadores de un estado emocional alterado. Estas personas pueden beneficiarse de un tratamiento adecuado si se realiza un diagnóstico acertado.*

- *Los síntomas de re-experimentación como los flashbacks se producen de manera similar en las personas con necesidades de apoyo limitadas, pero en los casos de apoyo extenso resultan poco frecuentes o adoptan una forma más extraña que podría cumplir criterios de trastorno psicótico. Las personas con discapacidad intelectual y escasas habilidades verbales no pueden verbalizar flashbacks o pesadillas. Los sueños o pesadillas pueden ser más inespecíficos y no tan relacionados con la experiencia traumática. La conducta desorganizada o agitada pueden corresponderse con distintos síntomas en adultos, tales como imágenes o pensamientos intrusivos, los flashbacks, la reexperimentación del suceso o posibles alucinaciones. En los síntomas de reexperimentación del trauma en las personas con discapacidad intelectual pueden no aparecer ideas o imágenes elaboradas sobre lo sucedido, pero sí juegos repetidos en los que se representa el mismo de forma insistente. También pueden manifestarse a través de agresiones a otros o conductas autolesivas, como pellizcarse o golpearse la cabeza.*

- *Los síntomas de evitación conductual de estímulos relacionados con el evento serán comunes para personas con y sin discapacidad. Las conductas de evitación de estímulos relacionados con el suceso pueden malinterpretarse como comportamientos negativistas o de desobediencia. Por ejemplo, pueden negarse a hacer salidas, rechazar participar en actividades, conductas de aislamiento, inhibición social... sin que los cuidadores sepan que estas conductas se deben a su reacción al trauma.*

- *El incremento del estado de alerta o hiperactivación puede traducirse en irritabilidad, reacciones agresivas, conductas autolesivas, somnolencia, problemas de concentración, hipervigilancia y respuestas de sobresalto. Es importante no olvidar que pueden aparecer nuevas conductas estereotipias o también que los posibles problemas pre-existentes aumenten en frecuencia e intensidad.*

- *El sentimiento de culpabilidad en eventos donde una persona sobrevive frente al resto de víctimas, conocido como culpa del sobreviviente, es un síntoma que puede aparecer asociado en este trastorno, pero que será menos común entre las personas con discapacidad intelectual.*

3. HERRAMIENTAS PARA DETECTARLO

Al igual que en el resto de los trastornos, una adecuada evaluación requiere:

- *Un conocimiento exhaustivo de los factores implicados en el origen y desarrollo del problema: antecedentes, factores desencadenantes, factores predisposicionales, factores de mantenimiento, soluciones intentadas, etc.*

- *Un conocimiento suficiente de la persona y sus circunstancias: grado de deterioro de la salud y el bienestar, incapacitación, recursos personales, puntos fuertes, rasgos destacados de la personalidad y del sistema de valores, estado emocional general, etc.*

- *La formulación de un esquema explicativo que identifique las variables más relevantes del caso, las relaciones críticas entre ellas, y el proceso que han ido siguiendo a lo largo del tiempo.*

En cuanto a instrumentos de evaluación para el trastorno por estrés post-traumático en personas con discapacidad intelectual se emplean generalmente entrevistas clínicas y escalas o cuestionarios estandarizados para la población general que cuenten con traducción y adaptación española. Las similitudes encontradas entre los síntomas con los que se manifiesta el TEP en personas con o sin discapacidad son muy claras especialmente en relación a la percepción de amenaza, conductas de evitación y reexperimentación de la situación. Por otro lado, el uso flexible de entrevistas semiestructuradas ha resultado útil en personas con menor grado de afectación intelectual (Mitchel, A., 2006). Muchos profesionales asumen similitudes importantes en la forma de presentación clínica de este trastorno entre personas con y sin discapacidad, incluso consideran útil el uso de algunas recomendaciones y formatos de entrevista clínica utilizadas en población infantil con personas adultas con discapacidad intelectual (Mitchell A. y Clegg, J.A. 2005). No existen instrumentos específicos adaptados para personas con discapacidad intelectual. Por tanto, los procedimientos de evaluación más utilizados son:

– Cuestionarios de sucesos vitales estresantes utilizados para la detección de posibles acontecimientos traumáticos pasados o recientes. Se adjunta como modelo el Cuestionario de Sucesos Vitales asociado a las escalas CAPS-Dx (Blake y cols., 1990) teniendo en cuenta que, tal como hemos señalado, el rango de situaciones potencialmente traumáticas es más amplio en esta población.

– Entrevistas estructuradas a la persona y a los profesionales de referencia. La entrevista estructurada que nos servirá para recopilar la historia traumática y conocer el tipo y naturaleza de los síntomas que presenta la persona con discapacidad a partir de la experiencia traumática vivida. Suelen basarse en cuestionarios y escalas de diagnóstico para estrés postraumático estandarizados para niños, ya que contienen un lenguaje más sencillo, incluyen síntomas similares y son más fácilmente adaptables a personas con discapacidad intelectual. Incluyen cuestiones sobre el suceso, la percepción del mismo, la experiencia actual y los efectos en su vida. Como ejemplo de este tipo de entrevista al final del documento adjuntamos un modelo de entrevista estructurada que puede servir de guía. Se han desarrollado diversos formatos de entrevista semiestructurada a partir de la guía presentada por Smith (1995) quien agrupa los ítems en los siguientes conglomerados: suceso traumático, búsqueda y consecución de apoyos, percepción del evento, efectos físicos, atribuciones del evento y consecuencias del mismo sobre su vida).

– Escalas de diagnóstico para medir la severidad, duración y frecuencia de los síntomas del trastorno. No existen aún escalas específicas adaptadas para la población con discapacidad intelectual. Como ejemplo de estas escalas al final del documento adjuntamos la Escala Infantil Revisada de Reacción ante Eventos Traumáticos (CRETES-R) (Jones, 1997), la Escala de Diagnostico Postraumático (PDS) de (Foa et. al, 1997) y la Escala de Gravedad de Síntomas del Trastorno de Estrés Postraumático (Echeburúa, Corral Sarasúa, Zubizarreta y Sauca, 1994).

Para completar y contrastar la información es conveniente entrevistarse con las personas que le conocen bien (familiares, cuidadores, educadores, etc.). En muchos estudios se ha empleado como instrumento de valoración eficaz las técnicas de autoregistro que normalmente se utilizan en personas sin discapacidad adaptándolos a la población con discapacidad intelectual (Kellet et al. 1999).

4. RECURSOS Y ORIENTACIONES PARA LA INTERVENCIÓN PSICOSOCIAL Y FARMACOLÓGICA.

Se ha afirmado que el estrés postraumático puede representar "una de las más severas e incapacitantes formas de estrés humano conocido" (Everly, 1995, p. 7).

La detección y reconocimiento del estrés asociado a situaciones traumáticas es el primer paso para la recuperación e integración social de la persona con discapacidad intelectual. El tratamiento a través de profesionales con la debida cualificación y experiencia se constituye como el factor crucial, junto a la propia actitud y predisposición del paciente, para ayudar a que la víctima afronte la tragedia y pueda continuar con su vida, de forma satisfactoria.

La intervención temprana en víctimas recientes o potenciales afectadas por este trastorno (familiares, cuidadores de las víctimas, personas que observaron la escena, vecinos, etc.) es eficaz y previene la aparición de síntomas. Esta intervención temprana consiste en:

– Dar información sobre el proceso, la reacción psicológica que suele seguir, los síntomas que se suelen experimentar, los pensamientos que se suelen desarrollar, etc., tras haber sido víctima de una experiencia traumática.

– Entrenamiento en relajación y respiración.

– Exposición en imaginación a los recuerdos del suceso traumático.

– Exposición real (en vivo) a las situaciones que se evitan, que no supongan riesgo.

– Reestructuración cognitiva de los pensamientos irracionales que provocan sentimientos negativos.

A continuación, se presentan los aspectos básicos de los tratamientos más comúnmente utilizados en la actualidad para el tratamiento de los pacientes que presentan un trastorno por estrés postraumático e incluye la descripción de los enfoques psicoeducativos, la terapia cognitivo-conductual, la terapia de grupo/grupos de apoyo, la terapia familiar, los tratamientos farmacológicos y las terapias alternativas.

SÍNTOMA	TÉCNICA RECOMENDADA	CONSIDERAR TAMBIÉN
Pensamientos intrusivos.	Exposición.	Terapia cognitiva. Manejo de ansiedad. Psicoeducación. Terapia de juego (niños).
Flashbacks.	Exposición.	Terapia cognitiva. Manejo de ansiedad. Psicoeducación.
Miedos asociados al trauma, pánico y evitaciones.	Exposición. Terapia cognitiva. Manejo de ansiedad.	Psicoeducación. Terapia de juego (niños).
Embotamiento afectivo/ alejamiento de los demás/ perdida de intereses.	Terapia cognitiva.	Psicoeducación. Exposición.
Culpabilidad/autohumillación.	Terapia cognitiva.	Psicoeducación. Terapia de juego (niños).
Irritabilidad/ira.	Terapia cognitiva. Manejo de ansiedad.	Psicoeducación. Exposición.
Ansiedad general (hiperreactividad, hipervigilancia, agitación, alarma).	Manejo de ansiedad. Exposición.	Terapia cognitiva. Psicoeducación. Terapia de juego (niños).
Perturbaciones del sueño.	Manejo de ansiedad.	Exposición. Terapia cognitiva. Psicoeducación.
Dificultad de concentración.	Manejo de ansiedad.	Terapia cognitiva. Psicoeducación.

Técnicas recomendadas para cada síntoma o manifestación (Foa et al., 1999):

Por lo que se refiere a los tratamientos psicológicos, los estudios más rigurosos se han llevado a cabo en el contexto de los acercamientos conductuales-cognitivos. La evidencia empírica sugiere un mayor respaldo para la exposición prolongada (EP). También la reestructuración cognitiva y las técnicas para el manejo de la ansiedad dan lugar a efectos positivos a la hora de aliviar la sintomatología post-traumática. La investigación más reciente se dirige a la creación de programas de tratamiento que integran los distintos componentes mencionados.

En diferentes revisiones sobre tratamiento psicológico del TEP en PDI (Adshead, 200; Foa,2000) apoyan la utilización de terapia por exposición, terapia cognitivo-conductual y relajación como técnicas efectivas de tratamiento para personas en población sin discapacidad. La mayor parte de los tratamientos psicológicos utilizados para el TEP que han contrastado su eficacia en la población general, se enmarcan dentro del modelo cognitivo conductual. De igual modo, los programas terapéuticos para el tratamiento de estrés postraumático agudo, en personas adultas con discapacidad intelectual, emplean técnicas derivadas de este modelo terapéutico.

4.1. PSICOEDUCACIÓN SOBRE EL PROBLEMA

El enfoque Psicoeducativo implica proporcionar al paciente/familia información básica sobre su enfermedad, síntomas característicos y diversas estrategias de afrontamiento.

Incluye compartir información básica con el sujeto, a través de libros, artículos y otros documentos de interés que permita adquirir al paciente nociones esenciales de conceptos relacionados con el trastorno como conocimientos de psicofisiología, introducción al concepto de respuesta de estrés, conocimientos jurídicos básicos relacionados con el problema (como por ejemplo en casos de violación/delincuencia), etc.

En personas con discapacidad intelectual será muy importante adaptar esta información a su nivel de comprensión, empleando dibujos, diapositivas, gráficos, ejemplos y un lenguaje sencillo.

A nivel familiar incluye la enseñanza de estrategias de afrontamiento y habilidades de solución de problemas para facilitar la relación con la persona afectada por el trastorno. Este enfoque parece reducir considerablemente las sensaciones de estrés, confusión y ansiedad que suelen producirse dentro de la estructura familiar y que pueden llegar a desestructurarla, ayudando de manera significativa en la recuperación de la persona. La necesidad de un enfoque colaborativo incluyendo a la familia, donde tanto se comparta información relevante, en una y otra dirección, facilita el proceso terapéutico.

4.2. AJUSTE DEL ENTORNO

La terapia familiar generalmente es utilizada como complemento necesario a otras estrategias terapéuticas más directamente asociadas con la sintomatología del trastorno por estrés postraumático, no siendo considerada como una estrategia suficiente, por sí misma, para un tratamiento eficaz del trastorno.

Sin embargo, esta terapia puede ser especialmente relevante para los familiares de personas con discapacidad intelectual con TEP. Con frecuencia los familiares se ven afectados negativamente dado el deterioro que puede sufrir la persona con discapacidad intelectual en su funcionamiento y desarrollo personal. Esto afecta negativamente a la dinámica familiar y a la evolución y tratamiento del TEP en la persona con discapacidad intelectual.

Las estrategias terapéuticas abarcan una variedad de objetivos. Los más ambiciosos tratan de intervenir sobre la familia en su conjunto, desde una perspectiva sistémica y global. Otros se centran más en ofrecer estrategias, información y pautas de actuación concretas a los miembros de la familia, para que lo apoyen durante el proceso terapéutico, potenciando la comunicación entre la familia y reduciendo posibles focos de tensión.

4.3. ENSEÑANZA DE HABILIDADES

4.3.1. Terapia de exposición

Terapia de Exposición, con el objetivo de reducir la ansiedad y la evitación fóbica. La exposición normalmente se realiza en vivo o en imaginación según el caso y normalmente de forma jerárquica.

Funciona por la habituación de la persona a la ansiedad y por la comprobación empírica de que la amenaza temida no es tal. En esta técnica la persona debe enfrentarse a las situaciones temidas sin escaparse de ellas. La exposición en vivo a las situaciones evitadas se utiliza cuando no entrañan un riesgo. Las técnicas de exposición pueden ser:

– Exposición a estímulos evocadores de ansiedad y que son evitados en la vida cotidiana.

– Exposición gradual a actividades evitadas y gratificantes.

– Exposición en imaginación a pesadillas, pensamientos intrusivos, recuerdos e imágenes de la situación traumática. Se le puede poner una grabación con una descripción de los escenarios evocadores de ansiedad.

– Exposición gradual en vivo a las conductas específicas evitadas.

La exposición a veces no funciona si no tenemos en cuenta lo que piensa la persona. Así, aunque la exposición es el tratamiento de elección en el TEP, debemos tener en cuenta lo que piensa cada persona y su interpretación de la situación a la que debe exponerse, porque la mera exposición sin control (por parte de la propia persona) puede producir sensibilización en vez de extinción de la respuesta emocional condicionada (véase Teoría de la incubación en H. Eysenck, 1982).

4.3.2. Terapia cognitiva

Parece recomendable comenzar trabajando la reestructuración cognitiva, incidiendo en el procesamiento de la información que realiza la persona, para que no se sigan manteniendo y aumentando las respuestas emocionales que provocan los procesos cognitivos sesgados.

Es preferible que la persona, antes de hacer exposición, ponga en orden sus experiencias, recuerdos, sensaciones, pensamientos y modifique sus valoraciones excesivamente negativas acerca del trauma y sus secuelas.

La terapia cognitiva se utiliza para modificar los supuestos, creencias y pensamientos desadaptativos. Dentro de la terapia cognitiva a través de la reestructuración cognitiva se persigue identificar las cogniciones desadaptativas y cambiarlas por unas más ajustadas a la realidad.

La reestructuración cognitiva constituye un tratamiento complementario a las técnicas de exposición. Se reestructuran las creencias irracionales sobre la peligrosidad del mundo y la carencia de control sobre los hechos que ocurren a las personas. Se trata de aumentar la percepción de control y de predicción de la conducta. También resulta útil para reducir sentimientos depresivos asociados, de culpa o ira.

Mediante esta técnica se enseña a:

– Identificar sus pensamientos desadaptativos

– Evaluar la validez de esos pensamientos y cambiar los que resultan erróneos o inútiles y sustituirlos por unos más lógicos o beneficiosos.

– Para modificar un proceso cognitivo resulta imprescindible:

– Entrenar al paciente en autoobservación

– Entrenar en autorregistro de pensamientos

En el caso de las personas con discapacidad intelectual vamos a necesitar que ésta afronte problemas que tiende a evitar, para lo cual necesitaremos convencerle, persuadirle para que lo haga, motivándole, y entrenándole para que poco a poco pueda afrontar los primeros pasos, los más sencillos, que le permitirán coger confianza para realizar otros más complejos.

En general, las distintas técnicas cognitivas recurren a dos herramientas básicas en el tratamiento: la persuasión y el entrenamiento conductual. El terapeuta necesita conseguir que la persona con discapacidad con TEP realice ciertas actividades. Posteriormente se tendrá que manejar correctamente la forma en que se administran las tareas para casa, los refuerzos por los éxitos conseguidos, cómo se corrigen errores, etc.

4.3.3. Terapia para el manejo de la ansiedad

Dentro de estos programas el más utilizado para reducir los síntomas de ansiedad en el estrés post-traumático es el entrenamiento en inoculación de estrés. Incluye diversas técnicas tales como:

– Psicoeducación. Información sobre las reacciones psicológicas normales tras un suceso traumático.
– Entrenamiento en relajación muscular profunda y control de la respiración.
– Entrenamiento en autoinstrucciones.
– Superación de los pensamientos intrusivos: técnicas de distracción cognitiva, parada de pensamiento y aserción encubierta.
– Habilidades específicas de afrontamiento: asertividad en situaciones específicas, comunicación de lo sucedido al entorno más íntimo, recuperación de las actividades cotidianas…
– Otras: juego de roles, moldeamiento, control de ira, etc.

4.3.4. Terapia de grupo

La terapia grupal consiste en compartir la sesión terapéutica con otras personas. La influencia del grupo es, en muchas ocasiones, más beneficiosa para los miembros que lo componen, que el tratamiento individual.

La dinámica grupal favorece el cambio y hace que éste se produzca de forma más rápida y eficaz. La psicoterapia de grupo proporciona a los pacientes que sufren estrés postraumático el método más idóneo para optimizar los resultados terapéuticos.

El terapeuta les presenta un punto de encuentro con otras personas que también sufren, un lugar donde pueden compartir sentimientos y actitudes y aprender de sus experiencias.

La terapia de grupo permite al paciente compartir sus recuerdos traumáticos en un contexto de seguridad, cohesión y empatía proporcionada por los otros miembros del grupo y el propio terapeuta.

Compartir la propia experiencia y afrontar directamente la ira, ansiedad y culpa a menudo asociados a los recuerdos traumáticos, permite a muchos pacientes afrontar de forma eficaz sus recuerdos, sus emociones e integrarlos de forma adaptativa en su vida cotidiana.

En general la terapia de grupo pretende alcanzar los siguientes objetivos terapéuticos:

– Lograr el equilibrio, tanto a nivel físico como psicológico, frente a la experiencia traumática.
– Explorar, compartir y afrontar emociones y percepciones.
– Adquirir estrategias efectivas de afrontamiento y manejo ante el estrés.

Aún en el caso de que no se encuentren dirigidos por profesionales de la salud mental, su valor terapéutico es indudable en la medida que proporciona a los miembros del mismo un apoyo emocional considerable.

Compartir experiencias, éxitos, fracasos, información y recursos son algunas de las posibilidades que ofrecen estos grupos.

4.3.5. Terapias alternativas

En este apartado, se encuentran todo un conjunto de métodos, técnicas, procedimientos y filosofías de intervención con mayor o menor apoyo científico y que pueden ser utilizados, en solitario o en conjunción con otras estrategias, para el tratamiento de los problemas asociados al trastorno por estrés postraumático.

A continuación se presenta, a modo de curiosidad, una breve definición de algunas de las más comunes, aunque no son fáciles de poner en práctica con personas con D.I.

– *El mindfulness.* Viene a plantear un empeño en centrarse en el momento presente de forma activa y reflexiva. Una opción por vivir lo que acontece en el momento actual, el aquí y el ahora, frente al vivir en la irrealidad, el soñar despierto.

– Pretende que la persona se centre en el momento presente de un modo activo, procurando no interferir ni valorar lo que se siente o se percibe en cada momento. Como procedimiento terapéutico busca, ante todo, que los aspectos emocionales y cualesquiera otros procesos de carácter no verbal, sean aceptados y vividos en su propia condición, sin ser evitados o intentar controlarlos. El control sobre sucesos incontrolables, sujetos a procesamiento automático, requiere de la mera experimentación y exposición natural con la menor interferencia posible. Refiere a algunos aspectos ya conocidos en psicología: la exposición y la autorregulación basadas en las técnicas de biofeedback o en el uso de la hipnosis, donde hay un dejar que los fenómenos perceptivos y sensoriales se muestren como ellos son.

– Plantea en términos positivos cómo orientar la atención y la actividad, adecuándose de forma abierta a cada situación y señala de forma implícita los problemas que pueden derivarse de no centrarse en el momento presente en las condiciones señaladas. Así, para Linehan (1993) el entrenamiento en mindfulness supone instruir al paciente para que observe su cuerpo y lo describa, sin valoración y centrándose en el momento presente.

– Las posibilidades de integrar esta técnica y este modo de proceder son muchas y aplicables a muy diversos trastornos. Germer, Siegel y Fulton (2005) han editado un libro específicamente dedicado a esto. En él se puede ver cómo actuar y con qué recursos en diversos ámbitos de intervención.

– *EMMA.* Para el estrés recrea virtualmente objetos y entornos con significado emocional para el paciente, consiguiendo un entorno controlado donde poder activar, corregir, estructurar y reestructurar las experiencias que han causado el trauma.

– Permite adaptar y personalizar los elementos temidos por cada persona y ayuda a la expresión de las emociones y todos aquellos aspectos relacionados con el trauma.

– La terapia consiste en elaborar el trauma de forma que la persona lo incorpore a sus recuerdos sin que le cause un malestar intolerable. Los elementos de EMMA permiten simbolizar esos aspectos dolorosos y trabajar con ellos. Se han desarrollado aplicaciones que el paciente se puede autoadministrar".

– *EMDR (Eye Movement Desensitization and Reprocessing).* Método psicoterapéutico innovador, que acelera el tratamiento de un amplio rango de patologías, el trastorno por estrés postraumático, entre otros. Descubierto y desarrollado, desde 1987, por la Dra. Francine Shapiro, consiste en usar estimulación bilateral en un protocolo especial relacionado con las situaciones traumáticas que desencadena la desensibilización, y el consecuente reproceso de las mismas, acompañado de la desaparición de la sintomatología.

– *Medicina holística.* El objetivo es el tratamiento del enfermo en su "globalidad". Se parte de la premisa de que mente, cuerpo y espíritu están íntimamente unidos y deben ser tratados "conjuntamente". Se utilizan diversas estrategias de tratamiento alternativas/naturales como la meditación, yoga, plegarias, ciertas combinaciones dietéticas, vitaminas, minerales hierbas y otros suplementos dietéticos/naturales evitando aproximaciones tradicionales basadas en el uso de fármacos.

– *Programación Neurolingüística.* Modelo psicoterapéutico, desarrollado en la década de los 70 a partir de los trabajos de RICHARD BANDLER Y JOHN GRINDER y fundamentado en el estudio de cómo el lenguaje, tanto el verbal como el no verbal, afecta el sistema nervioso, es decir, que a través del proceso de la comunicación se puede dirigir el cerebro para lograr resultados óptimos. Ha desarrollado numerosos procedimientos específicos para el trabajo con los traumas basados en técnicas de carácter imaginativo/encubierto.

4.3.6. Tratamiento farmacológico.

Inhibidores selectivos de la recaptación de serotonina (ISRS)

Numerosos ensayos clínicos controlados y aleatorizados doble ciego, con un número importante de pacientes incluidos, avalan el uso de los ISRS como tratamiento de elección en el TEP.

Las ventajas que ofrecen este grupo de fármacos son:

- Mejoran los tres grupos de síntomas del TEP (reexperimentación, evitación/embotamiento e hiperactivación).
- Son un tratamiento eficaz para los trastornos psiquiátricos comórbidos con el TEP (depresión, trastorno de angustia, TOC, fobia social).
- Pueden reducir la clínica que a menudo complica el TEP (conductas suicidas, impulsiva y agresiva).
- Presentan una buena tolerancia.

Hay estudios realizado con Fluoxetina que indican una reducción de la reexperimentación, con una mayor mejoría en mujeres que en hombres. Los trabajos con Sertralina señalan que hasta la mitad de los respondedores requieren como mínimo 24 semanas de tratamiento.

También se emplea la Paroxetina y en el caso de la Fluvoxamina se ha encontrado un efecto en la mejoría en las pesadillas.

Todos ellos estos fármacos, usados a las dosis habituales, mejoran en la primera semana la ira y la irritabilidad, y posteriormente el resto de síntomas.

Antidepresivos triciclicos (IMAOS)

También se ha estudiado en tres ensayos controlados y aleatorizados la eficacia de Imipramina (225 mg/día), Amitriptilina (170 mg/día) y Desipramina en el TEP.

En el caso de los dos primeros se ha observado eficacia superior a placebo, fundamentalmente en los síntomas de reexperimentación. Sin embargo, en cuanto a la Desipramina no aporta beneficio terapéutico.

Entre el grupo de los IMAOs, tanto la Fenelzina como la Moclobemida han resultado superiores a placebo, fundamentalmente en el clúster de reexperimentación.

Además, la Fenelzina resulta superior a la Imipramina en cuanto a eficacia.

Otros antidepresivos

La Nefazodona ha sido el más estudiado de este grupo, en especial en pacientes con síntomas resistentes y formas crónicas, aunque está retirado en España por sus complicaciones potencialmente graves.

También hay informes positivos acerca de la Trazodona, Bupropión, Venlafaxina y Mirtazapina.

Benzodiazepinas

Estos fármacos no se pueden recomendar como tratamiento en monoterapia en el caso del TEP. Únicamente mejoran los niveles generales de ansiedad y el insomnio, aunque no el resto de síntomas.

Hay un estudio en que se demuestra mayor incidencia de TEP al cabo de entre 1 y 6 meses, si se administran de forma precoz.

Por otra parte, en estos pacientes el riesgo de abuso es particularmente alto, por lo que se debe limitar su uso.

Anticonvulsivos

Hay estudios abiertos con Valproato, Carbamazepina y Topiramato, y un estudio controlado con Lamotrigina. Se observa eficacia parcial, fundamentalmente en los síntomas de reexperimentación.

Inhibidores adrenérgicos

La administración inmediata de Propanolol (beta bloqueante) tras el acontecimiento traumático se ha observado que puede reducir algunos síntomas tardíos del TEP.

También se ha observado cierta eficacia con Clonidina (alfa2 adrenérgico), fundamentalmente si se asocia con Imipramina.

Antipsicóticos atípicos

Hay evidencias clínicas de que la Risperidona, Quetiapina y Olanzapina son eficaces en el tratamiento del TEP, pero únicamente asociados a antidepresivos y cuando han fracasado otros tratamientos previos.

Otros fármacos diversos

En relación al Hidrocloruro de Ciproheptadina (agonista serotoninérgico) no se ha observado que aporte beneficios en el tratamiento, y en un ensayo empeoraba los síntomas, por lo que su uso no es recomendable.

En cuanto al Inositol (segundo mensajero) tampoco resultó eficaz en un estudio con grupos cruzados.

Por otro lado, existen pruebas de que las dosis altas de Analgésicos, Opiáceos y Esteroides en las semanas posteriores al trauma pueden reducir la aparición de TEP en pacientes que sufren una enfermedad médica severa concomitante.

Además, se ha documentado de forma anecdótica el uso de MDMA asociado a psicoterapia para el tratamiento del TEP (regularización de la función amigdalar, hipocampal y del neocórtex).

5. ALGUNOS FACTORES DE VULNERABILIDAD Y PROTECCIÓN

FACTORES DE VULNERABILIDAD	BBPP (Buenas Prácticas) PARA LA INMUNIDAD
Mayores necesidades de apoyo.	Entrevistar a las personas que mejor conocen a la persona con discapacidad, desde diferentes ámbitos.
Haber presentado un ataque de pánico durante los sucesos o poco después. Mayor duración de la experiencia traumática. El tipo de trauma (evento controlable o no). Traumas o acontecimientos vitales adversos sufridos antes y después del trauma.	Intervención inmediata después del trauma.
Experiencias vitales negativas.	Debe tenerse en cuenta que ciertos acontecimientos de poca importancia para una persona sin discapacidad, pueden ser mayores para la persona con discapacidad intelectual.
Baja tolerancia al estrés y a la frustración. Ausencia de estrategias de afrontamiento o mecanismos de defensa adecuados (por ejemplo, regresión ante el estrés, ira ante la frustración). Falta de habilidades de solución de problemas por déficit del pensamiento abstracto.	Mejorar las capacidades de adaptación y control de estrés. Adecuadas habilidades sociales, de comunicación, autocontrol y solución de problemas.
Diferentes estrategias de manejo de los problemas del sujeto por distintos cuidadores (respuestas, actitudes de refuerzo inadecuadas).	Formación de los cuidadores sobre el trastorno, su curso y tratamiento.

FACTORES DE VULNERABILIDAD	BBPP (Buenas Prácticas) PARA LA INMUNIDAD
Falta de apoyo emocional. Bajo nivel de apoyo social.	Potenciar la red de apoyo psicosocial.
Problemas de comunicación y lenguaje.	Favorecer el uso sistemas aumentativos de comunicación, a través de la formación de los cuidadores y resto de profesionales.

6. BIBLIOGRAFÍA

Adehesad G. (2000). Psychological therapies for posttraumatic stress disorder. *British Journal of Psychiatry* 177, 144-148.

American Psychiatric Association (2000). *Diagnostic and Statistical Manual of Mental Disorders (DSM IV-TR)*. American Psychiatric Association, Washington, DC.

Báguena Puigcerver, M.J. (2001). Universidad de Valencia. *Tratamientos psicológicos eficaces para el estrés posttraumático. Psicothema Vol. 13, nº 3, pp. 479-492.*

Balogh R. y cols. (2001). Sexual abuse in children and adolescents with intellectual disability. *Journal of Intellectual Disability Research* 45, 194-201.

Blake, D.D., Weathers, F.W., Nagy, L.M., Kaloupek, D.G., Klauminzer, G., Charney, D.S. y Keane, T.M. (1990). A clinical rating scale for assesing current and lifetime PTSD: The CAPS-1. *The behavior Tehrapist,* 13. 187-188.

Brown H. y Turk V. (1992). Defining sexual abuse as it affects adults with learning disabilities. *Mental Handicap* 20, 44-54.

Dongil Collado, E. (2008). Reestructuración cognitiva: un caso de estrés postraumático. *Ansiedad y Estrés,* 14(2-3), 265-288.

Doyle C. & Mitchell D. (2003) Posttraumatic stress disorder and people with learning disabilities. *Journal or Learning Disabilities* 7, 23-33.

Echeburúa, E. Corral y Corral, P. (1994). Trastorno de estrés postraumático. En A. Belloch, B. Sandín y F. Ramos (coms), *Manual de psicopatología.* Madrid. McGraw-Hill.

Everly, G.S. y Lating, J.M. (Eds) (1995). *Psychotraumatology: key papers and core concepts in posttraumatic stress.* New York: Plenum Press

Eysenck, H. J. (1982). *Fundamentos biológicos de la personalidad.* Barcelona: Editorial Fontanella

Fletcher, R. (et al.): *Diagnostic manual-intellectual disability : a textbook of diagnosis of mental disorders in persons with intellectual disability:* DM-ID. Kingston (New York) : NADD Press, cop. 2007.

Foa, E.G., Davidson, J.R. y Frances, A. (Eds.) (1999). The expert consensus guideline series: treatment of posttraumatic stress disorder. *The journal of clinical psychiatry,* 60, Supplement 16.

Foa E. B. (2000) Psychosocial treatment of posttraumatic stress disorder. *Journal of Clinical Psychiatry* 61, 43-48.

Foa E. B. , Cashman L. , Jaycox L. & Perry K. (1997). The validation of a self-report measure of posttraumatic stress disorder: The posttraumatic Diagnostic Scale. *Psychological Assessment* 9, 445-451.

Finkelhor D. (1987) The trauma of child sexual abuse: two models. *Journal of Interpersonal Violence* 2, 348-66.

Fundación Carmen Pardo-Valcarce y Comunidad de Madrid (2007). *Discapacidad intelectual y salud mental.* Guía práctica

Germer, C. Siegel, R.D. & Fulton, P.R. (2005). *Mindfulness and Psychotherapy.* Nueva York: Guilford Press

Hollins S. & Sinason V. (2000) Psychotherapy, learning disabilities and trauma: new perspective. *British Journal of Psychiatry* 176, 32-36.

Hudson C. J. & Pilek E. (1990) PTSD in the retarded. *Hospital and Community Psychiatry* 41, 97.

Johnson D. (2001) Trauma, dissociation and learning disability. *Clinical Psychology Forum* 147, 97.

Kendall Tackett K.A. y cols. (1993). Impact of sexual abuse on children: a review and synthesis of recen empirical studies. *Psychological Bulletin* 113, 164-80.

Kellet S., Beail N., Newman D. & Mosley E. (1999). Indexing psychological distress in people withy an intellectual disability_ use of the Sysmptom Checlist-90-R. *Journal of Applied Research in Intellectual Disabilities,* 12, 323-334.

Linehan, M.M. (1993). *Cognitive-behavioral treatment of borderline personality disorder.* New York: Guilford Press.

McCarthy J. (2001). Post-traumatic stress disorder in people with learning disability. *Advances in Psychiatric Treatment* 7, 163-169.

McCreary B. D. y Thompson J. (1999). Psychiatric aspects of sexual abuse involving persons with developmental disabilities. *Canadian Journal of Psychiatry* 44, 350-355.

Mitchell a. (2002). *Exploring the Meaning of Traumatic Life Events for Adults with Learning Disabilities.* Doctoral Thesis, University of Leicester, Leicester.

Mitchell A. y Clegg J.A. (2005). Is PTSD a hepful concept for adults with intellectual disability? *Journal of Intellectual Disability Research* 49, 552-559.

Newman E., Christopher S.R. y Berry J.O. (2000). Developmental disabilities, trauma exposure, and post-traumatic stress disorder. *Trauma, Violence and Abuse* 1, 154-170.

Royal Collage of Psychiatrists (2001): DC-LD: *Diagnostic criteria for psychiatric disorders for use with adults with learning disabilities/mental retardation.*

Ryan R. (1994). Post-traumatic stress disorder in personas with developmental disabilities. *Community Mental Health Journal* 30, 45-54.

Shah N. y Mudholkar S. (2000). The assessment of post-traumatic stress reactions in children and adolescents. In: *Post-traumatic Stress Disorder in Children and Adolecents* (e. K. N. Dwivedi), pp. 113-130. Whurr, London.

Smith J.A. (1995). Semi-structured interviewing and qualitative analysis. In: *Rethinking Methods in Psychology* (eds. J.A. Smith, R. Harre, y L. Van Langenhomve), pp. 9,26. Sage, London.

Tharinger D., Horton C. y Millea S. (1990). Sexual abuse and exploitation of children and adults with mental retardation and other handicaps. *Child Abuse and Neglect* 14, 312.

Turk J. y Brown H. (1993). The sexual abuse of adults with learning disabilities: results of a two year incidence survey. *Mental Handicap Research* 6, 193-216.

Turk J. , Robbins I. y Woodhead M. (2005). Post-traumatic stress disorder in young people with intellectual disability. *Journal of Intellectual Disability Research* 49, 872-875.

Yule W., Williams R. y Joseph S. (1999). Post-traumatic stress disorder in adults. In: Post-traumatic stress disorder in adults. In: *Post-traumatic Stress Disorderr: Concepts and Therapy* (ed. W. Yule), pp. 1-24. Wiley, Chichester.

ESQUIZOFRENIA Y OTROS TRASTORNOS PSICÓTICOS EN LA DISCAPACIDAD INTELECTUAL

- INTRODUCCIÓN
- ESQUIZOFRENIA Y TRASTORNOS PSICÓTICOS
- OTROS TRASTORNOS PSICÓTICOS

INTRODUCCIÓN

El término psicótico hace referencia a la presencia de ciertos síntomas que incluyen ideas delirantes, alucinaciones y lenguaje o comportamiento desorganizado, ya se presenten solos combinados entre ellos.

El diagnóstico clínico debe realizarse mediante una observación duradera y exhaustiva para detectar los principales síntomas, tanto positivos como negativos, y obteniendo información de terceros. Otras sutilezas diagnósticas como los subtipos, no son de mucha utilidad excepto para una minoría de personas.

En la población general el diagnóstico de la esquizofrenia se puede realizar tras la descripción verbal de las vivencias que experimenta la persona, en especial de las ideas delirantes. La elaboración y explicación de los síntomas de dichas ideas proporciona muchos detalles sobre la sintomatología descriptiva, mientras que en los usuarios con DI no es tan fácil de delimitar.

En personas con DI y con más necesidades de apoyo en comunicación es más difícil establecer el contenido y estilo de las ideas delirantes. En ocasiones el contenido de la idea es tan ingenuo o simple que se le resta importancia. Sin embargo, tanto en este colectivo como en la población general, las ideas delirantes son pensamientos fijos y la persona volverá nuevamente a su estado anterior.

En personas diagnosticadas de esquizofrenia, las alucinaciones son frecuentes, con una prevalencia del 90% en las personas con DI y de un 74% en la población general. Las personas sin DI en muchos de casos niegan esta experiencia por temor a ser etiquetados con alguna enfermedad mental. Las personas con DI no intentan ocultar estas experiencias, o si lo intentan, en muchos casos no tienen las habilidades para hacerlo.

Está claro que diagnosticar esquizofrenia, un trastorno tan vinculado a experiencias internas, a personas que no pueden hablar es muy difícil. Detectar los síntomas negativos es muy difícil, especialmente en personas con DI con mayores necesidades de apoyo

Las alucinaciones son el síntoma más fácil de detectar. En ocasiones puede que no se les haga caso y se consideren una excusa para un comportamiento inadecuado. Es fundamental estar atento y observar con sumo cuidado cualquier conducta que pueda indicar que el individuo oye voces, p.ej. dialogar cuando está solo, o mira a su alrededor como si viera o escuchase a alguien. Si la persona tiene habilidades comunicativas nos podemos encontrar con contenidos infantiles.

El comportamiento gravemente desorganizado y catatónico es mucho menos frecuente, se estima una prevalencia del 21%.

Los síntomas negativos se reconocen en los cambios de la conducta que incluyen el retraimiento social, inactividad, falta de conversación, reducción de actividades ocupacionales y de ocio. En las personas con DI hay dificultades añadidas, siendo necesario tener acceso a informes personales anteriores.

En general se acepta que, por necesidad, el diagnóstico inicial de esquizofrenia en personas con DI, es casi siempre tentativo y muy probablemente la única manera de avanzar en un diagnóstico definitivo. Con cada persona es necesario llevar a cabo una observación directa exhaustiva, a corto y largo plazo y con una recogida de síntomas y signos.

ESQUIZOFRENIA

1. ¿QUÉ ES? Definición, criterios diagnósticos, curso y prevalencia
2. ¿CÓMO IDENTIFICARLO? Síntomas, signos e indicadores conductuales. Diagnóstico diferencial
3. HERRAMIENTAS PARA DETECTARLO
4. RECURSOS Y ORIENTACIONES PARA LA INTERVENCIÓN. FARMACOLOGÍA
5. ALGUNOS FACTORES DE VULNERABILIDAD Y PROTECCIÓN
6. BIBLIOGRAFÍA

1.   ¿QUÉ ES?
Definición, criterios diagnósticos, curso y prevalencia

1.1. DEFINICIÓN

Este trastorno se caracteriza por distorsiones de la percepción, del pensamiento y de las emociones, estas últimas en forma de embotamiento o falta de adecuación de las mismas.

En general, se conservan tanto la claridad de la conciencia como la capacidad intelectual, aunque con el paso del tiempo pueden presentarse déficits cognitivos. El trastorno compromete las funciones esenciales que dan a la persona normal la vivencia de su individualidad, singularidad y dominio de sí misma.

La persona con esquizofrenia cree que sus pensamientos, sentimientos y actos más íntimos son conocidos o compartidos por otros y pueden presentarse ideas delirantes en torno a la existencia de fuerzas naturales o sobrenaturales capaces de influir, de forma a menudo bizarra, en los actos y pensamientos del individuo afectado. Éste se siente el centro de todo lo que sucede.

Son frecuentes las alucinaciones, especialmente las auditivas. Suelen presentarse además otros trastornos de la percepción: los colores o los sonidos pueden parecer excesivamente vívidos o tener sus cualidades y características alteradas. Algunos detalles irrelevantes de hechos cotidianos pueden parecer más importantes que la situación u objeto principal. La perplejidad es frecuente ya desde el comienzo, la cual suele acompañarse de la creencia de que las situaciones cotidianas tienen un significado especial, por lo general siniestro y dirigido contra la propia persona.

En el trastorno del pensamiento característico de la esquizofrenia los aspectos periféricos e irrelevantes de un concepto, que en la actividad mental normal están soterrados, afloran a la superficie y son utilizados en lugar de los elementos pertinentes y adecuados para la situación. Así el pensamiento se vuelve vago, elíptico y oscuro y su expresión verbal es a veces incomprensible. Son frecuentes los bloqueos e interpolaciones en el curso del pensamiento.

Las características más importantes de la afectividad son: la superficialidad, su carácter caprichoso y la incongruencia. La ambivalencia y el trastorno de la voluntad se manifiestan como inercia, negativismo o estupor. Pueden presentarse también síntomas catatónicos.

Así, las personas con esquizofrenia experimentan una distorsión dramática en sus pensamientos y sentimientos. Sienten el mundo de una forma muy diferente al resto de las personas y su conducta puede cambiar radicalmente y aparecer extraña a los demás (Rebolledo, 2000).

1.2. CRITERIOS DIAGNÓSTICOS

ESQUIZOFRENIA

A. Síntomas característicos: Dos o más de los siguientes, cada uno de ellos presente durante una parte significativa de un período de 1 mes (o menos si ha sido tratado con éxito):

(1) Ideas delirantes.

(2) Alucinaciones.

(3) Lenguaje desorganizado (p. ej., incoherencia o falta de asociaciones).

(4) Comportamiento catatónico o gravemente desorganizado.

(5) Síntomas negativos, p.ej. aplanamiento afectivo, alogia o abulia.

Sólo se requiere un síntoma del Criterio A si las ideas delirantes son extrañas, o si las ideas delirantes consisten en una voz que comenta continuamente los pensamientos o el comportamiento del sujeto, o si dos o más voces conversan entre ellas.

Pueden presentarse conversaciones con uno mismo, algo habitual y no necesariamente ser indicativo de un trastorno psicótico.

B. Disfunción social/laboral: Durante una parte significativa del tiempo desde el inicio de la alteración, una o más áreas importantes de actividad, como son el trabajo, las relaciones interpersonales o el cuidado de uno mismo, están claramente por debajo del nivel previo al inicio del trastorno (o, cuando el inicio es en la infancia o adolescencia, fracaso en cuanto a alcanzar el nivel esperable de rendimiento interpersonal, académico o laboral).

C. Duración: Persisten signos continuos de la alteración durante al menos 6 meses.

Este período de 6 meses debe incluir al menos 1 mes de síntomas que cumplan el Criterio A (o menos si se ha tratado con éxito) y puede incluir los períodos de síntomas prodrómicos y residuales. Durante estos períodos prodrómicos o residuales, los signos de la alteración pueden manifestarse sólo por síntomas negativos o por dos o más síntomas de la lista del Criterio A, presentes de forma atenuada (p. ej., creencias raras, experiencias perceptivas no habituales).

D. Exclusión de los trastornos esquizoafectivo y del estado de ánimo: El trastorno esquizoafectivo y el trastorno del estado de ánimo con síntomas psicóticos se han descartado debido a: 1) no ha habido ningún episodio depresivo mayor, maníaco o mixto concurrente con los síntomas de la fase activa; o 2) si los episodios de alteración anímica han aparecido durante los síntomas de la fase activa, su duración total ha sido breve en relación con la duración de los períodos activo y residual.

E. Exclusión de consumo de sustancias y de enfermedad médica: El trastorno no es debido a los efectos fisiológicos directos de alguna sustancia (p. ej., una droga de abuso, un medicamento) o de una enfermedad médica.

F. Relación con un trastorno generalizado del desarrollo: Si hay historia de trastorno autista o de otro trastorno generalizado del desarrollo, el diagnóstico adicional de esquizofrenia sólo se realizará si las ideas delirantes o las alucinaciones también se mantienen durante al menos 1 mes (o menos si se han tratado con éxito).

Subtipos de esquizofrenia

No se aplican dichos criterios para la DI grave y profunda, en cambio sí para la DI leve y moderada.

Los subtipos de esquizofrenia están definidos por la sintomatología predominante en el momento de la evaluación. Si bien las implicaciones pronósticas y terapéuticas de los subtipos son variables, los tipos paranoide y desorganizado tienden a ser, respectivamente, los de menor y mayor gravedad. El diagnóstico de un subtipo en particular está basado en el cuadro clínico que ha motivado la evaluación o el ingreso más recientes y, por tanto, puede cambiar con el tiempo. Es frecuente que el cuadro incluya síntomas que son característicos de más de un subtipo. La elección del subtipo se apoya en el siguiente algoritmo: se asigna el tipo catatónico siempre y cuando haya síntomas catatónicos acusados (independientemente de la presencia de otros síntomas); se asigna el tipo desorganizado siempre que predomine un comportamiento y lenguaje desorganizados, y que sea patente una afectividad aplanada o inapropiada (a menos que aparezca en el tipo catatónico); se asigna el tipo paranoide en caso de que predomine una preocupación causada por ideas delirantes o cuando existan alucinaciones frecuentes (a menos que se den en el tipo catatónico o el desorganizado). El tipo indiferenciado es una categoría residual que describe cuadros en los que predominan síntomas de la fase activa que no cumplen los criterios para los tipos catatónico, desorganizado o paranoide. El tipo residual es para aquellos cuadros en los que hay manifestaciones continuas de la alteración, sin que se cumplan ya los criterios para la fase activa.

La característica principal del tipo paranoide de esquizofrenia consiste en la presencia de claras ideas delirantes o alucinaciones auditivas, en el contexto de una conservación relativa de la capacidad cognoscitiva y de la afectividad. Los síntomas característicos de los tipos desorganizado y catatónico (p. ej., lenguaje desorganizado, afectividad aplanada o inapropiada, comportamiento catatónico o desorganizado) no son muy acusados. Fundamentalmente, las ideas delirantes son de persecución, de grandeza o ambas.

Clasificación del curso longitudinal:

– *Episódico con síntomas residuales interepisódicos (los episodios están determinados por la reaparición de síntomas psicóticos destacados)*: especificar también si: con síntomas negativos acusados

– *Episódico sin síntomas residuales interepisódicos*

– *Continuo (existencia de claros síntomas psicóticos a lo largo del período de observación)*; especificar también si: con síntomas negativos acusados

– *Episodio único en remisión parcial*; especificar también si: con síntomas negativos acusados

– Episodio único en remisión total

– Otro patrón o no especificado

– Menos de 1 año desde el inicio de los primeros síntomas de fase activa

Tipo paranoide

Un tipo de esquizofrenia en el que se cumplen los siguientes criterios:

A. Preocupación por una o más ideas delirantes o alucinaciones auditivas frecuentes.

B. No hay lenguaje desorganizado, ni comportamiento catatónico o desorganizado, ni afectividad aplanada o inapropiada.

Codificación del curso de la esquizofrenia:

– Episódico con síntomas residuales interepisódicos

– Episódico con síntomas residuales no interepisódicos

– Continuo

– Episodio único en remisión parcial

– Episodio único en remisión total

– Otro patrón o no especificado

– Menos de 1 año desde el inicio de los primeros síntomas de fase activa.

Tipo desorganizado

Un tipo de esquizofrenia en el que se cumplen los siguientes criterios:

A. Predominan:

(1) lenguaje desorganizado

(2) comportamiento desorganizado

(3) afectividad aplanada o inapropiada

B. No se cumplen los criterios para el tipo catatónico

Codificación del curso de la esquizofrenia:

−Episódico son síntomas residuales interepisódicos

−Episódico con síntomas residuales no interepisódicos

−Continuo

−Episodio único en remisión parcial

−Episodio único en remisión total

−Otro patrón o no especificado

−Menos de 1 año desde el inicio de los primeros síntomas de fase activa.

Tipo catatónico

Un tipo de esquizofrenia en el que el cuadro clínico está dominado por al menos dos de los siguientes síntomas:

(1) Inmovilidad motora manifestada por catalepsia (incluida la flexibilidad cérea) o estupor.

(2) Actividad motora excesiva (que aparentemente carece de propósito y no está influida por estímulos externos).

(3) Negativismo extremo (resistencia aparentemente inmotivada a todas las órdenes o mantenimiento de una postura rígida en contra de los intentos de ser movido) o mutismo.

(4) Peculiaridades del movimiento voluntario manifestadas por la adopción de posturas extrañas (adopción voluntaria de posturas raras o inapropiadas), movimientos estereotipados, manierismos marcados o muecas llamativas.

(5) Ecolalia o ecopraxia.

Codificación del curso de la esquizofrenia:

−Episódico con síntomas residuales interepisódicos

−Episódico con síntomas residuales no interepisódicos

−Continuo

−Episodio único en remisión parcial

−Episodio único en remisión total

−Otro patrón o no especificado

−Menos de 1 año desde el inicio de los primeros síntomas de fase activa

Tipo indiferenciado

Un tipo de esquizofrenia en que están presentes los síntomas del Criterio A, pero que no cumple los criterios para el tipo paranoide, desorganizado o catatónico.

Codificación del curso de la esquizofrenia en el quinto:

- Episódico con síntomas residuales interepisódicos
- Episódico con síntomas residuales no interepisódicos
- Continuo
- Episodio único en remisión parcial
- Episodio único en remisión total
- Otro patrón o no especificado
- Menos de 1 año desde el inicio de los primeros síntomas de fase activa

Tipo residual

Un tipo de esquizofrenia en el que se cumplen los siguientes criterios:

A. Ausencia de ideas delirantes, alucinaciones, lenguaje desorganizado y comportamiento catatónico o gravemente desorganizado.

B. Hay manifestaciones continuas de la alteración, como lo indica la presencia de síntomas negativos o de dos o más síntomas de los enumerados en el Criterio A para la esquizofrenia, presentes de una forma atenuada (p. ej., creencias raras, experiencias perceptivas no habituales).

Codificación del curso de la esquizofrenia:

- Episódico con síntomas residuales interepisódicos
- Episódico con síntomas residuales no interepisódicos
- Continuo
- Episodio único en remisión parcial
- Episodio único en remisión total
- Otro patrón o no especificado
- Menos de 1 año desde el inicio de los primeros síntomas de fase activa

OTROS TRASTORNOS PSICÓTICOS

Trastorno esquizofreniforme

A. Se cumplen los Criterios A, D y E para la esquizofrenia.

B. Un episodio del trastorno (incluidas las fases prodrómica, activa y residual) dura al menos 1 mes, pero menos de 6 meses. (Cuando el diagnóstico debe hacerse sin esperar a la remisión, se calificará como «provisional».)

Con características de buen pronóstico: indicadas por dos (o más) de los siguientes ítems:

(1) Inicio de síntomas psicóticos acusados dentro de las primeras 4 semanas del primer cambio importante en el comportamiento o en la actividad habitual.

(2) Confusión o perplejidad a lo largo del episodio psicótico.

(3) Buena actividad social y laboral premórbida.

(4) Ausencia de aplanamiento o embotamiento afectivos.

Trastorno esquizoafectivo

A. Un período continuo de enfermedad durante el que se presenta en algún momento un episodio depresivo mayor, maníaco o mixto, simultáneamente con síntomas que cumplen el Criterio A para la esquizofrenia.

El episodio depresivo mayor debe incluir el Criterio A1: estado de ánimo depresivo.

B. Durante el mismo período de enfermedad ha habido ideas delirantes o alucinaciones durante al menos 2 semanas en ausencia de síntomas afectivos acusados.

C. Los síntomas que cumplen los criterios para un episodio de alteración del estado de ánimo están presentes durante una parte sustancial del total de la duración de las fases activa y residual de la enfermedad.

D. La alteración no es debida a los efectos fisiológicos directos de alguna sustancia (p. ej., una droga de abuso o un medicamento) o a enfermedad médica.

Codificación basada en tipo:

– Tipo bipolar: si la alteración incluye un episodio maníaco o mixto (o un episodio maníaco o mixto y episodios depresivos mayores)
– Tipo depresivo: si la alteración sólo incluye episodios depresivos mayores

Trastorno delirante

No se aplican dichos criterios para las personas con mayores necesidades de apoyo.

A. Ideas delirantes no extrañas (p. ej., que implican situaciones que ocurren en la vida real, como ser seguido, envenenado, infectado, amado a distancia o engañado por el cónyuge o amante, o tener una enfermedad) de por lo menos 1 mes de duración.

B. Nunca se ha cumplido el Criterio A para la esquizofrenia. Nota: En el trastorno delirante puede haber alucinaciones táctiles u olfatorias si están relacionadas con el tema delirante.

C. Excepto por el impacto directo de las ideas delirantes o sus ramificaciones, la actividad psicosocial no está deteriorada de forma significativa y el comportamiento no es raro ni extraño.

D. Si se han producido episodios afectivos simultáneamente a las ideas delirantes, su duración total ha sido breve en relación con la duración de los períodos delirantes.

E. La alteración no es debida a los efectos fisiológicos directos de alguna sustancia (p. ej., una droga o un medicamento) o a enfermedad médica.

Especificar tipo (se asignan los siguientes tipos en base al tema delirante que predomine):

– Tipo erotomaníaco: ideas delirantes de que otra persona, en general de un status superior, está enamorada del sujeto.
– Tipo de grandiosidad: ideas delirantes de exagerado valor, poder, conocimientos, identidad, o relación especial con una divinidad o una persona famosa.
– Tipo celotípico: ideas delirantes de que el compañero sexual es infiel.
– Tipo persecutorio: ideas delirantes de que la persona (o alguien próximo a ella) está siendo perjudicada de alguna forma.
– Tipo somático: ideas delirantes de que la persona tiene algún defecto físico o una enfermedad médica.
– Tipo mixto: ideas delirantes características de más de uno de los tipos anteriores, pero sin predominio de ningún tema.
– Tipo no especificado

Trastorno psicótico breve

A. Presencia de uno (o más) de los síntomas siguientes:

(1) Ideas delirantes.

(2) Alucinaciones.

(3) Lenguaje desorganizado (p. ej., disperso o incoherente).

(4) Comportamiento catatónico o gravemente desorganizado.

No incluir un síntoma si es un patrón de respuesta culturalmente admitido.

B. La duración de un episodio de la alteración es de al menos 1 día, pero inferior a 1 mes, con retorno completo al nivel premórbido de actividad.

C. La alteración no es atribuible a un trastorno del estado de ánimo con síntomas psicóticos, a un trastorno esquizoafectivo o a esquizofrenia y no es debido a los efectos fisiológicos directos de una sustancia (p. ej., una droga, un medicamento) o de una enfermedad médica.

Trastorno psicótico compartido

Se desarrolla una idea delirante en un sujeto en el contexto de una relación estrecha con otra(s) persona(s) que ya tiene(n) una idea delirante establecida.

La idea delirante es parecida en su contenido a la de la persona que ya tenía la idea delirante.

La alteración no se explica mejor por la presencia de otro trastorno psicótico (p. ej., esquizofrenia) o de un trastorno del estado de ánimo con síntomas psicóticos, y no es debida a los efectos fisiológicos directos de alguna sustancia (p. ej., una droga, un medicamento) o a una enfermedad médica.

Trastorno psicótico debido a enfermedad médica

A. Alucinaciones o ideas delirantes acusadas.

B. A partir de la historia clínica, la exploración física o las pruebas de laboratorio, hay pruebas de que la alteración es un efecto fisiológico directo de una enfermedad médica.

C. La alteración no se explica mejor por la presencia de otro trastorno mental.

D. La alteración no aparece exclusivamente en el transcurso de un delirium.

Trastorno psicótico inducido por sustancias

A. Alucinaciones o ideas delirantes.

No incluir las alucinaciones si el sujeto es consciente de que son provocadas por la sustancia.

B. A partir de la historia clínica, la exploración física o los exámenes de laboratorio, hay pruebas de (1) o (2):

(1) Los síntomas del Criterio A aparecen durante o en el mes siguiente a una intoxicación por o abstinencia de sustancias.

(2) El consumo de un medicamento está etiológicamente relacionado con la alteración.

C. La alteración no se explica mejor por la presencia de un trastorno psicótico no inducido por sustancias. Las pruebas de que los síntomas no son atribuibles a un trastorno psicótico no inducido por sustancias pueden ser las siguientes: los síntomas preceden al inicio del consumo de la sustancia (o al consumo del medicamento); los síntomas persisten durante un período sustancial de tiempo (p. ej., alrededor de 1 mes) tras la abstinencia aguda o la intoxicación grave, o son claramente excesivos en relación con lo que cabría esperar por el tipo o la cantidad de la sustancia utilizada o la duración de su uso, o hay otros datos que sugieren la existencia de un trastorno psicótico no inducido por sustancias (p. ej., una historia de episodios recidivantes no relacionados con sustancias).

D. La alteración no aparece exclusivamente en el transcurso de un delirium.

Debe realizarse este diagnóstico en lugar del diagnóstico de intoxicación por sustancias o abstinencia de sustancias únicamente si los síntomas son excesivos en relación con los habitualmente asociados al síndrome de intoxicación o abstinencia y cuando los síntomas son de suficiente gravedad como para merecer atención clínica independiente.

Trastorno psicótico no especificado

Esta categoría incluye una sintomatología psicótica (p. ej., ideas delirantes, alucinaciones, lenguaje desorganizado, comportamiento catatónico o gravemente desorganizado) sobre la que no se dispone de una información adecuada para establecer un diagnóstico específico o acerca de la cual hay informaciones contradictorias, o trastornos con síntomas psicóticos que no cumplen los criterios para alguno de los trastornos psicóticos específicos.

Algunos ejemplos serían los siguientes:

1. Psicosis posparto que no cumple los criterios para un trastorno del estado de ánimo con síntomas psicóticos, trastorno psicótico breve, trastorno psicótico debido a enfermedad médica o trastorno psicótico inducido por sustancias.

2. Síntomas psicóticos que han durado menos de 1 mes, pero que aún no han remitido y, por tanto, no cumplen los criterios para un trastorno psicótico breve.

3. Alucinaciones auditivas persistentes en ausencia de otras características.

4. Ideas delirantes no extrañas persistentes, con períodos de episodios afectivos superpuestos que han aparecido durante una parte sustancial de la alteración delirante.

5. Situaciones en las que el clínico ha llegado a la conclusión de que hay un trastorno psicótico, pero en las que es incapaz de determinar si es primario, debido a una enfermedad médica o inducido por sustancias.

1.3. CURSO

El comienzo puede ser agudo, con trastornos graves del comportamiento o con un desarrollo gradual de ideas y de conducta extraña.

La edad de inicio más frecuente de aparición de la enfermedad está entre los 15 y los 25 años, siendo infrecuente después de los 40 años (Vázquez-Barquero, 1998).

El curso también presenta una gran variabilidad y no es inevitablemente crónico y embarcado al deterioro. Un porcentaje de casos, que varía en las diferentes culturas y poblaciones, evoluciona hacia una recuperación completa o casi completa. En ambos sexos, la incidencia es igual, pero el comienzo tiende a ser más tardío en las mujeres.

1.4. PREVALENCIA

En población general se estima que es de un 1% (Rebolledo, 2000; Vázquez-Barquero, 1998).

En población con DI se calcula que entre un 1,3% y un 3,7% de personas presentan esquizofrenia. Los trastornos psicóticos son más frecuentes en personas con DI que en población general. De las personas con DI que han sido diagnosticadas de algún trastorno mental, la esquizofrenia supone un 26,3% de esos diagnósticos secundarios (Salvador Carulla et al., 2006).

2. ¿COMO IDENTIFICARLA?
Síntomas, signos e indicadores conductuales. Diagnóstico diferencial.

2.1. SÍNTOMAS, SIGNOS E INDICADORES CONDUCTUALES.

Recuerda que:

Los síntomas/signos deben representar un cambio respecto al comportamiento previo de la persona (resulta necesario un buen registro premórbido).

Las alucinaciones y los delirios forman parte de lo que se llama la "sintomatología positiva". Pero las esquizofrenias también cursan con "sintomatología negativa", que son síntomas como el allanamiento afectivo, la apatía o la pobreza de sentimientos.

Un síntoma aislado no puede tomarse como indicador directo de esquizofrenia y especialmente si no es claramente un síntoma identificable, p. ej. cuando la persona con DI expresa ideas referidas a monstruos, animales imaginarios, amigos imaginarios o la posible reexperimentación de experiencias reales anteriores, ha de distinguirse si se trata de Ideas delirantes o simples fabulaciones y ver si se acompañan de otros síntomas que puedan sugerir la presencia de una esquizofrenia. De hecho, ya en población general, la CIE-10 reconoce que tiene que darse la presencia como mínimo de un síntoma muy evidente o dos o más si son menos evidentes la mayor parte del tiempo durante un período de un mes o más.

Además de la esquizofrenia, existen muchos otros tipos de psicosis. Pero en DI dada la difusa presentación de los síntomas, el acuerdo general es el de no especificar en exceso y hablar de esquizofrenia/trastornos delirantes para no cometer errores de diagnóstico.

Dadas las características de las personas con DI, éstas pueden a veces confundirse con sintomatología esquizofrénica, de ahí que se recomienden diagnósticos conservadores. El principal riesgo de un diagnóstico incorrecto, es el de "medicalizar" y tratar de forma poco acertada.

De nuevo, detectar el malestar y conocer los cambios en los ritmos habituales como el sueño, el apetito o el humor son claves tremendamente útiles.

Durante una parte significativa del tiempo desde el inicio de la alteración, una o más áreas importantes de actividad, como son el trabajo, las relaciones interpersonales o el cuidado de uno mismo, están claramente por debajo del nivel previo al inicio del trastorno. Debido a que el contexto es más controlado habitualmente en personas con DI y a la menor exigencia ambiental, este deterioro puede pasar más desapercibido pero no por ello deja de ser relevante.

En cuanto a las fases de los trastornos esquizofrénicos suelen existir situaciones agudas de crisis con irrupción de sintomatología, especialmente positiva, pero también debemos considerar como crisis la acentuación de síntomas negativos. Las crisis exigen los cuidados más intensivos. La aparición de una crisis suele estar precedida por pródromos, que son cambios del comportamiento habitual de la persona. Estas crisis pueden ser seguidas de estados con mejor control de los síntomas, que técnicamente denominamos fases de compensación. Ésta es la fase en que debemos estimular la mayor autonomía de la persona. Como antecedente inmediato a las crisis suelen presentarse síntomas prodrómicos. Es muy importante que las familias y cuidadores sepan identificar la fase en que se encuentra la persona afectada para ajustar así sus actitudes y normas y prevenir las crisis (Rebolledo Moller y Lobato Rodríguez, 2005).

El diagnóstico de esquizofrenia no deberá hacerse en presencia de síntomas depresivos o maníacos relevantes, a no ser que los síntomas esquizofrénicos antecedieran claramente al trastorno del humor (afectivo). Si los síntomas de trastorno del humor y los esquizofrénicos se presentan juntos y con la misma intensidad, debe recurrirse al diagnóstico de trastorno esquizoafectivo, aun cuando los síntomas esquizofrénicos justificaran por sí solos el diagnóstico de esquizofrenia (CIE-10).

Tampoco deberá diagnosticarse una esquizofrenia en presencia de una enfermedad cerebral manifiesta o durante una intoxicación por sustancias psicótropas o una abstinencia a las mismas (CIE-10).

Si presenta trastorno generalizado del desarrollo, el diagnóstico adicional de esquizofrenia sólo se realizará si las ideas delirantes o las alucinaciones también se mantienen durante al menos 1 mes (o menos si se han tratado con éxito) (DSM-IV-TR).

SÍNTOMAS O SIGNOS	ALGUNOS INDICADORES
Ideas delirantes.	Creencias sin base real que persisten firmemente a pesar de datos en contra. Muy vinculadas con el nivel de desarrollo de la persona, p. ej., ideas relacionadas con brujas, monstruos, animales, estrellas del pop. Ideas delirantes de ser controlado, de influencia, pasividad, claramente referidas al cuerpo, a los movimientos de los miembros o partes del cuerpo (p.ej., una chica que decía que una secta le obligaba a prostituirse). Ideas autorreferenciales sin base de realidad: p.ej. "se ríen de mi", "están hablando de mí", "me miran mal".
Alteraciones en los límites del Yo.	Eco, robo, difusión del pensamiento. Pensamiento sonoro. p.ej. "…tu me entiendes, sabes lo que pienso…"
Trastornos de la forma y del curso del pensamiento.	En ocasiones aparece lenguaje claramente desorganizado, incoherente, descontextualizado, que no responde exclusivamente a escasas habilidades comunicativas, y que supone un cambio respecto a su funcionamiento previo.
Alucinaciones de cualquier modalidad sensorial (auditivas, visuales, sensaciones corporales…).	Percepciones sin objeto: **Auditivas:** Voces que la persona sitúa dentro, o fuera de su cabeza, p.ej. "Son mis amiguitos que me dicen que pegue", voces que insultan. **Visuales:** p.ej. ver luces, sombras, animales, etc. **Corporales/sensoriales:** sensación irreal de ser tocado, de que falta alguna parte del cuerpo, p. ej. "se me cae una oreja". **Olfativas:** p. ej. "huele a caca". En personas con más necesidades de apoyo aparecen indicadores conductuales como: señalamientos con el dedo, gestos de apartar a alguien, decir "quita, vete, fuera, cállate…". Relacionadas con estas alucinaciones pueden aparecen conductas heteroagresivas o autolesivas o comportamientos extraños, así como una mirada perdida o de temor.
Síntomas negativos	Aplanamiento afectivo, apatía, indiferencia, poca expresividad emocional, lenguaje empobrecido, falta de motivación o desinterés, escasa iniciativa, anhedonia (escasa capacidad de disfrute).

SÍNTOMAS O SIGNOS	ALGUNOS INDICADORES
Cambios en el patrón de alimentación	Comer en exceso o mucho menos que antes del inicio del problema.
Cambios en el patrón de sueño o problemas de sueño.	
Incremento nivel de activación	Agitación o inquietud psicomotora, signos periféricos de ansiedad (sudoración, midriasis, taquipnea, taquicardia).

SÍNTOMAS O SIGNOS	ALGUNOS INDICADORES
Comportamiento extraño o bizarro.	Manifestación catatónica (es infrecuente), posturas extrañas y/o repetitivas. Forma de vestir extravagante.
Conducta agresiva o agitada.	Agresividad verbal o física hacia personas u objetos o hacia sí mismos.
Retraimiento social.	Se relaciona escasamente con otras personas incluso evitando la compañía o cercanía.
Conducta desorganizada.	Falta de orden y de planificación, disminución del rendimiento en la actividad ocupacional, desorientación. p.ej, perderse para ir a lugares perfectamente conocidos. p. ej: ser incapaz de seguir los pasos o rutinas de una actividad que sabía realizar bien anteriormente.
Hábitos de autocuidado deteriorados.	Descuida la higiene, peinado, vestido.

2.2. DIAGNÓSTICO DIFERENCIAL

– **Epilepsia-Esquizofrenia:** Como podemos ver en la siguiente tabla en ocasiones pueden aparecer síntomas o signos motores y cognitivos que al producirse sin desencadenantes en personas con más necesidades de apoyo nos podrían parecer posibles signos o indicadores de un trastorno psicótico y sin embargo pueden relacionarse con una actividad epiléptica cuya existencia deberemos descartar antes de hacer un diagnóstico de esquizofrenia:

LA ACTIVIDAD CONVULSIVA COMO FACTOR CAUSAL DE ALTERACIONES COGNITIVO COMPORTAMENTALES	
Actividad pre-ictial (aura):	Irritabilidad. Percepciones alucinatorias. Ansiedad aguda.
Actividad sub-ictial:	Conductas agresivas (auto/hetero).
Actividad post-ictial:	Confusión. Agresión.

Descargas frontales no convulsionantes:	Movimientos involuntarios, bilaterales y repetitivos de los brazos con resultado de golpes violentos contra superficies (puertas, ventanas) o sujetos si están próximos.
	Pueden acompañarse de muecas, gritos, aumento de la frecuencia respiratoria, rubefacción o palidez facial, dilatación pupilar, cierre mandibular, salivación y babeo.
	Sacudidas laterales del cuello.
	Conductas heteroagresivas, sin desencadenantes, ni planificación.
	Conductas auto-agresivas. o Golpes repetitivos con la mano en la oreja o lateral de la cabeza y cuello. o Morderse la mano repetitivamente. o Golpearse el mentón con la parte dorsal de la mano y muñeca. o Sacudidas antero-posteriores de la cabeza (golpes contra superficies o personas).
Descargas del lóbulo temporal:	Episodios imprevisibles de rabia y agresión y autoagresión.
	Los episodios pueden iniciarse con mirada inexpresiva o de disgusto y una posición contranatural de la pierna o el brazo, seguido de un giro de la cabeza y el cuerpo hacia un lado.
	Clásicamente se describen alucinaciones del **gusto** y **olfato**, en el aura de la epilepsia, aunque son poco frecuentes.

– **Síndrome de Asperger- esquizofrenia:** El síndrome de Asperger y el trastorno esquizofrénico constituyen entidades clínicas independientes. No obstante, algunos estudios han sugerido la existencia de un vínculo entre ambas patologías así como un incremento en el riesgo de desarrollar un trastorno psicótico por parte de las personas con síndrome de Asperger. (Martín Borreguero, 2004).

A menudo los comportamientos característicos del síndrome de Asperger, entre los que se incluyen las anomalías en la comunicación, un juicio social deficiente y otras idiosincrasias sociales, son percibidos e interpretados erróneamente como indicativos de un trastorno esquizofrénico.

Hoy en día se conocen cuatro variables que diferencian ambas condiciones clínicas: (Attwood, 2002; Martín Borreguero, 2004; Szatmari, 1998. Tantam, 1988):

1. Curso del desarrollo de los síntomas: la historia clínica de la persona con esquizofrenia revela frecuentemente un periodo largo de la infancia con un funcionamiento social adecuado. En contraste, la historia de desarrollo de las personas con síndrome de Asperger muestra anormalidades en el área social anterior a los cinco años.

   La disfunción social severa en la persona con esquizofrenia constituye un déficit secundario, fruto de la experiencia psicótica. Sin embargo en el síndrome de Asperger constituye un déficit primario en la capacidad innata de socialización.

   El lenguaje de la persona joven/ adulta con esquizofrenia es descrito habitualmente como "pobre", sin embargo las personas con síndrome de Asperger se caracterizan por un lenguaje verbal "rico"; monótono y con una gran riqueza de vocabulario, de ahí que pueda parecer un lenguaje pedante.

2. La presencia de alucinaciones e ideas delirantes indican la presencia de un trastorno esquizofrénico y no del síndrome de Asperger. La persona con síndrome de Asperger puede manifestar conductualmente rasgos o indicios de delirios; puede adoptar la personalidad de otra persona, pero es consciente de la falsedad de esta idea, sabe que es un producto de su imaginación y puede "salir" con facilidad de su pensamiento y "volver" a la realidad.

3. El repertorio limitado de intereses o interés excesivo en un único tema, propio de las personas con síndrome de Asperger, no aparece en las personas con trastornos psicóticos.

Edad de inicio: la esquizofrenia se manifiesta en la pubertad- adolescencia. Las características particulares del síndrome de Asperger son visibles desde la primera infancia (2, 3 años).

3. HERRAMIENTAS PARA DETECTARLO

- Psychiatric Assessment Schedule for Adults with a Developmental Disability- 10 (PAS-ADD 10) Interview Moss, Prosser y Goldberg (1996): Se trata de una entrevista clínica semi-estructurada que se aplica a personas con D.I. y a informantes clave. Su uso está destinado fundamentalmente a clínicos con formación en psicopatología.
- PAS-ADD Checklist (Moss et al. 1998): Es un cuestionario de 25 ítems, redactado en lenguaje coloquial, diseñado para que cuidadores y familiares puedan identificar casos potenciales de enfermedad mental. Puede ser empleado para hacer un screening a grupos o valoraciones regulares para personas con DI y posible enfermedad mental. Ofrece tres puntuaciones relativas a trastornos afectivos, posible condición orgánica (incluyendo demencia) o trastorno psicótico.
- Diagnostic Assessment of the Severely Handicapped-II (DASH-II) (Versión española de Novell, Forgas y Medinya en Novell, Rueda y Salvador-Carulla, 2004): Diseñado para la evaluación psicopatológica de personas con DI y necesidades de apoyo generalizado. Consta de 84 ítems que evalúan Ansiedad, Depresión, Manía, Trastorno Generalizado del Desarrollo/Autismo, Esquizofrenia, Estereotipias, Tics, Conducta Autoagresiva, Trastornos de la eliminación, Trastornos de la Conducta Alimentaria, Trastornos del Sueño, Trastornos de la Conducta-Sexual, Síndromes orgánicos y Trastornos del Control de Impulsos.
- Diagnostic Manual- Intellectual Disability (DM-ID): A textbook of diagnosis of mental disorders in persons with intellectual disability (Fletcher, Loschen, Stavrakaki y First, 2007): Elaborado por la National Association for the Dually Diagnosed (NADD) en asociación con la American Psychiatric Association (APA). Es un manual de diagnóstico basado en el DSM-IV-TR con criterios diagnósticos adaptados a personas con DI. El DM-ID incluye una descripción de cada trastorno psiquiátrico y un resumen de los criterios diagnósticos del DSM-IV-TR.
- DC-LD Diagnostic Criteria for Psychiatric Disorders for Use with Adult with Learning Disabilities (Royal Collage of Psychiatrist, 2001). Es un versión inglesa de DM-ID, que nos aporta criterios diagnósticos operativos para personas con DI.

4. RECURSOS Y ORIENTACIONES PARA LA INTERVENCIÓN PSICOSOCIAL Y FARMACOLÓGICA

En personas con DI y esquizofrenia la intervención ha de ser multidisciplinar y la coordinación con los servicios de Salud Mental resulta imprescindible. El seguimiento tanto en la familia como en el centro de las señales que anteceden un posible desajuste es también fundamental.

El tratamiento de la esquizofrenia incluye un enfoque biológico, psicológico y social. El tratamiento farmacológico es la estrategia de primera elección y se dirige al alivio de los síntomas psicóticos. Otro punto esencial del tratamiento es el establecimiento de una relación empática y de apoyo con el paciente y sus familiares desde el comienzo del tratamiento. Es importante ilustrar con imaginación el acceso a las experiencias de las personas con DI buscando métodos comunicativos complementarios a las habilidades verbales y desde los primeros momentos del proceso evaluativo contar de la experiencia de otros profesionales del usuario.

Por último, el objetivo de la fase de mantenimiento del tratamiento es prevenir, o al menos retrasar las recaídas y, en segundo lugar, la recuperación funcional progresiva.

4.1. PSICOEDUCACIÓN SOBRE EL PROBLEMA

Orientada principalmente a las familias y cuidadores, tratando de favorecer la conciencia y conocimiento de la enfermedad. A través de la psicoeducación se persiguen, entre otros, los siguientes objetivos:

- Explicación de la enfermedad. Por parte del psicólogo se proporcionará una explicación sencilla y clara sobre la enfermedad (modelo de vulnerabilidad). Se explicará como en personas con DI los factores estresores pueden ser de diferente índole que en la población general así como sus estrategias de afrontamiento.
- Promover el rigor en la toma de la medicación. A este respecto los profesionales facilitarán una explicación e información sobre el tratamiento a sus familiares o a los cuidadores principales (administración, tiempo, efectos, posibles "mitos o miedos", etc.).
- Identificar los síntomas iniciales de una crisis: problemas de sueño, irritabilidad, retraimiento, pérdida de apetito, problemas para concentrarse,... Una vez identificados estos cambios como síntomas iniciales más usuales, se informará a los familiares o a los cuidadores principales sobre los mismos y la importancia de detectarlos y comunicarlos.
- Conocer las estrategias más efectivas para prevenir recaídas o afrontar las crisis. Por ejemplo, evitar atribuciones inadecuadas, ajustar los niveles de emoción expresada (criticismo, hostilidad etc.), mejorar los estilos de comunicación, etc. Les señalaremos la importancia de no gritarles, comprender que no hay intencionalidad en sus actos, no criticarles, no corregirles, no emplear descalificaciones ("eres una carga", "te voy a ingresar en una residencia",…), evitar etiquetas hablando siempre de conductas concretas, referirse a las conductas positivas alternativas, etc.
- Modificar contextos para minimizar los estresores reduciendo al máximo su aversividad: grupo de usuarios más tranquilos, menor nº de usuarios en el grupo, menor nivel de ruido, ajustar el nivel de exigencia,…
- Mostrar cierta tolerancia y empatía hacia la manifestación de los síntomas. Se trata de transmitir a los familiares y cuidadores principales así como a sus propios compañeros, la importancia de ponerse en el lugar de la persona afectada y de comprender su situación ("es una crisis",…). También se les enseñarán alternativas tales como salirse de la situación o que ésta les afecte lo menos posible. En momentos de crisis es importante entrenar al personal y la familia a redirigir el tema del delirio y centrarle en la realidad evitando estímulos que le evoquen el contenido delirante.

4.2. AJUSTE DEL ENTORNO

- Ajuste de la programación: se debe adaptar la planificación de apoyos y las actividades, teniendo en cuenta los déficits cognitivos de atención y memoria propios del trastorno o los posibles efectos de la medicación: reducir los ritmos, reajustar el nivel de dificultad, disminuir la duración de las tareas, facilitar su acceso al terapeuta, permitir más descansos o interrupciones, etc. Es importante cuando la persona mejore, retomar los niveles de actividad previos de tal forma que evitemos la existencia de posibles "beneficios secundarios" de la situación.
- Planificación de actividades y organización de su tiempo: se ha de primar actividades de ocio y autonomía que entren dentro de su repertorio de intereses y preferencias, y/o actividades que aumenten la conciencia corporal que impliquen contacto con su cuerpo.
- Fomentar la comunicación: habilitar espacios de tiempo de comunicación en los que se le permita expresar sus necesidades, vivencias y problemas.
- Programación específica para favorecer la integración comunitaria con el fin de mejorar su situación de aislamiento social, evitar los procesos de retroalimentación y permitirle generalizar las habilidades aprendidas.
- Control de crisis: resulta siempre fundamental la actuación coordinada de la familia con los servicios de Salud Mental; en ocasiones, puede ser necesaria la hospitalización breve para estabilizar su situación psicológica y permitir su recuperación funcional (situaciones que supongan alto riesgo para sí mismo o para los demás: autoagresiones, negativa a comer, heteroagresiones, ideas suicidas,…).

4.3. ENSEÑANZA DE HABILIDADES

4.3.1. Entrenamiento en habilidades de autonomía.

Este entrenamiento se encuentra orientado a recuperar aquellas habilidades deterioradas para alcanzar un funcionamiento lo más independiente posible: hábitos de higiene, cuidado personal y vida en el hogar.

4.3.2. Entrenamiento en habilidades sociales.

Al ser la ansiedad social y las dificultades en el manejo y expresión emocional síntomas importantes en este trastorno, los programas de habilidades sociales que inciden en la práctica de conversaciones, la asertividad y el entrenamiento en percepción social.

4.3.3. Entrenamiento en habilidades de afrontamiento.

Estas técnicas se hallan más dirigidas a personas con menores necesidades de apoyo. Estas estrategias se emplean en fases en las que la persona se encuentra estable. Llevan menos tiempo utilizándose en esquizofrenia, si bien los resultados están siendo bastante favorables. Estas estrategias se pueden dirigir al manejo de los delirios y la correcta gestión emocional.

4.3.4. Solución de problemas.

A través de estas técnicas tratamos de mejorar sus recursos de afrontamiento y así evitar el riesgo de recaídas ante posibles situaciones potencialmente estresantes. Para ello resulta fundamental tanto el conocimiento de su historia personal como el análisis funcional de anteriores recaídas.

4.3.5. Autocontrol.

Estas técnicas suponen en primer lugar detectar e identificar las consecuencias de dicha sintomatología (rechazo social, conductas delictivas, producirse daño,...). Por último, la persona aprende a retomar la actividad previa o a redirigir la atención hacia estímulos que la distraigan de la creencia delirante.

Es interesante destacar que las estrategias de autocontrol en personas con mayor necesidad de apoyo deben de dirigirse a un control de la impulsividad a través de métodos con apoyo físico (p. ej.: meterse las manos en los bolsillos como forma de autocontrol).

4.3.6. Reestructuración cognitiva.

Consta de tres fases: el reconocimiento de emociones desagradables, la detección de ideas o creencias irracionales que generen las emociones negativas y, por último, el cuestionamiento de estas ideas y la elaboración de pensamientos alternativos que sustituyan a las creencias irracionales.

Pueden emplearse registros para el entrenamiento en personas con menores necesidades de apoyo. En todo caso es interesante conocer los contenidos delirantes y tratar de comprender su significado en función de su historia personal.

4.3.7. Estrategias para la mejora de procesos de memoria y atención.

Tareas de entrenamiento para mejorar estos procesos utilizando actividades funcionales y naturales: seleccionar noticias, hacer resúmenes, juegos de ordenador, recordar lugares donde se guardan los enseres personales, reconocer personas, recordar datos personales, etc.

4.4. TRATAMIENTO FARMACOLÓGICO

La introducción de los fármacos denominados "antipsicóticos", para el tratamiento de la Esquizofrenia y en general de los Trastornos Psicóticos, en la década de los 50 supuso un antes y un después en el tratamiento de esta patología, que hasta entonces generaba en la mayoría de los casos una lenta evolución hacia el deterioro progresivo y la incapacitación.

Pese a las limitaciones de este tipo de fármacos (controlan únicamente los síntomas denominados "positivos", y pueden presentan efectos adversos severos a largo plazo), han supuesto una clara mejoría en el control sintomatológico, el ajuste en el medio comunitario, y en la calidad de vida en general de estos pacientes.

En la década de los 90 aparece una nueva revolución en el abordaje de la esquizofrenia, a raíz de la introducción de los denominados "antipsicóticos atípicos", fármacos cuyo objetivo fue superar las limitaciones de los viejos antipsicóticos:

A. Producían efectos secundarios (signos extrapiramidales, sedación, discinesias) que limitan su prescripción y causan muchos abandonos de tratamiento.

B. Tanto en los síntomas "positivos", como fundamentalmente en otros subgrupos de síntomas (cognitivos, negativos), se apreciaba refractariedad en muchos casos.

Estos nuevos psicofármacos (Risperidona, Olanzapina, Quetiapina, etc...) se caracterizan por presentar una baja frecuencia de efectos secundarios extrapiramidales (rigidez, hipocinesia, temblor de reposo), no incrementan los niveles de prolactina, y producen una baja tasa de efectos secundarios a largo plazo, como la discinesia tardía.

Como desventaja destacamos el incremento de peso, y la aparición de un síndrome metabólico en algunos casos.

Hoy en día se tiende a realizar un abordaje multidisciplinar de la esquizofrenia, no centrado únicamente en el tratamiento psicofarmacológico, sino combinado con distintas formas de atención psicosocial, destinado a la rehabilitación del sujeto y su integración social.

El tratamiento de primera elección es siempre farmacológico, en este caso con fármacos antipsicóticos.

La elección de uno u otro va a depender fundamentalmente de la respuesta previa en episodios anteriores, del perfil de efectos secundarios del fármaco, y de los síntomas prominentes en el episodio actual.

Se recomienda el uso de fármacos antipsicóticos atípicos en:

A. Presencia de signos extrapiramidales que supongan una molestia para el paciente.

B. Sedación no deseada que interfiera en su funcionamiento.

C. Síntomas vegetativos que requieran un cambio de tratamiento.

D. Síntomas positivos persistentes pese al tratamiento.

E. Síntomas negativos predominantes no modificados por el tratamiento anterior.

F. Abandonos reiterados del tratamiento anterior.

La vía de administración preferentemente será la oral, salvo en casos de falta de colaboración, o adherencia terapéutica, en los que se prefiere administración parenteral.

Tratamiento en episodios agudos

El contexto terapéutico será frecuentemente hospitalario, sobre todo en el primer episodio, aunque en ocasiones, es posible el manejo ambulatorio del paciente, si hay buena contención por parte del entorno.

La dosis se debe ajustar en función de la intensidad de los síntomas y la tolerancia a los efectos secundarios del fármaco.

No se recomienda utilizar altas dosis de inicio ya que no suponen una ventaja y aumentan el riesgo de que el paciente presente efectos secundarios.

Cuando no sea posible la administración oral, o en pacientes muy agitados se administrará el antipsicótico por vía intramuscular (i.m). En estos casos se disponen de varios antipsicóticos clásicos en formulación i.m.).

Generalmente la agitación desaparece en un período de 1-5 días, mejora la adaptación global en unas 2 semanas, y los trastornos del pensamiento durante las 6 semanas siguientes.

Una excepción a la elección de antipsicóticos para el tratamiento de la esquizofrenia es la presencia de criterios de gravedad (catatonía, riesgo grave de suicidio), fracaso de tratamiento farmacológico, o gestación en curso, que indiquen el tratamiento con Terapia Electroconvulsiva.

Tratamiento en episodios resistentes

Se considera que un paciente es resistente a un tratamiento cuando presenta escasa o nula modificación sintomatológica trascurridas 6 semanas desde el inicio del mismo, a dosis suficientes.

Antes que nada, se debe comprobar el cumplimiento, y en caso de que no se cumpla, plantear tratamiento intramuscular.

Si se asegura que el paciente toma el tratamiento y sigue siendo resistente al cambio, seguiremos estas pautas:

A. Reconsiderar el diagnóstico.

B. Iniciar tratamiento con otro antipsicótico de una familia diferente y esperar 6 semanas.

En este último caso, si tampoco se obtiene respuesta, las guías clínicas actuales recomiendan el paso a Clozapina (Leponex), un antipsicótico que presenta alta eficacia, pero que tiene algunas desventajas como los efectos secundarios (sedación, riesgo bastante elevado de crisis convulsivas), y la necesidad, por los casos de agranulocitosis que se han observado, de realizar controles sanguineos periódicos durante todo el tiempo de tratamiento.

Finalmente, el fracaso de respuesta a Clozapina, trascurridas 6 semanas desde el inicio, supone inicio de tratamiento con TEC (terapia elecrtroconvulsiva).

Mantenimiento y profilaxis de nuevos episodios

Si un primer episodio remite se aconseja mantener el tratamiento durante 12-24 meses, reduciéndolo muy lentamente, si el estado clínico del paciente lo permite.

Una vez retirado se debe mantener el seguimiento psiquiátrico, por lo menos, durante 2 años más.

Pasado ese tiempo se puede replantear el diagnóstico de Esquizofrenia, y pensar en una Psicosis reactiva breve, o un episodio esquizofreniforme, etc.

En caso de que aparezca una recaída se debe mantener el tratamiento 2-3 años, o incluso algunos autores recomiendan mantenerlo de por vida. Una segunda recaída supone, en todos los casos, un tratamiento de por vida.

Diversos factores se han implicado en la exacerbación de la enfermedad, y la eclosión de un nuevo episodio psicótico, entre ellos: alta emoción expresada en la familia, consumo de tóxicos, y fundamentalmente, abandono del tratamiento.

Por otra parte, como ya hemos comentado, el tratamiento farmacológico es únicamente una parte del tratamiento, imprescindible en la fase aguda de la enfermedad, pero que debe asociarse desde el principio con medidas psicosociales y programas de rehabilitación.

Recomendaciones terapéuticas en otros trastornos psicóticos

- Trastornos psicóticos agudos y transitorios.

  El objetivo principal es controlar los síntomas positivos, en especial, la agitación.

  Aunque suele ser necesario el ingreso hospitalario, en algunos casos, y dado que los síntomas no suelen durar más de algunas semanas, se puede hacer tratamiento ambulatorio, sobre todo si se aprecia buena contención familiar.

  El tratamiento es el mismo que el de una esquizofrenia agudizada, aunque dado que la clínica remite completamente, se puede intentar reducir el tiempo de tratamiento farmacológico.

  No debemos olvidar, por otra parte que muchos de estos trastornos evolucionan hacia trastornos psicóticos más crónicos y severos.

- Trastorno delirante crónico.

  Es fundamental en estos pacientes conseguir una buena alianza terapéutica, con una actitud empática, y de ayuda especialmente para los síntomas ansioso depresivos que también presentan.

  No se recomienda confrontar abiertamente los delirios que presentan.

  El tratamiento de elección son los antipsicóticos, a dosis inferiores a las usadas en la esquizofrenia, y teniendo especial cuidado con los efectos secundarios por el alto índice de abandonos.

  Las mejorías son escasas, y generalmente más apreciables en la esfera conductual que del contenido del pensamiento.

- Trastorno Esquizoafectivo.

  Este trastorno, de mejor pronóstico global que la esquizofrenia, y que se encuentra a medio camino entre los Trastornos Bipolares, y la Esquizofrenia, se caracteriza por la aparición de sintomatología esquizofrénica y afectiva (maníaca o depresiva), y en su tratamiento se combinan los antipsicóticos, los eutimizantes y los antidepresivos, según las pautas de manejo clínico referidas previamente.

5. ALGUNOS FACTORES DE VULNERABILIDAD Y PROTECCIÓN

FACTORES DE VULNERABILIDAD	BBPP (Buenas Prácticas) PARA LA INMUNIDAD
Antecedentes familiares del trastorno.	Tener conocimiento sobre la ausencia/presencia de antecedentes familiares del trastorno.
Deficitarias habilidades de adaptación o de control de estrés. Déficit de habilidades sociales, comunicación, autocontrol y solución de problemas. Aislamiento.	Entrenamiento en habilidades de adaptación y control de estrés. Adecuadas habilidades sociales, de comunicación, autocontrol y solución de problemas.
Ambientes empobrecidos (menor nivel sociocultural, condiciones más precarias,…)	Proporcionar apoyos para crear o mantener una sólida y amplia red psicosocial de apoyo.
Edad de inicio en la adolescencia y primera parte de la juventud	
Consumo de tóxicos	No consumo de tóxicos.
Elevada tasa de conflictos familiares	Buen clima de convivencia.
Situaciones de inestabilidad en los distintos ámbitos de la vida (trabajo, pareja, etc.) y cambios vitales	Facilitar apoyos para crear o mantener situaciones de estabilidad en los distintos ámbitos de la vida (trabajo, pareja, etc.) y ante cambios vitales
Ausencia de un patrón regular en las actividades de la vida diaria (sueño, alimentación, etc.)	Patrón regular en las actividades de la vida diaria (sueño, alimentación, etc.)
Existencia de múltiples episodios previos	Intervención precoz.
Realización de actividades de riesgo, tales como: abuso de sustancias, juego, etc.	Amplio repertorio de intereses y actividades de ocio que no supongan un riesgo para la persona o los demás.
Ausencia de un seguimiento constante del régimen de medicación	Realizar adecuado seguimiento del tratamiento farmacológico.
Desconocimiento sobre el trastorno, su curso y tratamiento	Buen conocimiento del trastorno, su curso y tratamiento.
Rechazo o negación de la enfermedad	Trabajar la aceptación de la enfermedad.

6. BIBLIOGRAFÍA

Attwood,T. (2002): El síndrome de Asperger. Una guía para la familia. Barcelona: Ediciones Paidós.

Bruininks, R. H., Hill, B. K., Weatherman, R. F. y Woodcock, R. W. (1986): ICAP. Inventory for Client and Agency Planning. Examiner's Manual. Allen, DLM Teaching Resources.

Fletcher, R., Loschen, E., Stavrakaki, C. y First, M. (Eds.). (2007). Diagnostic Manual -- Intellectual Disability (DM-ID): A Textbook of Diagnosis of Mental Disorders in Persons with Intellectual Disability. Kingston, NY: NADD Press.

Martín Borreguero, P. (2004): El síndrome de Asperger: ¿excentricidad o discapacidad social? Madrid: Alianza editorial.

Montero, D. (1993). Evaluación de la conducta adaptativa en personas con discapacidades. Adaptación y validación del ICAP. Bilbao: Mensajero.

Moss, S. C., Prosser, H., Costello, H., Simpson, N., Patel, P., Rowe, S., Turner, S., y Hatton, C. (1998) Reliability and validity of the PAS-ADD Checklist for detecting psychiatric disorders in adults with intellectual disability. Journal of Intellectual Disability Research, 42, 173-183.

Moss, S. C., Prosser, H., y Goldberg, D. P. (1996).Validity of the Schizophrenia diagnosis of the Psychiatric Assessment Schedule for Adults with Developmental Disability (PAS-ADD). British Journal of Psychiatry, 168, 359-367.

Novell, R., Rueda, P. y Salvador-Carulla, L. (2004). *Salud Mental y alteraciones de conducta en personas con discapacidad intelectual. Guía práctica para técnicos y cuidadores.* Madrid: FEAPS.

Rebolledo, S. (2000). Como afrontar la esquizofrenia. Madrid: Aula Médica Ediciones.

Rebolledo Moller, S. y Lobato Rodríguez, M. J. (2005). *Cómo afrontar la esquizofrenia. Una guía para familiares, cuidadores y personas afectadas.* Madrid: Aula Médica Ediciones.

Royal College of Psychiatrists (2001). DC-LD. Diagnostic Criteria for Psychiatric Disorders for Use with Adult with Learning *Disabilities.* London: Gaskell.

Salvador-Carulla, L., Poole, M., González-Caballero, J. L., Romero, C., Salinas, J. A., Lagares-Franco, C. M., para RIRAG/PSICOST Group y DESDE Consensus Panel (2006). Development and usefulness of an instrument for the standard description and comparison of services for disabilities (DESDE). Acta Psychiatrica Scandinavica, 114 (Supp.432): 19–28.

Szatmari, P. (1998): Differential diagnosis of Asperger Syndrome. En E. Schopler, G.B. Mesivob y L. J. Kunce (Eds.), Asperger Syndrome or High- Functioning Autism?, pp. 61-74. Nueva York: Plenum.

Vázquez-Barquero, J. L. (1998) Psiquiatria en Atención Primaria. Madrid: Aula Médica.

Vázquez-Barquero, J.L., Herrera, Vázquez y Gaite (2006). Cuestionario para la evaluación de la discapacidad de la Organización Mundial de la Salud (Versión española del World Health Organization Disability Assessment Schedule II): WHO-DAS II. Madrid: Ministerio de Trabajo y Asuntos Sociales, Subdirección General de Información Administrativa y Publicaciones.

Verdugo, M. A., Gómez, L. E., Arias, B. y Schalock, R. L. (2009). La Escala Integral de Calidad de Vida. Madrid: CEPE.

Vilaplana, M., Ochoa. S., Martinez, A., Villalta V, Martinez-Leal, R., Puigdollers, E., Salvador, L., Martorell, A., Muñoz, P.E. y Haro, J. M. (2007). Validation in Spanish population of the family objective and subjective burden interview (ECFOS-II) for relatives of patients with schizophrenia. Actas Españolas de Psiquiatría, 35(6), 372-381.

Tantam, D. (1988). Annotation. Asperger's syndrome. *Journal of Child Psychology and psychiatry,* 29, 245-255.

CASOS PRÁCTICOS Y MATERIAL ADAPTADO

- DEPRESIÓN
- MANÍA
- TRASTORNO DE PÁNICO CON AGORAFOBIA
- TRASTORNO OBSESIVO-COMPULSIVO
- FOBIA
- TRASTORNO POR ESTRÉS POST-TRAUMÁTICO
- ESQUIZOFRENIA

DEPRESIÓN

1. Descripción del caso

J.A. y su hermano B. tienen discapacidad intelectual. Desde el mes de febrero B. tiene un problema en el colon y debe ser sometido a pruebas quirúrgicas que provocan faltas reiteradas al centro ocupacional.

Desde entonces la actitud de J.A. cambia y empiezan a aparecer problemas de control de esfínteres, disminuye su participación en actividades, su capacidad de trabajo. Falta de apetito, reducción acusado de sus interacciones sociales.

Este comportamiento se agudiza en los meses de abril, mayo y principios de junio.

En el periodo de convalecencia de B, éste ha permanecido en casa o en el hospital mientras que J.A. ha seguido saliendo con su padre los fines de semana.

Desde el mes de septiembre, J.A. adopta una actitud de apatía y desidia total ante el trabajo del taller, manifiesta una motivación nula ante cualquier actividad grupal y tiende a aislarse del resto de los compañeros en los descansos y espacios de residencia. Únicamente se comunica con su hermano y con aquellos compañeros que se dirigen directamente a él, que cada vez son menos, dada la escasa intención comunicativa que muestra. La única actividad por la que presenta un interés claramente manifiesto, es la salida con su padre los fines de semana.

Su padre comenta que en casa también aparece la falta de apetito, la desgana y la falta de control de esfínteres. Se muestra preocupado por la situación.

2. Antecedentes biográficos y características personales

Antecedentes biográficos

Nacimiento por cesárea y problemas de movilidad desde el nacimiento. Hasta los ocho años no pudo comenzar el colegio porque fue sometido a 14 intervenciones por graves problemas en los pies y en la cadera.

Durante sus primeros años de vida su desarrollo social y cognitivo fue aparentemente normal. Comienza a observarse un descenso a partir de la escolarización.

En la pubertad, sus amigos realizan actividades fuera del barrio, en las que J.A. no puede participar, por problemas de movilidad y por la responsabilidad impuesta por sus padres de cuidar a su hermano B. En este periodo, comienza a manifestarse un claro desnivel social con respecto a los niños de su edad. A pesar de todo esto, su padre refiere que J.A. siempre ha presentado un buen estado de ánimo y se ha adaptado a las diferentes situaciones, aceptando de buena gana las dificultades y los obstáculos que se han ido presentando en su vida.

Con respecto a los antecedentes médicos familiares, la madre de J.A. sufría distrofia miotómica progresiva. No parece haber ningún otro antecedente médico familiar significativo, ni antecedentes de enfermedad mental.

Características generales de J.A.

J.A. tiene 43 años y vive en una residencia madrileña junto a su hermano B., dos años menor que él. J.A. tiene un diagnóstico de "Retraso Mental de Grado Ligero de etiología no filiada" y cuenta con un porcentaje total de la minusvalía del 80%. Antes de su ingreso en esta residencia asistía a un Centro Ocupacional y residía en el domicilio familiar junto con su padre y su hermano. Los profesionales señalan que su ingreso y adaptación en la residencia y centro ocupacional, fueron satisfactorias.

J.A. ha estado estos últimos años trabajando en los talleres de artes plásticas del centro y asistiendo al aula formativa adquiriendo nuevos aprendizajes y mejorando de destrezas. Tiene un aspecto envejecido para su edad, y su marcha se ve afectada por una disfunción en una pierna que le obliga a caminar con bastón y llevar un calzado ortopédico.

J.A. mantiene una buena relación tanto con sus compañeros como con los profesionales de atención directa, aunque mantiene pocas amistades y le cuesta iniciar nuevas relaciones. Por lo general prefiere intimar con su hermano y mantener conversaciones cotidianas con los compañeros de taller. Tiene buen nivel de comprensión oral y es capaz de mantener conversaciones, incluso con conceptos abstractos. Tiene una disfunción fono articulatoria que no le permite tener una correcta dicción, pero su lenguaje es comprensible. Por otra parte goza de un buen nivel de autonomía y funcionalidad en su vida personal y en la comunidad (maneja el teléfono, calendario, dinero, etc.), aunque necesita ayuda para realizar ciertas actividades por sus problemas de movilidad.

A J.A. le gusta leer, ver la televisión, participar en juegos donde se ponga a prueba la destreza intelectual como el Trivial, Pictionary o las adivinanzas. También le gusta navegar por internet y leer el periódico. Aunque él no suele ofrecerse, le gusta ayudar y hacer favores a los demás, especialmente si él adquiere un papel de experto con respecto a la persona a la que debe ayudar. Se muestra muy atento y colaborador en el aula, disfruta aprendiendo y aplicando nuevos conceptos.

3. Síntomas o indicadores

Nivel afectivo/emocional

- Profunda tristeza
- Ansiedad
- Temor por la salud de su familia y su propio futuro
- Apatía
- Anhedonia

Nivel biológico o somático

- Reducción de peso en los últimos tres meses
- Incremento del llanto espontáneo
- Disminución del apetito
- Vómitos frecuentes
- Hipersomnia (especialmente en el taller y en el aula, llegando a ser algo casi continuo)
- Falta de control de esfínteres (en el período más acusado hasta cuatro y cinco veces en el día)

Nivel cognitivo

- Disminución acusada de la capacidad de concentración
- Pérdida de autoestima, minusvaloración de sus capacidades
- Tendencia a centrarse en los aspectos negativos cualquier información que se dirija a él
- Contenido negativo en sus mensajes.

Nivel conductual

- Reducción o regresión de las habilidades de autocuidado y de la vida diaria
- Demanda más ayuda y apoyos para todo.
- Enlentecimiento motor
- Reducción en la interacción social
- Menor rendimiento en la ejecución de las tareas
- Actitud negativista y evasiva ante cualquier intento de imposición de normas por parte de los profesionales
- Actitud indiferente ante cualquier intento de comunicación con él (no mirar a los ojos, mirada vacía, no responder a las preguntas que le formulan
- Se niega a comer

4. Evaluación

4.1. EVALUACIÓN GENERAL

A. Factores de vulnerabilidad

Médicos:

- Disfunción en su movilidad, cojera.
- Psicológicos:
- Discapacidad intelectual.
- Personalidad introvertida y falta de habilidades para comunicar emociones y sentimientos.
- Déficit en habilidades de solución de problemas.
- Dependencia de su hermano.

B. Factores iniciadores contribuyentes

Médicos:

– No existe ningún factor en su salud que realmente influya en su conducta

Psiquiátricos:

– Sin antecedentes, hasta ahora no ha dado jamás indicios de trastorno mental.

Físicos:

– Desaparece la presencia física de su hermano en el taller y en la residencia.

Programáticos:

– Cuando visita a su padre los fines de semana ya no sale prácticamente de casa. Anteriormente hacía recados y daba paseos.
– En el taller donde trabaja actualmente (taller de pintura) tiene un mayor nivel de exigencia y de dificultad en la tarea. En este taller está con compañeros de igual o mayor nivel intelectual que él.
– El aumento de exigencia en las tareas de taller actúa como condición contribuyente al deterioro en la autoestima de J.A.
– La falta de apoyo y atención individualizada por parte del maestro de taller aumenta la actitud de apatía y falta de interés por la tarea.
– El cambio en la rutina de trabajo con respecto a su anterior taller y la necesidad de adquirir nuevos aprendizajes actúa como condición contribuyente.

Sociales:

– Ha perdido durante un período de tiempo el soporte físico y emocional que tenía por parte de su hermano B., se ha encontrado solo en la habitación con un compañero con amplias necesidades de apoyo con el que apenas interactua.
– Se encuentra aislado con respecto al resto de los compañeros porque él mismo rehúsa a relacionarse con ellos.
– La probabilidad de que aparezcan los indicadores conductuales de depresión aumenta cuando J.A. percibe la falta de interés de sus compañeros en él, esto actúa como condición contribuyente a su progresivo aislamiento.
– La falta de refuerzo social positivo por parte del personal de atención directa, actúa como condición contribuyente al deterioro en su motivación e interés por el trabajo o cualquier otra actividad de la vida diaria.

Psicológicos:

– Personalidad introvertida, dificultad para comunicar emociones.
– Aumento de la necesidad de apoyo en algunas habilidades adaptativas que implican destrezas motoras gruesa (aseo, vestido y los desplazamientos).
– Muestra una asertividad inadecuada, no reivindica sus derechos ni busca formas de defenderse ante posibles ataques de compañeros o ante posibles actuaciones que considerase injustas. Anteriormente informaba a los profesionales cuando tenía cualquier problema en el centro.
– Gran dependencia física y emocional de su hermano B.
– Estado de ánimo en los últimos meses negativo.
– Autoestima muy deteriorada.
– Preocupación por el deterioro progresivo de su padre y sentimiento de impotencia y de incertidumbre ante los cambios acontecidos en su vida en los últimos meses.
– La sensación de falta de control en su vida en general actúa como condición contribuyente de todos los indicadores conductuales.

Pruebas de evaluación realizadas

Escala de Evaluación para la Detección de los Problemas de Salud Mental de las personas Adultas con Retraso Mental (MINI PAS-ADD):

Se administra en el mes de junio y obtiene una puntuación de 16 en la escala de depresión. Dicha puntuación está por encima del umbral mínimo. Estos resultados indican que puede tener depresión y, por tanto se deriva a un especialista para una evaluación psiquiátrica completa.

Cuestionario MIPQ: Estado de Ánimo, Interés y Placer en personas con DI Grave:

Obtiene una puntuación muy por debajo de la media en la escala de "Estado de Ánimo" (13). Estos resultados sugieren que J.A. presenta un estado de ánimo muy por debajo de lo que podría considerarse normal.

Listado de signos observables de depresión (Gedye 1998)

Cabe destacar que la mayor parte de dicha sintomatología es claramente observable en la conducta de J.A.: parece infeliz la mayor parte del tiempo; muestra una expresión apática y una disminución de las respuestas emocionales; manifiesta una pérdida de interés hacia actividades placenteras y rechazo a actividades sociales; alteración del apetito(rechaza ciertos alimentos, come muy despacio, no parece tener nunca hambre), habla menos, la mayor parte del tiempo está callado; muestra menos interés hacia los demás y aparece asilamiento social; duerme excesivamente durante el día; disminución de energía, actitud letárgica y cansada la mayor parte del tiempo; pérdida de interés en el cuidado personal, incontinencia, empeoramiento de la higiene; enlentecimiento psicomotor y dificultad para concentrarse.

Otros medios de recogida de datos

También se evalúa mediante los registros utilizados durante toda la intervención y mediante los informes proporcionados por la familia y el personal de atención directa. Estos registros fueron:

- Registros de frecuencia para valorar el control de esfínteres.
- Escala para valorar su funcionamiento en el taller y en el aula (cada mes).
- Cuaderno de comunicación para valorar su conducta mientras está con su familia.
- Registro para valorar interacciones sociales (diario).
- Registro personalizado diario para valorar atención, interés, estado de ánimo, conductas colaboradoras y nivel de implicación en las tareas.

4.2. EVALUACIÓN ESPECÍFICA

A. Antecedentes o condiciones precursoras

Físicas:

- La presencia en ciertos espacios como el taller o el aula formativa actúa como condición precursora de la hipersomnia y la actitud apática.
- Estar en su cama actúa como precursor de la falta de control de esfínteres.
- Falta de la presencia de su hermano en el centro

Sociales:

- Presencia del maestro de taller
- Presencia de su padre, condición precursora para la falta de control de esfínteres y reafirmación de su rol de impedido y la aparición de quejas y contenido de lenguaje negativo.
- Correcciones y críticas del maestro (especialmente en tono autoritario) son también condiciones precursoras de la actitud evasiva y negativista. Muchas de esas correcciones o críticas incluyen un tono y contenido de los mensajes negativos como: , "tienes un aspecto muy desagradable", "trabajas peor que nunca", "tu actitud es una falta de respeto hacia los compañeros", "no te has lavado los dientes bien a propósito", "te haces tus necesidades encima igual que los niños pequeños", etc.
- Las críticas por parte de algunos compañeros de taller por su actitud descuidada, apática y poco colaboradora; algunas de esas críticas incluyen mensajes como: "das asco", "como te duermas o te tiro el estuche", etc.

Programáticas:

- Imposición de cualquier tarea que implique un nivel de exigencia mayor a la mera automatización de las mismas.
- Planificación de alguna actividad de ocio para los fines de semana

Psicológicas:

- Preocupación por su hermano cuando no está en el centro
- Se siente desplazado al no hacerle partícipe ni ser informado del estado de salud de su hermano y de su padre, y además siente una gran ansiedad por la incertidumbre que esto le crea. Esto ocurre cada vez que se da cuenta de que le están ocultando información y es condición precursora de su angustia, pensamientos recurrentes de preocupación, llantos, lenguaje negativo (expresa frases del tipo "no puedo", "mi familia está enferma", "no sé hacerlo", "no tengo ganas", "me tienen manía", etc.

B. Consecuentes o condiciones reforzadoras

Condiciones reforzadoras positivas

Físicas:

- Pasa más tiempo en casa de su padre, sin salir a la calle.

Sociales:

- Recibe más atención por parte de su padre y de ciertos profesionales.

Psicológicas:

- Aumenta su sensación de control al conseguir más atención por parte de su padre, alivia su sensación de desamparo y satisface su necesidad de dependencia.

Condiciones reforzadoras negativas

Sociales:

- Al estar cada vez más aislado, realiza un menor esfuerzo por interaccionar.

Programáticas:

- Se le retira cantidad de trabajo y se rebaja su nivel de exigencia.

4.3. HIPÓTESIS SOBRE LA POSIBLE FUNCIONALIDAD

Es posible que esté reclamando la atención de su padre y de su hermano para intentar recuperar de alguna forma su antiguo protagonismo con respecto a su padre, y el control que ejercía sobre su hermano. También es posible que esté tratando de reivindicar más información sobre los asuntos familiares.

Con respecto a sus conductas evasivas y negativas con ciertos profesionales, puede que sean una manera de manifestar su malestar y de reivindicar un trato más comprensivo y más cercano por parte de los mismos.

Por otra parte los resultados de las pruebas muestran claramente que cabe la posibilidad de un posible trastorno depresivo, probablemente como consecuencia de una exposición prolongada a una serie de problemas y cambios en su vida que no ha podido afrontar.

5. Intervención

5.1. OBJETIVOS DE INTERVENCIÓN

A. Objetivos generales:

Recuperar el estado de ánimo de J.A., así como su nivel de funcionalidad.

B. Objetivos específicos

- Recuperar el control de esfínteres
- Aumentar su interés por las tareas de aula y de taller, de tal forma que sea capaz de adquirir nuevos aprendizajes y mantener su atención en dichas tareas durante al menos, dos horas.
- Reducir el apoyo necesitado y el tiempo que dedica actualmente a las funciones de la vida personal, recuperando su anterior autonomía en dichas funciones.

- Recuperar el buen trato que ha tenido siempre con todos los profesionales, dirigiéndose a ellos de forma adecuada y mostrando unas buenas habilidades de escucha y comprensión.
- Ampliar su círculo de amistades y aumentar en número y tiempo las interacciones realizadas con sus compañeros, así como su participación en actividades grupales.
- Orientar a la familia de J.A. para que le mantenga informado del estado de salud de su hermano y de su padre.
- Mejorar la autoestima de J.A. de forma que recupere una adecuada autoimagen y aumente su sentido de competencia y autorrealización personal.
- Mejorar el repertorio de habilidades sociales de J.A. así como sus habilidades de solución de problemas, para que cuente con un mayor nivel de integración en el centro y unas estrategias más sofisticadas que le permitan adquirir una mayor sensación de control y seguridad ante posibles problemas futuros de la misma índole o distinta, y que le permitan afrontar cualquier conflicto externo o interno de una forma más madura.
- Ayudarle a asimilar el deterioro progresivo de su padre.

5.2. ESTRATEGIAS DE INTERVENCIÓN

1. Estrategias generales

Manipulaciones ecológicas

- Cambia de taller para evitar que escuche las continuas quejas y llantos de su hermano.
- En los descansos se intenta que esté acompañado por aquellos usuarios con los que más interactúa.
- Se le proporciona la ayuda de un compañero (M.) con el que mantiene una excelente relación, para ayudarle en sus desplazamientos y en aquellas funciones de su vida personal en las que presenta más dificultades.

Programación positiva

- Se diseña un programa personalizado con sesiones quincenales para el perfeccionamiento de habilidades sociales (Ej. Cómo rechazar adecuadamente las tareas impuestas, comunicación de cualquier malestar físico o emocional…) autocuidado y técnicas de autocontrol.
- Se diseña un programa específico para potenciar la motivación de J.A. en el taller y recuperar un nivel de autoestima adecuado.
- Se le proporciona una persona de apoyo con una atención mucho más individualizada y se diseña un programa para el aprendizaje de los conceptos en arte (técnicas, estilos y biografías de los diferentes artistas que se trabajan en dicho taller) basado en su propia búsqueda en internet
- Se le incluye en dos de los equipos de la liga (dardos y aros) de esta forma se evita que permanezca aislado y se promueve su integración y su participación en actividades grupales.

2. Estrategias específicas

Tratamiento directo de la conducta

- Ante su falta de control de esfínteres, se le proporciona un paquete de pañales y se le explica que cuando el perciba que tiene dificultades para llegar a tiempo al cuarto de baño, podrá optar por ponerse un pañal y de esta forma no tener que pasar por el mal trago de cambiarse de ropa, sábanas, etc. Este paquete de pañales lo paga él con su asignación semanal.
- Ante sus conductas evasivas y no colaboradoras, se le lleva a un espacio privado y se le pregunta el por qué de su actitud sin presionarle, de tal forma que él perciba que se le comprende y se le da la oportunidad de explicar sus razones de por qué no quiere realizar la tarea. Una vez que él se explica, se le ofrecen una serie de alternativas ante dicho problema, y se negocia una solución.
- Se le proporcionan estrategias a su padre para controlar las llamadas de atención de J.A., de tal forma que siga una línea similar a la que se está llevando en la institución. Se le dan instrucciones para que informe y haga partícipe a J.A. de lo que ocurre en la familia a nivel médico.

- Ante las quejas de sus compañeros en el taller por su actitud se les explica a todos que J.A. está atravesando una situación muy difícil y que deben ayudarle a trabajar mejor en lugar de estar increpándole e insultándole. Se premia con un positivo en "compañerismo" en el registro general del taller a aquellos de sus compañeros que le ayuden a sentirse más cómodo y que le ofrezcan su apoyo para integrarse.

Formación del personal

Se realizan reuniones quincenales con el personal de atención directa para la puesta en común de los resultados de la evolución de J.A., y se recuerdan las pautas de actuación generales que deben seguir con él.

Intervención farmacológica

- Lexatín 1,5. Su comportamiento no mejora.
- Se añaden: Paroxetina 20 mg y Diazepan. Su conducta mejora y se reducen considerablemente sus problemas de control de esfínteres y su falta de apetito. Parece más sereno que en los meses anteriores y algo más motivado por las actividades de la vida diaria. Tras un año, se reduce el diazepan y el lexatín. Comienzan a verse cambios realmente significativos en su conducta y en su estado de ánimo.

6. Material adaptado

Claves visuales que ayudan a evaluar depresión en personas con necesidades de apoyo extenso/generalizado.

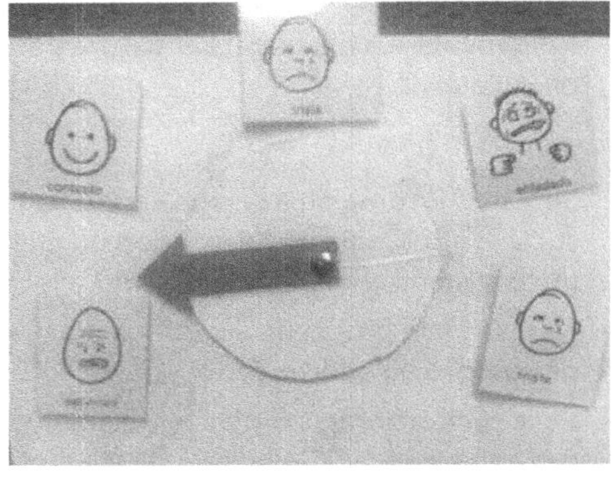

Material para el reconocimiento de emociones.

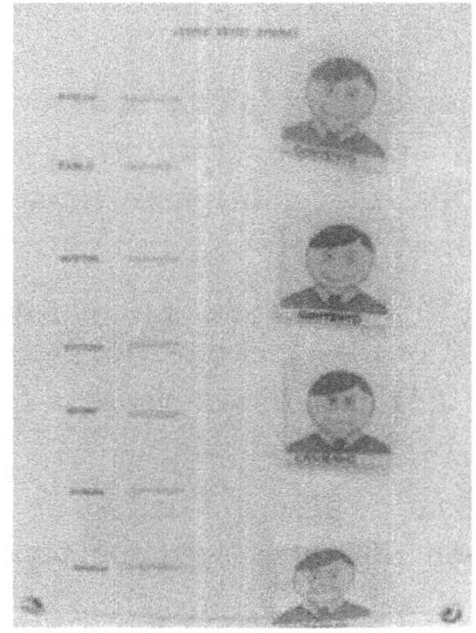

MANÍA

1. Descripción del caso

M.S, mujer de 19 años con diagnóstico de autismo y retraso mental grave (necesidad de apoyo generalizado). Porcentaje de minusvalía del 67%. Usuaria de un Centro de Día especializado en personas con trastornos del desarrollo. Anteriormente ha estado escolarizada en el Centro Educativo de la misma Asociación.

Convive con sus familiares, padres separados. M.S combina quincenalmente la residencia materna y paterna. Tiene una hermana mayor con la que apenas mantiene relación ya que vive independizada. La relación con su familia es buena. Ambos progenitores han estado siempre muy implicados en el proceso educativo de M.S y su coordinación con los profesionales es ejemplar.

Participa en muchas actividades de ocio entre semana. Disfruta con las salidas de fines de semana y vacaciones, especialmente en la playa y montaña donde priman las actividades físicas.

Carece de lenguaje oral funcional, su comprensión es literal y limitada. Se comunica mediante uso instrumental y una veintena de signos.

Es autónoma para sus habilidades básicas; higiene, aseo y alimentación aunque necesita supervisión.

Presenta una acusada rigidez mental y conductual por lo que necesita ambientes muy estructurados, con ayudas visuales permanentes (panel con las actividades del día, pictogramas para autorregularse, relojes adaptados...)

Su conducta se caracteriza por una notable inestabilidad emocional; alternancia de períodos obsesivos con signos de manía y períodos de hipomanía o distimia.

En el primero de los periodos presenta problemas de conducta graves; auto y heteroagresiones, destrucción de objetos, conductas obsesivas y trastornos de sueño que limitan su calidad de vida y la de su familia. Su conducta se transfigura en otros periodos de intensa apatía, desidia y desinterés, con regresión generalizada en habilidades básicas (comunicación, autonomía, enlentecimiento psicomotor...).

2. Antecedentes biográficos y características personales

Inicio del problema

Desde la infancia M.S ha mostrado graves alteraciones en las dimensiones nucleares del trastorno de autismo (alteraciones cualitativas en comunicación, relaciones sociales e intereses restringidos). A partir de la pubertad comienza a presentar problemas de conducta (agresiones a terceros, autoagresiones, destrucción de objetos, conductas opositoras) que varían en intensidad y frecuencia en función de su estado emocional.

Su comportamiento siempre se ha definido por la variabilidad; alterna periodos caracterizados por síntomas maníacos con periodos distímicos. Cuando M.S tiene 19 años, estos dos ciclos se definen con mayor claridad.

Curso o evolución del problema

A partir de la adolescencia la gravedad de las conductas disruptivas ha ido en aumento, en parte por su fuerza y tamaño.

Cuando M.S cumple 20 años, su psiquiatra aconseja enfocar el abordaje terapéutico como un trastorno bipolar o como un trastorno distímico con periodos intercalados de desinhibición.

Se van perfeccionando los registros de conducta con el fin de describir cada ciclo y anotar las señales objetivas que indican que M.S va a comenzar con uno de sus ciclos maníacos para ajustar así las actividades y demandas.

Antecedentes familiares

No se conocen antecedentes familiares de enfermedad mental.

Antecedentes médicos

A pesar de haberse realizado diversas pruebas médicas, no se conoce ningún factor en su salud que ejerza una influencia directa en su conducta ni en la variabilidad de ésta.

3. Síntomas o indicadores

Podemos establecer tres periodos o fases diferenciadas en la conducta de M.S:

Fase 1. Distimia:

Nivel afectivo/emocional:

– Anhedonia.
– Desinterés (apatía) por las personas de referencia.
– Llanto sin motivo aparente.
– Resistencia a ser tocada.

Nivel biológico o somático:

– Hipersomnia.
– Disminución del apetito.

Nivel conductual:

– Su lenguaje deja de ser funcional, aumentan las ecolalias.
– Desidia, desinterés por las actividades.
– Regresión en habilidades de autonomía (vestido e higiene)

Fase 2. "Mania":

Nivel afectivo/emocional:

– Disminución de la tolerancia a la frustración (no tolera esperas).
– Besos compulsivos.

Nivel biológico o somático:

– Ansiedad ante la comida.
– Falta de sueño.
– Pérdida del control de esfínteres.
– Conducta sexual más desinhibida.

Nivel cognitivo:

– Implicación excesiva en los trabajos de mesa y obsesión por finalizarlos.
– Lenguaje más funcional.
– Extrema rigidez cognitiva y conductual.

Nivel conductual:

- Agitación psicomotora.
- Aumento de estereotipias, de obsesiones y rituales (apilar objetos y apretarlos con las manos, buscar las esquinas…)
- Autoagresiones (se muerde el antebrazo, las manos, los labios).
- Heteroagresiones (patadas, mordiscos, tirones de pelo).
- Crisis de descontrol (gritos, destrucción de objetos… seguida de llanto).

Fase intermedia:

Caracterizada por un bienestar relativo y/o la presencia tenue de sintomatología de ambas fases. Podría considerarse como el estado premórbido de M.S.

4. Evaluación

4.1. EVALUACIÓN GENERAL

A. Factores psicológicos

- Destaca la inestabilidad emocional.
- Sus intereses son limitados y obsesivos (comida, apilar objetos, apretarlos, mirarlos fijamente,…). Es inflexible mental y comportamentalmente.
- Presenta dificultades cualitativas en la comunicación social, propio del autismo.
- Realiza muy bien actividades mecánicas, repetitivas y de manipulación fina.
- Es autónoma para el aseo, vestido y alimentación aunque necesita supervisión.
- Falta notable de estrategias de autorregulación.
- Resultados de la escala ICAP: Destrezas motoras: 34. Destrezas sociales y comunicativas: 22. Destrezas de la vida personal: 36. Destrezas de la vida en comunidad: 10. Escala de Problemas de conducta índice general: -25. Puntuación de servicio del ICAP 33: (Intensa atención a la persona y/o constante supervisión).

En el IDEA -Inventario de espectro autista- instrumento que valora la intensidad de la sintomatología del autismo M.S. obtiene una puntuación total de 66 (puntuación techo 96) mostrando un claro cuadro de Trastorno de Kanner o Autismo.

B. Factores médico-psiquiátricos

Los estudios de EEG señalan la existencia de descargas de ondas agudas y delta en región parieto-temporal derecha. Alteración funcional de las áreas témporo-límbicos.

Desde la adolescencia, ha pasado por diferentes tratamientos farmacológicos; todos dirigidos a controlar la agresividad e impulsvidad. (Tegretol, Nemactil. Sabriex. Sinogan. Haloperdidol. Reneuron. Risperdal. Depakine. Valium. Seroxat. Dormicum). No se observaron cambios significativos en su conducta con ninguno de estos tratamientos.

No se inicia tratamiento con Litio por la imposibilidad de realizar analíticas mensuales (M.S muestra un rechazo absoluto a las pruebas médicas con agujas)

C. Factores programáticos

En el Centro de Día al que acude se trata de dar respuesta a sus necesidades proporcionándole un entorno adaptado mediante la estructuración espacio-temporal, la realización de actividades funcionales y significativas en entornos naturales y programaciones anuales individualizadas.

Los entornos o ambientes de aprendizaje en el centro de día son predecibles y controlables (relojes adaptados para indicar las actividades de su agrado, agendas, paneles informativos, ayudas visuales en todas las aulas, talleres, comedor...), se fomenta la autodeterminación cada día y se toleran rituales y compulsiones que no limitan su adaptación o integración.

En las salidas a la comunidad que realiza con su grupo (biblioteca, cafetería, compras...) estas ayudas visuales se llevan en un pequeño tarjetero para favorecer la comprensión, anticipación, autorregulación y el cumplimiento de normas sociales.

En el hogar utilizan también ayudas visuales aunque con menos asiduidad.

Tarjetero de ayudas visuales

Reloj adaptado

D. Factores sociales

Padres separados. M.S alterna vivienda cada semana. Su padre pasa largas temporadas fuera del país por motivos de trabajo. Su red de apoyo social es amplia y fuerte.

Cuenta con apoyo a domicilio por las tardes y los fines de semana.

En el centro de día tiene profesionales de referencia. La relación con sus compañeros de grupo es prácticamente nula.

4.2. EVALUACIÓN ESPECÍFICA:

A. Antecedentes o condiciones precursoras:

Si nos centramos en el periodo en el que aparecen mayores problemas de conducta, podemos establecer como antecedentes o condiciones precursoras.

– Físicas: Malestar general. Dolores premenstruales.
– Sociales: No se conocen condiciones sociales que antecedan la aparición de los problemas de conducta señalados. Éstos aparecen en cualquier entorno y ante cualquier profesional o familiar.
– Programáticas:
  • la falta de anticipación mediante pictogramas de las actividades o tareas que va a realizar. Por ej. alterar la secuencia de actividades que muestra su panel de actividades del día.

Ejemplo de panel de actividades del día

- Esperas prolongadas o tiempos vacíos de actividad.
- No permitirle repetir de un plato de comida
- El hecho de que tener que dejar una actividad o tarea sin finalizar (dejar un dibujo a medio colorear, un plato con restos de comida…)
- Ir a un supermercado y no comprar nada de su apetencia (aunque no esté en la lista de la compra)
- Psicológicas:
- Falta de control sobre su entorno (acceso a la comida, modificación de horarios…)
- Encontrarse en un ciclo "maníaco"

B. Consecuentes o condiciones reforzadoras:

Condiciones reforzadoras positivas:

- Obtiene atención y control externo por parte de los profesionales y/o familiares.
- Condiciones reforzadoras negativas:
- No se conocen reforzadores negativos físicos que ayuden a mantener estas conductas en el tiempo.
- Los cuidadores aceleran el ritmo de trabajo de sus compañeros cuando ella está observando.
- En ocasiones consigue que no se alteren sus rutinas diarias para evitar la posible aparición de problemas de conducta.

C. Vulnerabilidad:

- Variables psicológicas:

- Personalidad obsesiva, metódica y ritualista.
- Falta de habilidades comunicativas y sociales
- Carencia de habilidades de autorregulación.
- Inflexibilidad mental y comportamental hace que la alteración de alguna rutina o secuencia diaria pueda aumentar la probabilidad de que aparezcan conductas desafiantes.
- Baja tolerancia a la frustración.
- Dificultades para expresar malestar o dolor

- Variables médicas:

- Epilepsia. Descargas de ondas agudas y delta en región parieto-temporal derecha.
- Alteración funcional de las áreas témporo-límbicas
- Efectos secundarios de la medicación
- Ausencia de un patrón regular de sueño.

Se han llevado a cabo registros diarios (Ver tabla 1) con el objetivo de definir cada ciclo y estudiar la periodicidad y duración de cada uno de ellos.

Los registros indican que no existe relación entre la aparición de estas fases y:

- Su ciclo menstrual o los períodos de ovulación
- Cambios de estación
- Convivir en casa de su padre Vs madre
- Periodos vacacionales

MESES	FASE 1	FASE 2 (MANIACA)	FASE INTERMEDIA
ENERO		28-31 (3 DÍAS)	3-27 (24 DÍAS)
FEBRERO	15-30 (15 DÍAS)	1-14 (14 DÍAS)	
MARZO	1-11 (11 DÍAS)	12-23 (11 DÍAS)	23-30 (7 DÍAS)
ABRIL		26-30 (4 DÍAS)	1-25 (25 DÍAS)
MAYO	10-17 (7 DÍAS)	1-10 (7 DÍAS)	17-27 (10 DÍAS)
JUNIO	1-10 (9 DÍAS)	11-22 (11 DÍAS)	22-30 (8 DÍAS)
JULIO			1-31 (30 DÍAS)
AGOSTO			1-31 (30 DÍAS)
SEPTIEMBRE	23-28 (5 DÍAS)		1-23 (22 DÍAS)
OCTUBRE			1-31 (30 DÍAS)
NOVIEMBRE		17-21 (5 DÍAS)	1-17 (16 DÍAS) Y 21-30
DICIEMBRE			1-31 (30 DÍAS)

Tabla 1

Resultados de pruebas específicas:

– Listado de conductas impulsivas para personas con retraso mental: No ofrece datos relevantes (M.S muestra tan solo 7 de las 26 conductas impulsivas)

– Escala de Evaluación para la detección de los problemas de salud mental en personas adultas con retraso mental (MINI-PAS-ADD): No es aplicable por la falta de colaboración de M.S y porque las puntuaciones del usuario saturan en la escala de trastornos del desarrollo. No hay puntuaciones relevantes en otras escalas.

4.3. HIPÓTESIS SOBRE LA POSIBLE FUNCIONALIDAD

No se han encontrado antecedentes ambientales que precipiten de modo directo las conductas desafiantes (agresividad, destrucción de objetos) ni consecuentes que la refuercen y la mantengan en el tiempo. Más bien, la aparición de los problemas de conducta sigue un patrón cíclico de duración irregular y parece deberse a causas orgánicas. La sintomatología se asemeja a un trastorno bipolar de ciclación rápida o ultrarrápida.

5. Intervención

5.1. OBJETIVOS DE INTERVENCIÓN

A. Objetivos generales

– Dotar a M.S de estrategias de autorregulación que reduzcan las autoagresiones y heteroagresiones.
– Mejorar la coordinación con su psiquiatra para, a través de los registros mensuales, ir ajustando el tratamiento farmacológico y estabilizar la conducta y los ciclos de sueño.

B. Objetivos específicos

- Aumentar su nivel de tolerancia a la frustración (especialmente en tiempos de espera y ante la presencia de comida).
- Favorecer la flexibilidad mental y comportamental.
- Reducir el control externo ante las crisis conductuales en mejora del autocontrol.
- Aumentar sus habilidades comunicativas, especialmente la expresión y localización del dolor.
- Aumentar el control de esfínteres.

5.2. ESTRATEGIAS DE INTERVENCIÓN

A. Estrategias generales.

Manipulaciones ecológicas

- Se establece un cambio en su mesa del comedor, M.S se sitúa lejos del cubo de basura para evitar así que se levante a coger comida sobrante. Se sienta de espaldas a la cocina, evitando así que vea si hay platos con sobras de comida.
- La disposición del mobiliario de su sala cambia para permitir que M.S trabaje de forma individual sin estar pendiente de la finalización del trabajo de sus compañeros de sala.
- Se intentan evitar "tiempos vacíos de actividad". Si los hay, los consideramos "tiempo libre" y M.S. entiende que sólo en estos tiempos se le permite levantarse, pasear por la sala, ojear libros o revistas o coger alguno de sus objetos para apretar.

Programación positiva

- Mejoramos y ampliamos el uso de las ayudas visuales (pictogramas, paneles...) para favorecer la comprensión y la anticipación.
- Enseñar habilidades de expresión del dolor, adquisición de estrategias de regulación conductual
- En consenso con la familia, se diseña un programa de apoyo conductual positivo específico para M.S.
- En los ciclos maníacos: aumentar la frecuencia de la pregunta "M. ¿quieres ir al baño?" para evitar escapes.

B. Estrategias específicas

Tratamiento directo de la conducta:

- Cuando aparecen los primeros indicadores de ansiedad que preceden a una conducta violenta se reconduce a M.S a la actividad que está realizando, se aplica contención psicológica (tono de voz suave, claro, tranquilizador), se le recuerda la secuencia de actividades que se va a realizar. Si esto no rebaja la activación; se aplica desvío atencional. Si se conoce qué ha desencadenado la ansiedad se le explica o justifica el cambio mediante dibujos.
- Si la ansiedad va a más, se toman medidas protectoras como alejar a sus compañeros más vulnerables , retirar mobiliario que pueda ser peligroso (sillas, objetos punzantes....) y se le ofrece una toalla húmeda o un objeto blando que pueda apretar y/o morder.
- Como estrategia proactiva, esta toalla se guarda en un cajón de su sala para que ella pueda cogerla siempre que quiera.
- Si llega a la fase de explosión y corre peligro su seguridad o la de otros compañeros, se aplica el protocolo de contención física.
- En la fase de recuperación se le proporciona espacio y tiempo para que se desahogue (suele llorar unos minutos y a continuación se tranquiliza).
- Si ha habido destrucción de objetos; ella procede a recoger o limpiar el entorno.

Formación del personal:

- Se explica y se entrega una copia del programa de apoyo conductual de M.S a familiares y personal del centro de día y de las actividades de ocio a las que acude.
- Se orienta a cuidadora y educadora sobre cómo rellenar el registro diario de conducta y el registro A-B-C.

C. Intervención farmacológica:

Su psiquiatra receta una medicación de base: Valium 5mg (0-0-1) y Dormicum (0-0-1) y quince días después de acabado el ciclo obsesivo, administrar Seroxat.

5.3. ESTRATEGIAS DE EVALUACIÓN DE LA INTERVENCIÓN

Tras seis meses de aplicación de estas estrategias se observan cambios notables:

- Las conductas propias de los períodos de manía se han suavizado y reducido en frecuencia. Los periodos intermedios son cada vez más largos en el tiempo.
- M.S tolera bien las esperas que no superan los 15 minutos. Permanece sentada en su sitio entre el primer y segundo plato y ha comprendido que primero se sirven sus compañeros de mesa y ella en último lugar.
- En cuanto a la flexibilidad mental y comportamental, actualmente M.S tolera sin enfadarse, algunos cambios en las actividades e itinerarios, siempre que estos hayan sido anticipados y explicados mediante ayudas visuales.
- Las conductas desafiantes se han reducido drásticamente. M.S va mostrando un uso espontáneo de estrategias de autorregulación como morder un objeto blando (en vez de morderse el antebrazo) o meter las manos en los bolsillos y apretar los puños en momentos de frustración o ira.
- De momento, no es capaz de localizar y expresar el dolor.
- Se ha generalizado el uso de ayudas visuales a otros entornos que no son el Centro de Día (salidas vacacionales, hogar familiar…) aunque su uso no es tan sistemático como el esperado.
- Los desórdenes de sueño también han ido reduciéndose al ir ajustando la medicación pero continúan apareciendo días esporádicos de drástica reducción de sueño.

Recogida de datos

- Mediante registros de conducta topográficos diarios en el Centro de Día y en casa de ambos progenitores.
- Mediante registros de conducta A-B-C en el Centro de Día.
- Mediante una coordinación plena entre la familia y los profesionales del centro de día a través de la agenda de comunicación, reuniones trimestrales y correo electrónico.
- Observación directa.
- Reuniones trimestrales con los profesionales del Servicio de Ocio y Respiro familiar.

TRASTORNO DE PÁNICO CON AGORAFOBIA

1. Descripción del caso

H.M., mujer de 35 años con diagnóstico de retraso mental moderado. Es usuaria de un Centro Ocupacional desde hace más de 10 años, realizando principalmente tareas relacionadas con la jardinería.

Manifiesta miedo intenso en algunas situaciones sociales que le limitan en su funcionamiento diario, como utilizar el transporte público, los lugares cerrados y con un gran número de personas, y situaciones de mucho alboroto o bullicio. Ante estas situaciones, llora, tose y vomita (flemas), y el comportamiento más frecuente frente a estos miedos, es la evitación de estas situaciones temidas.

H.M., es excesivamente dependiente de su madre. Normalmente se traslada de un lugar a otro en coche, con sus padres. También acepta trasladarse en ruta.

Desde hace unos meses, ha comenzado a desplazarse en metro junto a sus compañeros y un profesional. Ha sido necesario realizar algunas acciones concretas que actuaran sobre su fobia social.

2. Antecedentes biográficos y características personales

Inicio del problema

Desde su llegada al Centro Ocupacional ha mostrado esta fobia. La familia tiene dificultades para relatar el origen y describen que en el anterior Centro Ocupacional, H.M. experimentó un episodio desagradable con un compañero, en un aseo.

Curso o evolución del problema

Su madre la ayuda a evitar las situaciones temidas y su padre la fuerza a enfrentarse a ellas, en ocasiones, empujándola o arrastrándola.

Normalmente, aumenta su ansiedad desde que sabe que va a tener que realizar alguna actividad que implique trasladarse en transporte público o estar en un sitio multitudinario. Siempre que se realizaban actividades en el metro, la ocurría algo a H.M. o en su casa que impedía asistir al centro y por tanto, evitaba esta situación. De manera que, ha sido muy difícil intervenir sobre esta fobia. En el momento de la intervención, H.M. llevaba más de cinco años sin viajar en metro.

Con mucho apoyo de los acompañantes ha llegado a montar en el autobús, subir en ascensor y asistir a eventos con un gran número de personas, pero siempre con la preocupación de que en cualquier momento pueda aparecer un episodio de llanto, tos nerviosa, arcadas... Tampoco cierra la puerta del WC, sólo se ha conseguido que la entorne casi por completo.

Antecedentes familiares

No se conocen antecedentes familiares de enfermedad mental.

3. Síntomas o indicadores

Nivel biológico-somático

– Aumento en la conductancia de la piel: manos sudorosas.
– Aumento de la tasa respiratoria: Muchos suspiros y parece como si le faltara la respiración.

Nivel cognitivo

– Evaluación de la situación como amenazante: desde que sabe que se tiene que enfrentar a alguna de las situaciones, ya empieza a decir: "pues no voy a ir", "me voy a poner nerviosa", "¿a que yo no voy?", "¿a qué vamos en ruta?"
– Preocupación por respuestas psicofisiológicas: pregunta constantemente "¿y si me mareo?", "¿y si vomito?"
– Rumiación de las respuestas de escape-evitación: "Tú vas a estar conmigo y si me pongo nerviosa, salimos ¿verdad?"

Nivel conductual

– Evitación activa/pasiva: se queja de que le duele algo, tose hasta que se provoca el vómito… (suele hacerlo ante su madre y como consecuencia no acude al centro, quedándose en casa).
– Búsqueda de compañía: se asegura de que un profesional va a ir junto a ella, cogiéndole de la mano.
– Alteración comportamental: en ocasiones, grita, tose…

4. Evaluación

4.1. EVALUACIÓN GENERAL

A. Factores psicológicos

Nivel de Habilidades: En general, buen nivel de habilidades, sobre todo en comunicación y destrezas de la vida personal. Tiene un lenguaje claro, comprensible y buen nivel de comprensión.

Rasgos de personalidad:

– Muy activa, impulsiva y muy sociable.
– En ocasiones tiende a ser testaruda, pero se puede razonar bien con ella.
– Se relaciona bastante bien con casi todos sus compañeros, excepto con dos o tres, con los que tiene frecuentes problemas.
– Es poco disciplinada.
– Se las arregla para hacer su voluntad, casi siempre.

B. Factores médico-psiquiátricos

– Escoliosis.
– Mala visión binocular: no utiliza gafas habitualmente, porque relata que no nota mejoría ninguna. No las lleva al centro y la familia no insiste.
– Presenta parálisis de un nervio facial, aunque esto no le impide hablar, ni gesticular normalmente.

C. Factores programáticos

Desde el primer momento, se adaptó a la dinámica del Centro Ocupacional. Acepta bien los cambios de programación, de personal etc.

Está muy influenciada por la familia, tanto es así, que ha pedido cambiar de taller (donde se la ve a gusto y con un rendimiento bastante aceptable) por indicación de su madre.

En la actualidad, realiza actividades en los tres talleres que hay en el Centro, para que decida por sí misma cuál le gusta. Es probable que, abran un centro nuevo en su localidad y se traslade allí. H.M. lo sabe y parece que esto ha aumentado su nivel de actividad, ya de por sí bastante elevado.

D. Factores sociales

En ocasiones, discusiones con algún compañero (suelen ser los mismos) donde se cruzan insultos y frases malsonantes.

E. Factores de vulnerabilidad

Casi nunca se ha podido llevar a cabo intervenciones con H.M. por falta de apoyo familiar, ya que la familia ha creído conveniente "evitarle un mal rato".

Pocas oportunidades de autonomía y autodeterminación. Al vivir en un municipio cercano a Madrid, se trasladan en vehículo particular. H.M. no va a ningún sitio sola porque los padres temen que se despiste y que, al ser tan habladora y simpática "se la lleve cualquiera".

4.2. EVALUACIÓN ESPECÍFICA

A. Factores iniciadores

Los síntomas e indicadores conductuales que hemos descrito, comienzan en cuanto a H.M. y a sus compañeros se les comunica que se va a llevar a cabo una actividad que implica la asistencia a un lugar donde se prevé que va a haber muchas personas, o al que haya que desplazarse en transporte público.

B. Antecedentes o condiciones precursoras

Aunque no se la comunique directamente que se va a realizar una actividad temida por H.M, como es una persona muy inquieta es capaz de captar y atar cabos, por lo que anticipa lo que puede pasar y aparecen algunos síntomas.

C. Consecuentes o condiciones reforzadoras

- Positivas: Refuerzo social, ya que se dialoga mucho con ella y se le intenta tranquilizar, razonando que no pasa nada, que va a estar siempre un profesional junto a ella...
- Negativas: En numerosas ocasiones, ha evitado enfrentarse a la situación.

4.3. HIPÓTESIS SOBRE LA POSIBLE FUNCIONALIDAD

No parece que se trate de una conducta mantenida por estímulos reforzadores ambientales sino que cumple criterios de un cuadro de agorafobia o de un trastorno de pánico con agorafobia. Las condiciones reforzadoras pueden haber hecho que se haya dado una agudización del cuadro.

5. Intervención

5.1. OBJETIVOS DE INTERVENCIÓN

A. Objetivos Generales

Desde la llegada de H.M. al centro, se planteó como objetivo general que participara en la mayoría de actividades planificadas en el mismo. Últimamente, como se está dando mucha mayor importancia al trabajo en autodeterminación, suelen ser las propias personas con D.I. las que deciden qué salidas quieren hacer y a cuáles quieren asistir.

H.M. nunca elegía actividades que implicaran un desplazamiento en transporte público. (Muchas veces, en principio sí las elegía, negándose después cuando se daban más detalles y se enteraba de que había que coger un autobús o el metro). Esto suponía una merma considerable en su nivel de oportunidades de vivir nuevas experiencias.

Por lo tanto, el objetivo es que sus dificultades no le impidan realizar actividades normalizadas y conocer alternativas de ocio y cultura.

B. Objetivos Específicos

El trabajo con H.M. se iba haciendo lentamente, sobre todo por las dificultades que encontrábamos para trabajar adecuadamente con la familia. En un momento determinado, nos encontramos con que empezaba una actividad fuera del horario del centro ocupacional que le interesaba muchísimo y para ello tenía que ir con un grupo de compañeros en el metro, acompañados por uno o dos profesionales que no trabajaban diariamente con H.M.

La familia podía llevarla en coche pero se encontraron con numerosos inconvenientes: el horario, aparcar en el centro de Madrid... Así fue como nos pidieron ayuda y se comprometieron a colaborar en serio para ayudar a H.M.

En la actualidad, el objetivo específico es que H.M. haga trayectos en metro sin la compañía de su madre y de la forma más normalizada posible.

5.2. ESTRATEGIAS DE INTERVENCIÓN

A. Estrategias generales.

Manipulaciones ecológicas.

Lo primero que se hizo fue acompañar a H.M. para conocer a los profesionales que le iban a acompañar en los desplazamientos.

Programación positiva.

Autocontrol por medio de apoyos visuales.

Formación del personal.

Explicación a los profesionales de cómo es H.M. y los apoyos que necesita.

B. Estrategias específicas.

Tratamiento directo de la conducta.

– Psicoeducación: hablando con la familia para asegurar su colaboración y participación positiva. Se les indicó que sólo iban a intervenir en situaciones extremas y que procurasen no ceder a los intentos de H.M. de ausentarse los días que tenía la actividad.

– Preparación para la exposición en vivo: desde el centro y desde su casa se han mantenido frecuentes charlas con ella, sobre el trayecto, las estaciones, lo que ocurre en el metro, etc.., con ayuda de fotografías, planos del metro... La auxiliar administrativa del centro, encargada de avisar de los horarios y cambios de la actividad, ha sido una pieza clave para la preparación de H.M. a la exposición.

– Exposición en vivo: Exposición gradual, planificada y evaluada. Para ello se ha contado con varios tipos de apoyos:

Apoyos de personas.

- Familia: En general han respondido bastante bien, animándola y trayéndola al centro aunque se quejara de que le dolían los oídos...
- Profesionales del C.O.: En especial la administrativa, que ha establecido muy buena relación con H.M. y ha mantenido frecuentes conversaciones con ella, animándola y alentándola. También se encarga de administrar los refuerzos que vamos a describir posteriormente. Ha sido un apoyo natural muy importante.
- Psicóloga: En la primera ocasión que no intervino la familia y en otra posterior en las que se han dado cambios de personal, ha acompañado a H.M. hasta la taquilla del metro. Ha sido la intermediaria entre los profesionales acompañantes y H.M.
- Profesionales ajenos al C.O.: Todos con experiencia en trato con personas con D.I., han entendido el problema de H.M. y han establecido muy buenas relaciones con ella, generando apoyos y trucos que, en general, han dado buenos resultados. Van siempre junto a ella, incluso cogiéndola del brazo o de la mano. La intención es que se vaya soltando poco a poco.

Soportes

- Le sirve como elemento para controlar su ansiedad el llevar un listado de las estaciones por las que tiene que pasar e ir tachándolas con un lápiz. H.M. no es lectoescritora, pero la persona acompañante le indica por dónde vamos y qué estación tiene que tachar.
- También se ha realizado un cuaderno con fotografías de cada una de las estaciones (realizadas con un teléfono móvil). La realización de las fotografías y verlas impresas ha supuesto también un aliado importante para reducir la ansiedad.

Refuerzo positivo

Se acordó con ella que si iba en el metro tranquila y sin alteraciones comportamentales, al día siguiente ayudaría a la persona de administración a coger las llamadas telefónicas del centro. Esta tarea la ha realizado de vez en cuando desde hace tiempo y siempre le ha gustado mucho, además lo suele hacer correctamente.

Actualmente, la tarea de coger el teléfono "para ayudar a la persona de administración" está condicionada a que el día anterior haya ido en el metro "sin montar pollos", como ella misma dice.

5.3. ESTRATEGIAS DE EVOLUCIÓN DE LA INTERVENCIÓN

Seguimos trabajando en la fobia. La situación es esperanzadora, aunque han existido altibajos, sobre todo motivados por cambios de días, cambios de profesionales... Estas circunstancias están dificultando el trabajo.

Después del primer día, que entró con su padre a la fuerza, ha realizado el trayecto en metro sin su familia 10 días, de los cuales:

- En dos ocasiones ha existido acompañamiento de la psicóloga hasta las taquillas del metro realizando, desde este punto, el trayecto con normalidad.
- En otras dos ocasiones se han dado problemas (llantos y rabietas) por cambios de profesional, sin previo aviso. Una de las situaciones se resolvió bien y en la otra se avisó al padre, quien decidió ir a recogerla en su coche. (Antes de esta última situación hubo de nuevo cambio de día y mientras se buscaban personas de refuerzo, la acompañó su madre en el metro sin problemas.
- En otras seis ocasiones, ha realizado el trayecto sin problemas.
- Se han dado otras dos salidas en metro dentro de la dinámica del centro ocupacional y las ha realizado.

El objetivo que debemos proponernos a partir de ahora, es generalizar los logros obtenidos al resto de ámbitos de su vida. Para ello debemos ampliar y mejorar algunas de las intervenciones realizadas e implantar otras nuevas.

Se recomienda a la familia iniciar un tratamiento más amplio fuera del centro ocupacional, donde se haga mayor incidencia en:

- Psicoeducación: para mejorar la toma de conciencia de la importancia de estas dificultades, tanto por parte de HM. como por parte de su familia.
- Evaluación exhaustiva, para valorar qué situaciones concretas, además de los viajes en metro, provocan malestar en HM y limitan su realización de actividades normalizadas.
- Aprender estrategias, como por ejemplo, técnicas de relajación.
- Exposiciones en vivo con mayor calma y mejor planificación.

Materiales adaptados y claves visuales

Fig.1. Listado de estaciones de metro que H.M, iba tachando.

		Metro BILBAO	
	ALONSO MARTÍNEZ		TRIBUNAL
	COLÓN		GRAN VÍA
	SERRANO		SOL
	VELÁZQUEZ		TIRSO DE MOLINA
	GOYA		
	LISTA	Metro	ANTÓN MARTÍN
	DIEGO DE LEÓN		
	AVENIDA DE AMÉRICA		
	PROSPERIDAD		
	ALFONSO XIII		
	AVENIDA DE LA PAZ		
	ARTURO SORIA		
	ESPERANZA		
Metro	CANILLAS		

Fig.2. Registro de situaciones/ansiedad

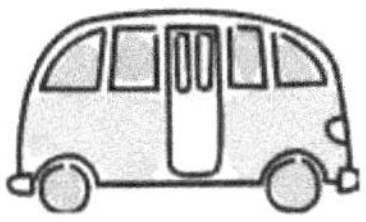 **SITUACIONES QUE EVITA**	**NIVEL DE ANSIEDAD Ó MALESTAR (0-100)**
• Hablar de utilizar el transporte público • Subir al coche familiar, el día que hay una salida en el metro programada • Caminar hasta la boca de metro • Entrar a las taquillas	• 40 • 85 • 90 • 100 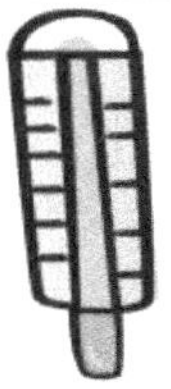

Fig. 3.

PERSONAS DE APOYO	**GRADO DE AYUDA (0-10)**

Fig.4. Ejemplo de Autorregistro en situaciones de pánico

día y hora	estaba en	estaba con	he sentido	he pensado	lo que he hecho es	LO QUE PODRÍA HABER HECHO ES...
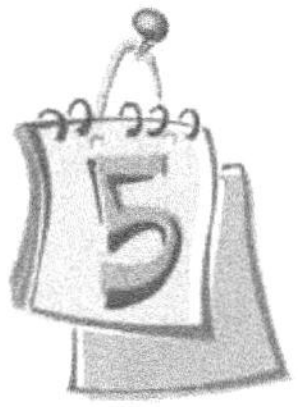 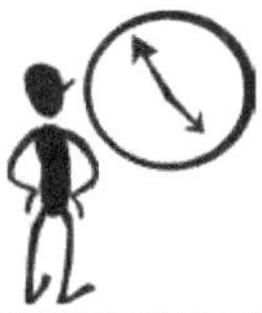	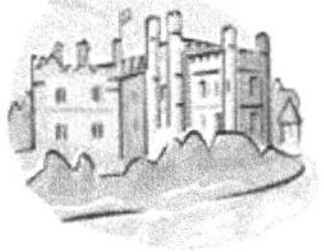	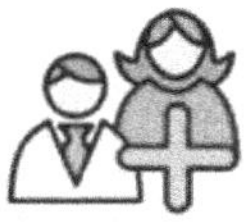	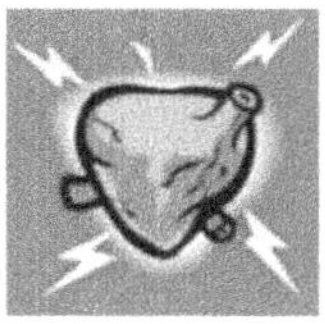	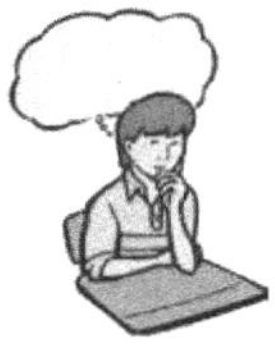	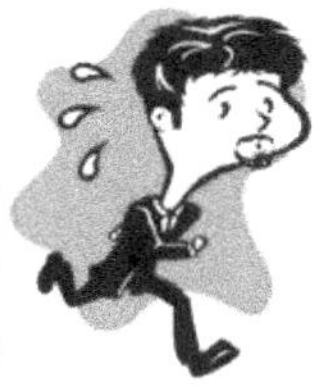	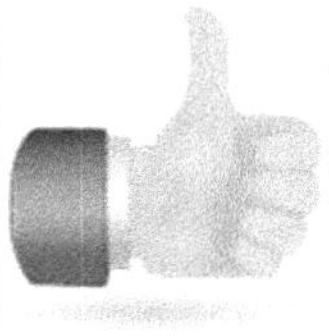
Martes a las 10:00	El taller	Una compañera hablando de la salida del jueves	Miedo	Que me voy a marear en el metro	Decirle al profe que no voy	Pedir que alguien venga conmigo
Jueves a las 9:00	En casa	Mi madre	Miedo	Que voy a vomitar en el metro	Quedarme en casa	Ir a la salida porque me van a ayudar

Fig. 5. Gráfico para explicar el funcionamiento de la ansiedad

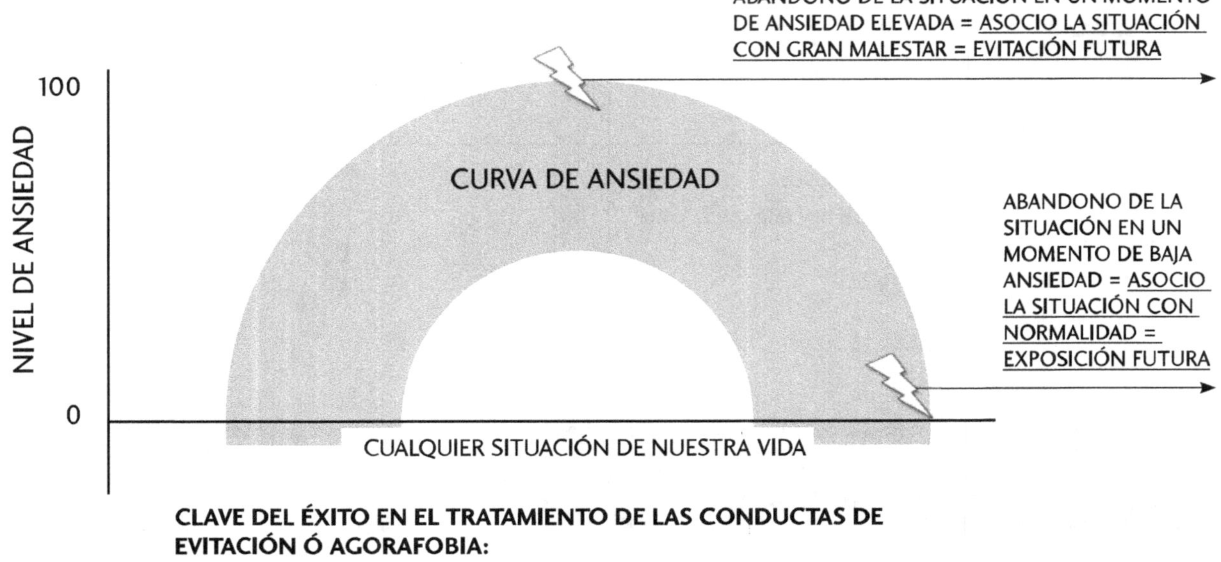

CLAVE DEL ÉXITO EN EL TRATAMIENTO DE LAS CONDUCTAS DE EVITACIÓN Ó AGORAFOBIA:

- EXPOSICIÓN A LAS SITUACIONES QUE HEMOS APRENDIDO A ASOCIAR CON ANSIEDAD O MALESTAR, HASTA QUE ÉSTA DISMINUYA
- SE TRATA DE TOLERAR LA ANSIEDAD, SABIENDO QUE ÉSTA PASARÁ, SÓLO ES CUESTIÓN DE TIEMPO

Fig.6. Fichas para mejorar habilidades de afrontamiento

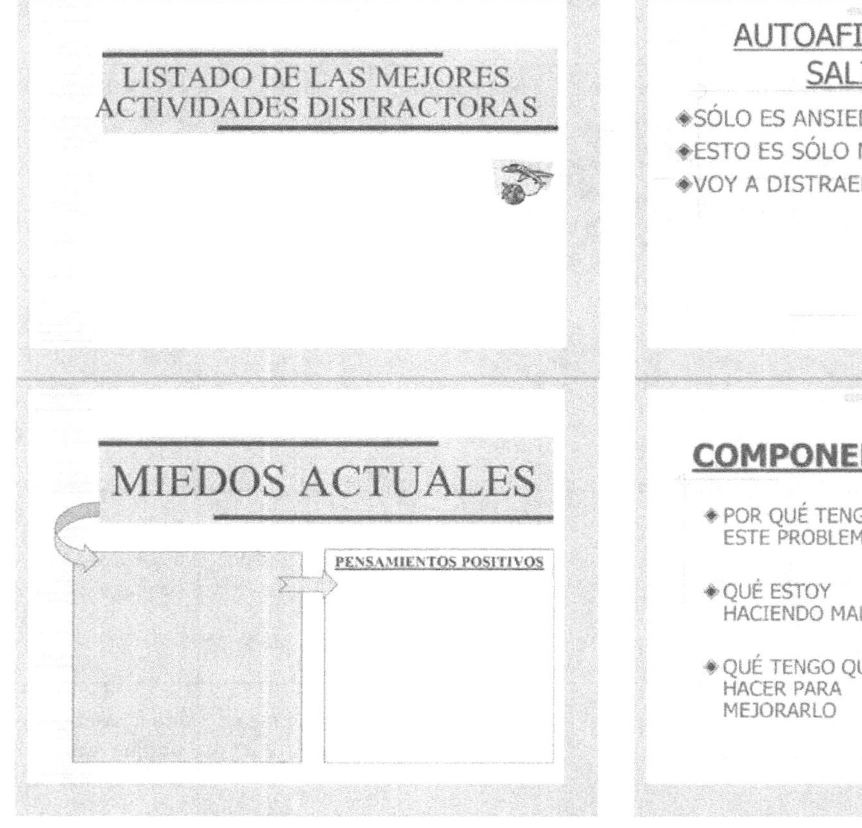

Fig. 1: Clave visual para respirar hondo

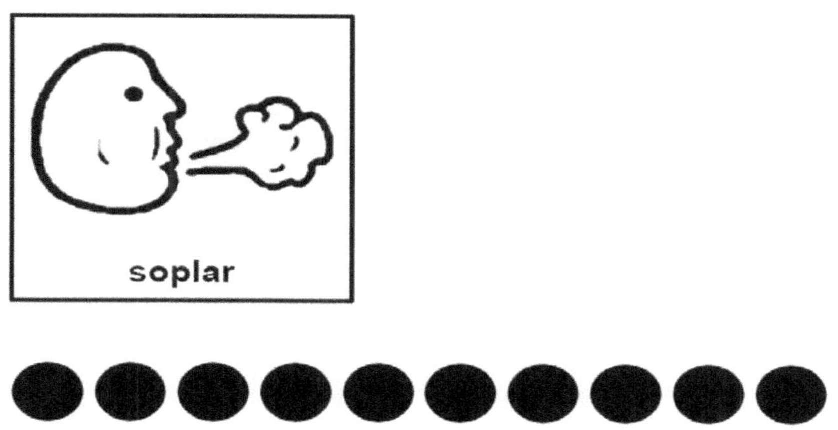

Fig. 2: Ejemplo de clave visual para reconocer emociones basada en situaciones

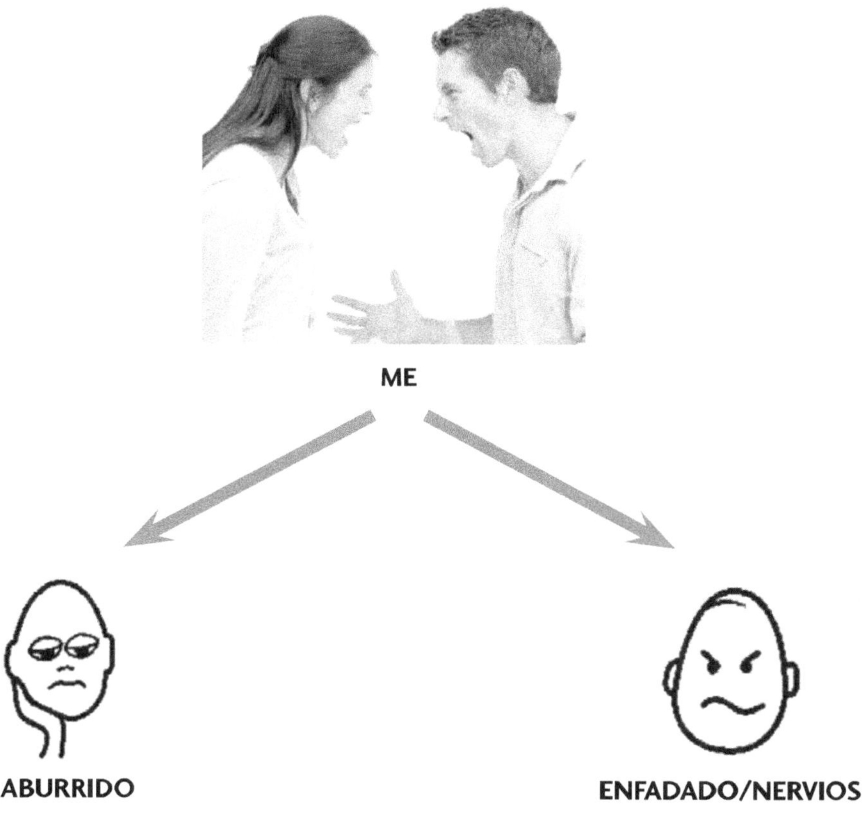

Fig. 3: Clave visual de un guión social para situaciones difíciles

Fig.4: Clave visual para ver opciones de relajación

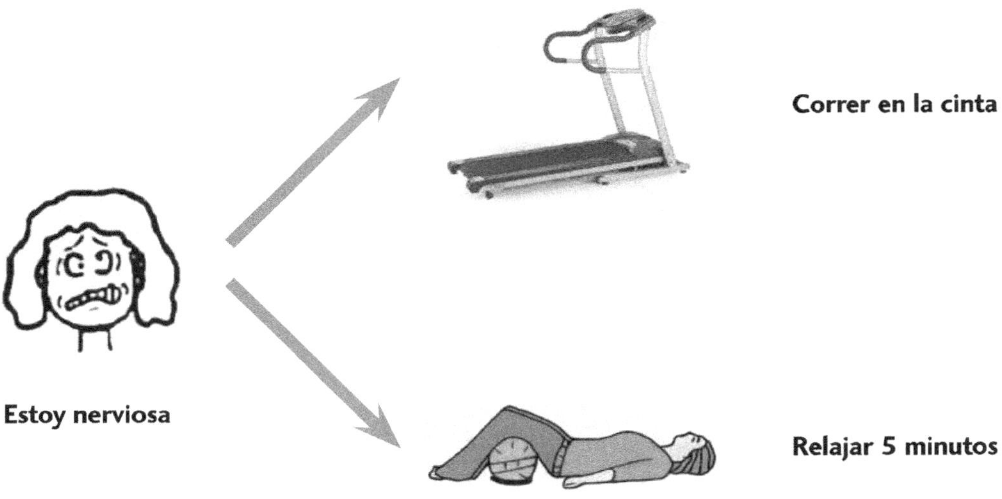

178

Fig. 1. Registro

"¿HOY ME HE SENTIDO NERVIOSO?"			
	BIEN		NERVIOSO
	NO _______	UN POCO [ ]	BASTANTE [ ]	MUCHO [ ]
Buenos días	NO _______	UN POCO [ ]	BASTANTE [ ]	MUCHO [ ]
Taller ocupacional	NO _______	UN POCO [ ]	BASTANTE [ ]	MUCHO [ ]
Descanso	NO _______	UN POCO [ ]	BASTANTE [ ]	MUCHO [ ]
Deporte	NO _______	UN POCO [ ]	BASTANTE [ ]	MUCHO [ ]
Comida	NO _______	UN POCO [ ]	BASTANTE [ ]	MUCHO [ ]
Taller ocupacional	NO _______	UN POCO [ ]	BASTANTE [ ]	MUCHO [ ]

Fig. 2. Registro: Error de pensamiento

DÍA	SITUACIÓN	PENSAMIENTO	EMOCIÓN (0-10)	ERROR DE PENSAMIENTO/IDEA IRRACIONAL

Fig. 3. Registro: Pensamiento alternativo

DÍA	SITUACIÓN	PENSAMIENTO IRRACIONAL	EMOCIÓN (0-10)	PENSAMIENTO ALTERNATIVO/ RACIONAL	EMOCIÓN (1-10)

Tabla 1. Adaptación de relajación progresiva de Jacobson

1. Apretar puños
2. Doblar brazos (bíceps)
3. Estirar brazos (tríceps)
4. Subir cejas
5. Fruncir ceño
6. Apretar párpados
7. Sonrisa forzada (mejillas)
8. Morder con boca cerrada presionando la lengua contra el paladar (mandíbula, lengua)
9. Presionar labios
10. Labios hacia fuera (beso)
11. Cuello arriba-abajo
12. Cuello derecha-centro-izquierda
13. Hombros atrás
14. Pecho: inspirar- mantener- expirar
15. Apretar abdomen
16. Tensar piernas (apretando glúteos y puntas de los pies hacia delante)

Fig. 4. Materiales adaptados para explicar ejercicios de respiración y relajación

Si notas que te empiezas a poner nervioso puedes probar a hacer unas respiraciones de emergencia. Acuérdate tienes que coger mucho aire, llenar el pecho, esperar un poquito, y soltar el aire por la boca muy despacito.

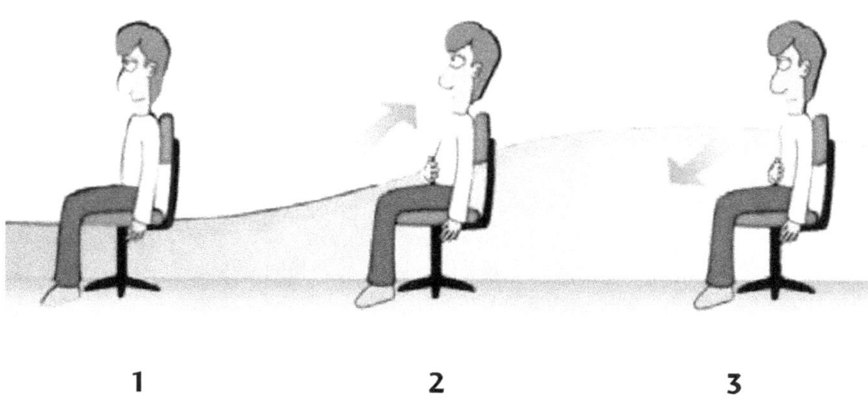

Si sigues encontrándote algo nervioso, puedes realizar una relajación de emergencia tensando y relajando rápidamente así:

TRASTORNO OBSESIVO-COMPULSIVO

1. Descripción del caso

A.M., mujer de 63 años, que tiene un hermano y una hermana con los que mantiene una buena relación. El diagnóstico según su centro Base: "Retraso mental ligero y alteración de la conducta por un trastorno obsesivo-compulsivo de etiología no filiada". Posee un grado de discapacidad global del 61% y un grado total de la minusvalía del 66%. A.M es una persona con necesidades de apoyo extenso con motivo de la presencia de conductas desajustadas.

Tiene necesidad de llevar a cabo determinados rituales en su vida cotidiana que alteran su funcionamiento diario en numerosas ocasiones (varias veces al día), llegando a ocupar dichos rituales espacios de tiempo excesivamente prolongados que enlentecen su ritmo en las actividades. A dichos rituales les preceden una serie de preocupaciones recurrentes que le generan un gran malestar emocional. Este malestar lo manifiesta verbalmente a través de conductas agresivas y conducta social ofensiva hacia sus compañeros (fundamentalmente amenazas e insultos hacia algunos profesionales cuya autoridad no está muy definida (personal nuevo o alumnos en prácticas).

Los cambios estacionales (primavera y otoño principalmente) así como periodos significativos a lo largo del año (navidades o el aniversario del fallecimiento de sus padres), agudizan su problemática.

2. Antecedentes biográficos y características personales

Antecedentes biográficos

A.M. asistió a un colegio de educación ordinaria hasta los 18 años. En la adolescencia comenzó a presentar problemas de interacción con sus compañeras así como alteraciones en su comportamiento que le llevaron a presentar un déficit en su autonomía importante pasando largos periodos en su casa con su madre.

Al finalizar la etapa educativa desempeñó varios trabajos; durante un año trabajó en la peluquería de su tía, finalmente terminó dejándolo porque según ella "sufría mucho con los tintes". Posteriormente trabajó de modista en casa de otra tía, ambas hacían trabajos por encargo, este trabajo duró unos 4 o 5 años. A continuación, trabajó de cajera en una farmacia durante unos meses y en un laboratorio cinematográfico donde empalmaba películas (durante dos años). Después estuvo en unos talleres de "educación para adultos" donde confeccionaba ropa para bebés y alfombras (allí estuvo unos 10 años), que terminó dejando para quedarse con sus padres en casa (donde según ella ayudaba a su madre con las labores del hogar).

Su padre falleció en 1976, y su madre en el 2001. Tras el fallecimiento de su madre, A.M. permaneció unos meses en el domicilio familiar con una empleada del hogar a la que pagaban por hacerse cargo de la casa y apoyar a A.M. en sus tareas cotidianas.

En el 2002 se incorpora en un centro de atención a personas con discapacidad intelectual en régimen interno donde trabaja en un taller artístico de técnicas mixtas, en el que se encuentra adaptada. Vive en la residencia del mismo centro y actualmente presenta algunos problemas de conducta relacionados con sus obsesiones.

La problemática conductual ha estado presente desde su llegada al centro. Las pruebas que se refieren más adelante, en la evaluación de factores psicológicos, se le han administrado a lo largo de su estancia en el centro: el 10 de enero de 2007 se le administran distintas pruebas, apareciendo puntuaciones por encima de la media en ansiedad, depresión y TOC y las más recientes, el 8 de febrero de 2010, con puntuaciones sensiblemente inferiores en la segunda aplicación en las subescalas de TOC y de ansiedad y no puntuando en la subescala de depresión, indicando una evolución positiva de su conducta.

Actualmente ningún ritual compromete más de una hora al día, ni tampoco interfieren de forma significativa en las rutinas diarias (ha habido periodos en los que sí).

Su respuesta en la actualidad al interrumpir la compulsión es la siguiente: si dicha interrupción es por parte de algún compañero puede llegar a irritarse mucho y proferir insultos (frecuente), si la interrupción es por parte de un profesional de atención directa suele aceptarlo, aunque de forma ocasional puede esperar a que el cuidador se aleje para finalizarla. Anteriormente las amenazas también se dirigían a los profesionales y en general se mostraba mucho más agresiva, el respeto hacia las normas de convivencia y la interacción con las personas del entorno institucional ha mejorado notablemente estableciendo como línea base un año después de su incorporación al centro.

Características generales de A.M.

A.M presenta un buen nivel de comprensión y expresión oral y escrita. Destaca entre sus fortalezas un buen repertorio de habilidades sociales y capacidad comunicativa.

Es autónoma para la mayor parte de las funciones de la vida personal, no obstante necesita apoyo a la hora de controlar los tiempos que dedica a determinadas funciones (especialmente en el aseo). También es autónoma para las funciones de la vida en comunidad, no obstante para los desplazamientos fuera del centro siempre demanda ir acompañada.

En general su estado de ánimo es positivo, aunque ha tenido temporadas en las que se ha mostrado muy deprimida y ansiosa. Tiende a enfadarse y perder el control en determinados momentos cuando se le impide llevar a cabo algunos rituales.

Es cariñosa, afable, tiene un gran sentido del humor y disfruta de su trabajo (aunque podría decirse que es demasiado meticulosa). Le gusta salir a tomar el aperitivo, ir a misa, escuchar música, cantar, hacer gimnasia y pasar tiempo con sus sobrinos.

3. Síntomas e indicadores

Nivel afectivo/emocional

- Malestar emocional caracterizado por una gran irritabilidad en determinados momentos del día.
- Sensación de alivio cuando lleva a cabo las compulsiones.

Nivel biológico o somático

- Ansiedad elevada cuando no puede llevar a cabo la compulsión.
- Alteraciones en el sueño (sueño interrumpido).

Nivel cognitivo

- Preocupación excesiva por un tema y atención exagerada a algunos detalles *"¿Voy a salir con mi familia?, tengo que revisar mi armario para comprobar que nadie me ha tocado nada, necesito ver mi cama sin arrugas, tengo que llegar la primera al comedor para que nadie toque mi servilleta".*
- Verbaliza pensamientos y preguntas en voz alta conociendo su respuesta *"¿dónde se han llevado mi ropa? ¿Me la van a devolver esta tarde?"*

Nivel conductual

- Compulsiones de limpieza:
  - *Se lava las manos a menudo y durante mucho tiempo y realiza limpieza meticulosa de algunas partes de su cuerpo: boca y genitales.*
  - *Evita determinadas actividades si implican que se va a manchar las manos (manualidades, pelar la fruta...), para ello se esconde en el baño o dice que no lo puede hacer porque se encuentra mal.*

– Compulsiones de orden:
  • Comprobación reiterada de que sus objetos personales se encuentran donde ella los dejó, que la colcha no tenga arrugas, tiene que llegar la primera al comedor para que nadie toque su servilleta y poder colocarla a su gusto en la mesa.
  • Se aísla en determinados momentos del día para realizar las compulsiones de comprobación.

– Ha llegado a agredir a compañeras por tener que compartir con ellas espacios en el cuarto de baño.
– Insulta y amenaza cuando no puede realizar determinados rituales.
– Alteraciones en el sueño (en ocasiones se levanta para comprobar si le han entregado su ropa o si la tiene en el armario).

4. Evaluación

4.1. EVALUACIÓN GENERAL

A. Factores psicológicos

El diagnóstico de TOC fue realizado en su momento por un psiquiatra, no obstante, para evaluar la gravedad y la intensidad del trastorno, se han utilizado en diferentes etapas de la evaluación del caso las siguientes pruebas:

– **Escala de Evaluación para la Detección de los Problemas de Salud Mental de las personas Adultas con Retraso Mental (MINI PAS-ADD)**. Los resultados de esta prueba indican puntuaciones significativas en la escala de TOC, no obstante varían dependiendo de la época del año en que se le administre.
– **Cuestionario MIPQ: Estado de Ánimo, Interés y Placer en personas con DI Grave.** No aparecen puntuaciones significativas en este cuestionario.
– **Escala de Conductas Compulsivas. Gedye (1992).** Puntúa en 5 de los 25 ítems, los cuales pertenecen a la categoría de lavado e higiene, y a la categoría de comprobar y tocar.
– Como factores psicológicos destaca la preocupación excesiva por tener los objetos personales controlados, preocupación excesiva por no mancharse y llegar la primera al comedor. También presenta dificultades de autocontrol ante situaciones potencialmente estresantes.

B. Factores médicos generales

Padece una fuerte escoliosis que le produce dolores de espalda, sobre todo al final del día.

C. Factores psiquiátricos

Antes de su incorporación en el centro en el centro ya tenía tratamiento psiquiátrico. Actualmente (fecha que se refleja en el inicio de la evaluación) el seguimiento se hace desde los servicios de Salud Mental de Torrejón, con muy buenos resultados y una evolución claramente positiva.

D. Factores físicos del entorno

Prefiere los espacios tranquilos, controlables y predictivos. Se altera visiblemente en espacios como el comedor, el recorrido hasta llegar al comedor; el cuarto de baño; lugares donde se realizan actividades que implican mancharse las manos.

E. Factores programáticos

Dado el fuerte grado de estructuración en el entorno, no tiene posibilidad de llevar a cabo las compulsiones, o al menos no puede realizarlas durante todo el tiempo que desearía. Sin embargo, en fines de semana y periodos vacacionales, al haber menos estructuración, las conductas disruptivas se agravan.

Le influyen significativamente rutinas u obligaciones como tener que entregar la ropa para echarla a lavar, revisar armarios y comprar productos de higiene (porque no quiere gastar dinero), etc.

F. Factores interpersonales

Es importante que las personas de apoyo sean referentes de autoridad y que establezcan una buena relación con ella.

Otros factores interpersonales que provocan un agravamiento de la problemática son:

– La presencia de determinadas compañeras en el baño y/o cuando se forma algún tumulto.
– Estar mucho tiempo sin ver a su familia o que su hermano se pone enfermo.
– Que otro compañero o compañera recibe refuerzo social y ella no.

4.2. EVALUACIÓN ESPECÍFICA

A. Antecedentes o condiciones precursoras

Existen una serie de factores que predisponen y contribuyen a la emisión de las conductas de A.M que son principalmente:

– Factores de vulnerabilidad de la persona:
  • Dolor de espalda por escoliosis.
  • Dificultades de autocontrol
  • Discapacidad intelectual
– Factores ambientales
  • Espacios determinados (baño, comedor).
  • Actividades concretas (que impliquen mancharse las manos).
  • Rutinas específicas (hora de entrega de la ropa sucia, momento de acudir al comedor, momento de hacer revisión o limpia en los armarios).
  • Presencia de personas determinadas (compañeras con las que ya ha tenido conflictos anteriormente o a quien se les presta una atención extra en un momento dado).
  • Presencia de personas determinadas en lugares o momentos concretos (ej; en el baño, compañeros que se cruzan en su camino si desea llegar la primera).
  • Momentos o espacios donde no existe una estructura definida.

B. Consecuentes o condiciones reforzadoras

– Alivio tras llevar a cabo la compulsión.
– A través de su conducta agresiva se queda sola en el cuarto de baño dando rienda suelta a sus compulsiones y evitando el malestar que le produce el estado de ansiedad.
– A través de las diferentes compulsiones evita o alivia la ansiedad que le generan determinadas situaciones, al menos de forma momentánea.
– A través del aislamiento evita enfrentarse a situaciones que le generan estrés (ej; actividades que implican mancharse las manos).
– Cuando hay menor nivel de estructuración en el entorno, evita participar en actividades y de esta forma tiene más tiempo para llevar a cabo las compulsiones que a su vez alivian la ansiedad al menos a corto plazo.
– Preguntando reiteradamente a los profesionales sobre temas que le preocupan obtiene confirmación y a su vez alivia la ansiedad que le genera la incertidumbre (p.ej., *¿entonces voy a salir este fin de semana con mi familia?*").
– Alteraciones en el sueño.

4.3. HIPÓTESIS SOBRE LA POSIBLE FUNCIONALIDAD

La mayor parte de las conductas problema cumplen la función de llevar a cabo las compulsiones y de esta forma evitar el malestar subjetivo que le generan determinados estados de ansiedad asociados a situaciones temidas o pensamientos relacionados con temores. Dicho comportamiento estaría siendo mantenido por un proceso de reforzamiento negativo (se produce un escape o una evitación activa de la propia ansiedad).

5. Intervención

5.1. OBJETIVOS DE INTERVENCIÓN

A. Objetivo general

Mantener una estabilidad emocional que le permita gozar de la mejor calidad de vida posible, restableciendo un ritmo y un funcionamiento adecuado en las actividades de su vida diaria.

B. Objetivos específicos

– Mejorar las relaciones sociales con sus compañeras de habitación y de cuarto de baño, evitando que la descarga emocional se dirija hacia ellas cuando no puede realizar la compulsión.

– Reducir el tiempo de las compulsiones que aún perduran, hasta que le permitan tener un funcionamiento diario adecuado (no llegar tarde al taller y participar en todas las actividades incluidas en su planificación individual, etc.).

– Generalizar las habilidades de autocontrol aprendidas en las sesiones individuales y grupales de manera que las pudiera aplicar justo en los momentos más críticos.

– Reducir el malestar que le generan sus obsesiones, disminuyendo el temor y haciéndose consciente de que las posibles consecuencias que están en la base de sus preocupaciones no son catastróficas.

– Aumentar su implicación personal en el plan de intervención, de manera que ella misma sea el principal motor de cambio por la motivación orientada a mejorar su calidad de vida.

– Ser consciente de las repercusiones que tiene para su salud el exceso de higiene.

– Incrementar su nivel de introspección de manera que sea consciente de cuál es su estilo cognitivo para poder detectar sus principales errores y ser más autónoma a la hora de poner los medios adecuados.

C. Recogida de datos

– Registros específicos de conducta.

– Registros de observación quincenales, donde queda reflejado su estado de ánimo general, posibles incidencias y posibles dolencias físicas.

– Cuestionarios específicos donde aparecen las conductas objetivo y en los que ella misma valore su grado de autocontrol según los parámetros: "bien/tengo que mejorar/tengo que mejorar mucho".

– Registros específicos de valoración de posibles consecuencias de sus preocupaciones según los parámetros: "puede ser terrible/ voy a pasar un mal rato/ me incomodaría".

– Observación e informes de los profesionales de atención directa.

5.2. PROCEDIMIENTOS DE INTERVENCIÓN

A. Estrategias generales

Manipulaciones ecológicas

- Se establecen horarios específicos de permanencia en el cuarto de baño, y se le permite quedarse la última para que pueda disfrutar de una mayor intimidad, siempre y cuando respete los tiempos.
- Se establecen momentos determinados para la revisión de armarios (una vez al día, no más de cinco minutos).
- Se preparan a propósito situaciones en las que no puede llevar a cabo la compulsión. P.ej., que no siempre entre la primera al comedor, que alguien se equivoque y coloque su servilleta en otro sitio, etc.

Programación positiva

Se diseña un programa específico con diferentes objetivos de aprendizaje y perfeccionamiento de habilidades sociales, de habilidades de afrontamiento y solución problemas:

- Sesiones mensuales para el perfeccionamiento de habilidades sociales en grupo (cuatro personas). Concretamente se trabaja: asertividad, adecuada canalización de emociones negativas y solución de conflictos (se lo pasa genial con el role-playing).
- Sesiones quincenales individuales: en las que se trabajan habilidades específicas de autocontrol (detección de situaciones potencialmente estresantes y recursos para hacerles frente). En estas mismas sesiones se trabajan sus preocupaciones a través de reestructuración cognitiva. También se lleva a cabo un entrenamiento autoinstruccional, y se le dejan carteles con pictogramas en los lugares donde suelen ocurrir los conflictos.

Se diseña un programa específico para mejorar su tolerancia a la frustración, introduciendo cambios y exponiéndole a situaciones desagradables para ella (mancharse las manos, arrugar su colcha…) para que pueda poner en práctica las habilidades aprendidas y pueda realizar una autoevaluación a través de los cuestionarios.

Además, participa en sesiones de relajación cada dos semanas, en imaginación y relajación progresiva. Realiza los ejercicios perfectamente y siempre refiere haberse relajado.

Para la reestructuración cognitiva se realiza un entrenamiento para identificar sus principales ideas erróneas (se le ayuda a buscar las afirmaciones exigentes que se realiza a sí misma como el "tengo que…", o "debo hacer esto", etc.) y se utilizan estrategias para corregirlas basadas en:

- El debate empírico, a través de cuestiones tales como: *"¿cuál es la probabilidad de que ocurra realmente? ¿cuántas veces ha ocurrido en el último mes, o en la última semana?"*
- El cuestionamiento de la falta de lógica: *"¿crees que es lógico lo que estás pensando? Dame una respuesta que pudiera ser lógica".*
- Centrase en el aspecto pragmático, a través de cuestiones como: *"¿qué resultados crees que tiene para ti el pensar tan a menudo si tus cosas están en su sitio?", "¿qué crees que va a ocurrir si continúas comprobando el armario tantas veces al día?".*
- También se utiliza el sentido del humor (reducción al absurdo) con el objetivo de disminuir las exageraciones sobre la importancia o la seriedad que le concede a las cosas. Esta es la técnica que mejor funciona en la actualidad con esta usuaria.

Tratamiento directo de la conducta

Basado principalmente en exposición con prevención de respuesta, y en distracción cognitiva en los momentos en los que comienza a verbalizar de manera recurrente alguna preocupación:

- Se le impide realizar la compulsión de manera directa, bien limitándole el tiempo o bien redirigiendo su conducta hacia otra actividad.

– Se le recuerdan de manera directa las habilidades que debe poner en práctica para evitar consecuencias negativas (p.ej., recordarle claves de asertividad si se prevé que puede llegar a tener un conflicto con alguna compañera).

– Además se lleva cabo una economía de fichas en la que quedan especificadas las conductas objetivo que se han pactado previamente con ella. Los privilegios que consigue también los escoge ella, generalmente suele demandar siestas y coca cola. Este programa funciona bien, aunque a veces no se ha llevado a cabo correctamente porque ha sido lo suficientemente hábil como para ocultar determinados comportamientos y no se le han retirado los privilegios en su momento.

Formación del personal

De manera periódica se llevan a cabo reuniones con el personal de atención directa en las que se les recuerda los principales rasgos de este trastorno, así como las pautas de intervención más convenientes con su correspondiente justificación. Cabe destacar que a algunos profesionales les ha costado comprender la importancia de impedir la consecución de las compulsiones, pues no le otorgan la verdadera importancia ni llegan a considerar el efecto tan devastador que puede llegar a tener en la evolución de su problema. No obstante, la colaboración por parte del personal de atención directa ha sido clave en la mejora de la usuaria.

Intervención farmacológica

Esertia:	1,5 – 0 – 0
Zyprexa velotab 10:	0 – 0 – 1
Zyprexa 5:	1 – 0 – 0

5.3. ESTRATEGIAS DE EVALUACIÓN DE LA INTERVENCIÓN

Se revisan los diferentes registros e instrumentos que se han mencionado en la recogida de datos cada mes.

Situación actual

Actualmente la usuaria se encuentra estable emocionalmente (salvo en determinados momentos que puede sufrir algún ataque de cólera de manera puntual). La evolución de este caso ha sido realmente positiva, aunque cabe destacar que su nivel intelectual ha sido clave en su progreso. Por otro lado, la consecución de las compulsiones no ha cesado, pero sí que ha disminuido considerablemente en tiempo y en intensidad. No obstante nos consta que ha aprendido a ocultarse muy bien y esto dificulta que siga evolucionando.

**Fig. 1: Clave visual para tratar lentitud compulsiva.
Limitación de tiempo (visual)**

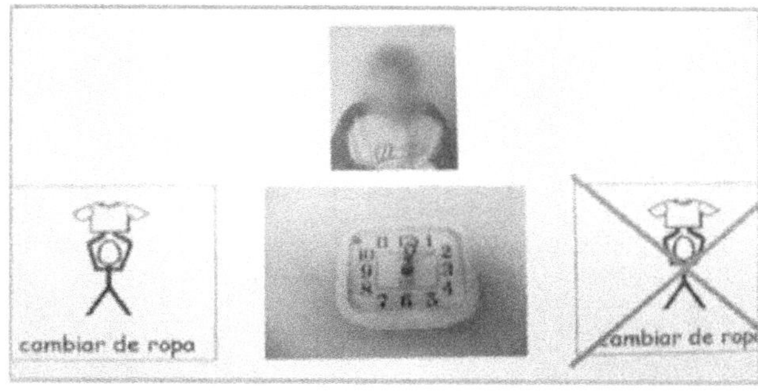

Fig. 2: Clave visual para una persona sin lenguaje oral, que evita tocar el pomo de las puertas.

Con esta clave se pretende que, de forma visual, entienda que debe abrir la puerta con la mano tres días a la semana y se le permite que lo abra con la manga de su chaqueta dos días por semana. Con el tiempo aumentan los días en los que debe abrir la puerta con la mano.

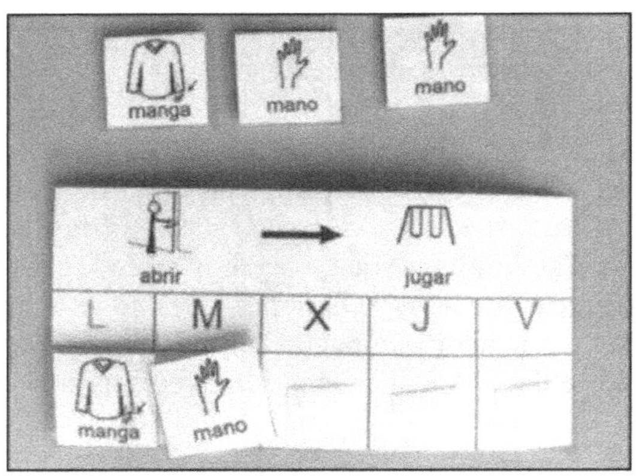

Fig. 3: Clave visual para limitar el número de vasos de agua ingeridos durante la mañana.

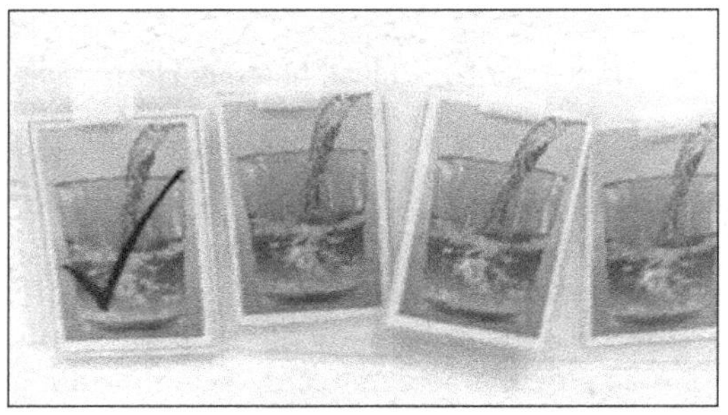

FOBIA

1. Descripción del caso

Varón de 21 años de edad con diagnóstico de autismo.

D.M. presenta limitaciones propias de las personas con trastorno del espectro del autismo de alto nivel de funcionamiento caracterizado por alteraciones de la comunicación verbal y no verbal, alteraciones cualitativas en las relaciones interpersonales y una marcada inflexibilidad del pensamiento y de la conducta. Grado total de minusvalía del 67 %.

D.M. estuvo matriculado en centros educativos ordinarios hasta los 10 años en modalidad de integración. Desde esa edad, está escolarizado en un centro educativo específico de autismo. Actualmente está escolarizado en un aula de Transición a la Vida Adulta, con cinco compañeros más de edades similares.

D.M. acepta y realiza correctamente las responsabilidades y tareas propias de esta etapa educativa y colabora cordialmente con los compañeros y profesionales. Su satisfacción con este servicio es elevada, tal y como se ha podido constatar en la última evaluación de satisfacción con el servicio rellenada por él mismo y por el equipo de profesionales de referencia.

El núcleo familiar de D.M. está formado por su padre y madre. No tiene hermanos. Los tres conviven en el barrio de San Blas, de Madrid. En general, las relaciones entre todos los miembros son buenas. La familia ha colaborado siempre con el centro educativo y están muy implicados en la educación y evolución de su hijo.

En los últimos años, su comportamiento ha ido aumentando en inflexibilidad, lo que le lleva a actuar de forma rígida y en muchas ocasiones, opositora, sin aceptar las directrices o normas del familiar o profesional, manifestando una baja tolerancia a la frustración, surgiendo, incluso conductas desajustadas (subidas del tono de voz o de destrucción de objetos).

Su mayor limitación es la presencia de reacciones disfuncionales y exageradas ante los gritos agudos. Presenta un temor marcado y persistente, excesivo y no razonable a escuchar gritos de otras personas. Si D.M escucha u observa a una persona gritando puede perder el control, insultar, salir corriendo y/o llegar a agredir a terceros.

Este tipo de conductas aparecen tanto en el centro educativo, hogar o entornos comunitarios, ante cualquier persona sea o no de referencia para él, limitando gravemente su inclusión comunitaria y su calidad de vida.

2. Antecedentes biográficos y características personales

Características personales de D.M.

D.M. siempre ha manifestado baja tolerancia a la frustración, propio de las personas con TEA. Durante el curso 2004-2005 da muestras de hipersensibilidad auditiva ante ciertos sonidos (determinados anuncios, películas, llantos, ruidos de motos…). Su familia cree que fue a raíz de un susto al escuchar un grito imprevisto en un anuncio mientras veía la T.V.

Ese curso comenta en varias ocasiones que le molesta el sonido que hace un compañero al toser y al sonarse la nariz. Cada vez que le escuchaba comentaba en voz alta lo molesto que le resultaba y cerraba la puerta de su clase para aislarse de ruidos. En ocasiones parecía hipervigilante y se quejaba de los sonidos de su compañero incluso cuando éste se encontraba lejos y el sonido era casi imperceptible. Su estilo de pensamiento rígido y obsesivo hizo que los profesionales no pensaran en fobia específica.

Extracto de un informe: *"a lo largo del curso se han dado 15 episodios (cinco graves) que han producido una reacción desmedida en su conducta, mostrándose agresivo y perdiendo el sentido de la realidad. En estos momentos, no se puede hablar con él, ni razonar, tan solo intentar que se siente y se tranquilice, usando siempre un tono suave, evitando enfrentamiento."*

Extracto de otro informe: *"D.M. sigue mostrando escasa tolerancia hacia determinados comportamientos de otras personas, que le lleva a reaccionar de una forma incontrolada y desajustada".* Durante el curso escolar se han dado 8 episodios de descontrol conductual originados por gritos. En las sesiones individuales se han reforzado aspectos relativos a *"reconocer y manifestar su estado de ánimo, la causa que lo provoca y buscar estrategias adecuadas de afrontamiento, a través de la enseñanza explícita de lo que ha estado mal hecho y cuál hubiera sido el comportamiento correcto".* Además, para ayudarle a controlar su conducta se ha elaborado con él una tarjeta que lleva siempre en su bolsillo, con unas orientaciones claras y concretas sobre qué debe hacer cuando escuche gritos".

Se inicia una desensibilización sistemática hacia los gritos y tonos agudos. D.M. firma un contrato en el que se compromete a dedicar las sesiones individuales con la psicóloga a trabajar este aspecto.

Los problemas de conducta siguen apareciendo en situaciones muy puntuales. El trabajo preventivo no es suficiente para que D.M. se autocontrole ante un grito.

Las principales estrategias proactivas utilizadas consistían en:

– Permitirle hacer uso de los cascos y de su mp3 en determinados espacios compartidos con alumnos más pequeños.
– Recordarle verbalmente y por escrito que puede abandonar la tarea/actividad siempre que lo pida correctamente.
– Refuerzos positivos ante situaciones en la que pone en práctica estrategias útiles.
– En entornos nuevos: anticiparle lo que puede suceder y le pueden molestar y sobre todo, explicarle bien las opciones que tiene para evitarlas o afrontarlas.
– En entornos nuevos y desconocidos: nada más llegar, ubicar el aseo.

Estrategias reactivas:

– Permitirle abandonar la tarea/actividad siempre que lo pida correctamente.
– Permitirle que se aleje de la persona que grita.
– No tocarle, ni ponerse en su camino si deseaba alejarse de alguien que grita.
– No entrar en su conversación. En estos momentos D.M. suele buscar a alguien con quien discutir y eso no le ayuda a calmarse, más bien le carga.
– Limitarse a indicarle que se aleje, o que se vaya al aseo a calmarse.
– Cada descontrol tiene un coste de respuesta que es negociado con él.

Antecedentes médicos

Diagnóstico de TGD, tipo autismo. No presenta enfermedades relevantes. En la familia no hay antecedentes de fobias específicas aunque la madre asegura tener "pánico a las cucarachas".

3. Síntomas o indicadores

En la actualidad, D.M. ha tenido 5 descontroles graves (con conductas agresivas y descontroladas hacia otros para tratar de callar el grito o para alejarse de éste).

Nivel afectivo/emocional

– Sentimientos de arrepentimiento tras cada descontrol.
– Tiene muchas dificultades para expresar sus emociones negativas sin mostrarse agresivo.
– Nivel cognitivo

- Pensamiento e intereses restringidos y estereotipados.
- Falta de atención y concentración.
- Falta de habilidades sociales propias del autismo.
- Tras su paso por la adolescencia, muestra una actitud tendente al aislamiento, tiene relación escasa con sus iguales. No es así con adultos (del centro educativo y de fuera de éste), le gusta relacionarse, compartir intereses u observaciones…

Nivel conductual

- Torpeza y lentitud motora, especialmente en actividades que requieren esfuerzo físico.
- No le gusta el contacto físico por lo que en un estado de nerviosismo puede retirar con violencia a la persona que le toque.

4. Evaluación

4.1. EVALUACIÓN GENERAL

A. Factores psicológicos

- <u>Rasgos de personalidad</u>: D.M. es una persona rígida, a nivel cognitivo y conductual. Es difícil acceder a él. Cuando está tranquilo y la actividad le motiva, es una persona colaboradora y trabajadora. En cuanto a las relaciones sociales, prefiere relacionarse con adultos familiares y/o profesionales. Tiene escasas relaciones con iguales por sus dificultades sociales.
- <u>Nivel de habilidades</u>: En el **IDEA** -Inventario de Espectro Autista (Riviére, 2000)- instrumento que valora la intensidad de la sintomatología autista, D.M. obtiene una puntuación total de 20 (puntuación techo de la prueba: 96) mostrando un cuadro que se aproxima al Síndrome de Asperger.
- <u>Inteligencia</u>: En el **Test Breve de Inteligencia de Kaufman (K-Bit)** (Kaufman y Kaufman, 1994; adaptación española de Cordero y Calonge) obtiene una puntuación correspondiente a un CI compuesto de 112, encontrándose discrepancias significativas entre su rendimiento en las pruebas de vocabulario (puntuación típica de 101, categoría descriptiva Media) y Matrices (puntuación típica de 121, categoría descriptiva Alta), que evalúan, respectivamente, la habilidad para resolver tareas que implican manejar palabras y solucionar problemas estrechamente relacionados con contenidos escolares, así como la habilidad para enfrentarse a tareas nuevas que requieren pensar sin apoyo verbal y resolver problemas "nuevos". Estos resultados normativos indican un nivel de funcionamiento intelectual general medio. Si bien estos resultados pueden considerarse positivos, las limitaciones o dificultades de D.M. se centran principalmente en aspectos relacionados con la rigidez cognitiva, flexibilidad de pensamiento, habilidades sociales, autorregulación y adquisición de pautas adecuadas de comportamiento.
- En cuanto a sus <u>habilidades adaptativas</u> valoradas mediante la **AAA (Escala de evaluación de las áreas adaptativas)**, en comparación con población de su edad sin discapacidad intelectual, D.M. obtiene puntuaciones que se engloban en las categorías "pobre" y "por debajo de la media". En las áreas de: "vida en comunidad", "autodirección", "salud y seguridad" y "social" su puntuación equivale a un percentil 5. En "autocuidado" y "vida en el hogar" su puntuación equivale a un percentil 9. En el área de "comunicación"; percentil 16. En las áreas de "ocio" y "empleo"; percentil: 16. Y, por último, su rendimiento destaca en "habilidades académicas" donde obtiene una puntuación equivalente a un percentil 37.
- Respecto al <u>estilo de aprendizaje</u>, D.M. presenta dificultades en la atención sostenida y dividida, necesitando de un ambiente estructurado y supervisión intermitente en tareas de larga duración. Puede permanecer sentado, trabajando durante tiempos prolongados siempre que la tarea le motive.
- Para aclarar <u>reglas o normas de comportamiento</u> conviene realizar contratos por escrito con él (que le expliquen, por pasos, la secuencia y el comportamiento correcto en la situación concreta) y que lo firme para comprometerse a cumplirlos.

– Posee <u>lenguaje oral</u> con un amplio vocabulario, anomalías prosódicas y habilidades pragmáticas pobres. Su discurso resulta desorganizado y poco fluido, difícil de seguir por los errores gramaticales que comete y las alteraciones en la prosodia. Su comprensión es buena aunque literal. No es capaz de seguir un discurso elaborado en una explicación grupal. Le cuesta iniciar una conversación, mantenerla (ajustándose al contenido, a los tiempos, mantener la mirada y la orientación del cuerpo hacia el interlocutor) y finalizar correctamente la conversación.

– Sus <u>intereses</u> son limitados, se centran en todo lo relacionado con los cómics, ciencia ficción, novelas escritas por él mismo y los videojuegos. También le gusta el ordenador y últimamente está interesado por todo lo relacionado con la cultura japonesa. Desde hace aproximadamente un año le gusta la estética "heavy"; se ha dejado el pelo largo y elige un atuendo propio de este estilo estético. Es muy creativo, le gustan las actividades artísticas, no dirigidas, donde puede dar rienda suelta a su imaginación.

– Su <u>nivel curricular</u> se asemeja al de 4° de Primaria. D.M. muestra motivación intrínseca ante el aprendizaje y su actitud ante las tareas es buena. Su ritmo de trabajo suele ser lento, ya que se entretiene con cualquier estímulo externo o con pensamientos (a veces estos pensamientos aparecen en voz alta en forma de soliloquios).

– <u>Habilidades de autonomía</u>: Es autónomo en aseo, vestido, higiene y alimentación aunque requiere supervisión. Necesita especial supervisión, a través de recordatorios diarios, en autocuidado (higiene corporal -uso de desodorante, cortarse las uñas- apariencia…). Es capaz de desplazarse autónomamente en transporte público sólo en trayectos conocidos y cortos. Es capaz de hacer compras sencillas (por ej. comprar el pan o el periódico) y conoce bastante bien el valor de las monedas. No es capaz de realizar gestiones administrativas ni acude solo a citas médicas. En casa realiza algunas tareas domésticas los fines de semana: hacerse la cama, ayudar a limpiar su habitación, calentar la comida, poner la mesa.

– En los últimos años, tras su paso por la adolescencia, su comportamiento resulta bastante inflexible lo que le lleva a actuar de forma rígida y, en algunas ocasiones, opositora. Por norma general es un chico simpático, amable y servicial, no le cuesta aceptar las directrices o normas del familiar o profesional, pero en días de mayor estrés (a causa de algún conflicto) puede manifestar una baja tolerancia a la frustración, surgiendo, incluso conductas desajustadas (subidas del tono de voz, amenazas o destrucción de objetos).

B. Factores médicos/ psiquiátricos

D.M. tiene un diagnóstico de TGD, tipo autismo. Actualmente no recibe tratamiento farmacológico. Tiene miopía, por lo que usa gafas.

Se ha aplicado la prueba (PAS-ADD 10) (Moss, Ibbotson, Prosser, Goldberg, Patel, Simpson, 1997) pero sus resultados no son válidos ya que D.M. satura en la escala TGD.

En cuanto a su salud mental, por los síntomas referidos más arriba, parece que D.M. presenta algunos criterios de fobia específica (fobia a los gritos agudos).

C. Factores programáticos

En el Centro educativo al que acude se trata de dar respuesta a sus necesidades psicoeducativas de la manera más individualizada posible. Para ello se le proporciona un entorno adaptado mediante la estructuración espacio-temporal (PEANA), la realización de actividades funcionales y significativas en entornos naturales, la atención individualizada y la inclusión en grupo reducido.

Los entornos en el centro educativo son predecibles (agendas, paneles informativos, ayudas visuales en todas las aulas, normas de conducta explicitas…), de manera que D.M. se mueve con seguridad en este ambiente al mismo tiempo que recibe la estimulación necesaria para que sus funciones cognitivas y sociales sigan evolucionando.

Los estímulos fóbicos (gritos agudos) suelen aparecer en la parte inferior del centro, donde están los alumnos más pequeños. El aula y los talleres a los que acude D.M. se encuentran en el piso de arriba. Los entornos en los que puede cruzarse con alumnos pequeños son: comedor, pasillos y patio en las horas de cambios de actividad, entrada y salida. En esos momentos D.M. puede ponerse su mp3 con música para evitar escuchar gritos. Además, él tiene estrategias de evitación útiles como echar un vistazo por la ventana para ver si hay niños pequeños antes de bajar al patio o alejarse de bebes en el vagón del metro.

D. Factores sociales

Además de su familia nuclear, D.M. cuenta con otros familiares cercanos (abuelos, tíos/as y primos) con los que mantiene una relación estrecha y frecuente. Esporádicamente (una vez al mes aprox.) hacen planes familiares en los que se incluyen estos miembros de la familia extensa. Hasta hace pocos años mantenía una buena relación con un primo un año mayor que él con el que quedaba casi a diario. Actualmente no tiene grupo de iguales con los que relacionarse fuera del entorno educativo.

D.M. tiene una escasa red social fuera de su círculo familiar. Así, sus actividades de ocio se suelen limitar a las realizadas con su familia (salir a comer, reuniones familiares, bolera) o con los compañeros en horario de Centro educativo. Su familia hace uso del "respiro familiar" apuntando a D.M. a un viaje de fin de semana una vez al año.

Entre semana cuando acaba en el Centro educativo acude a un curso del CEPA donde está obteniendo un título de auxiliar administrativo. Allí tiene compañeros de su edad, con menores necesidades de apoyo y más habilidades sociales pero no mantiene relaciones de amistad con ninguno de ellos.

4.2. EVALUACIÓN ESPECÍFICA

A continuación nos vamos a centrar en el análisis funcional de las conductas que pueden definir la fobia específica.

A. Antecedentes y condiciones precursoras

- Físicos: analizando los registros elaborados se observa que en más del 40% de las ocasiones los descontroles ocurren antes de la hora de comer, por lo que el factor "hambre" puede ser un predisposicional.
- Sociales: no se han detectado. Los descontroles ocurren ante cualquier profesional, familiar… y en cualquier entorno.
- Programáticos: escuchar gritos agudos cercanos, especialmente en un entorno cerrado.
- Psicológicos: pensamientos catastróficos del tipo *"voy a perder el control", "le voy a matar"*… Emociones negativas: ira, rabia.

B. Factores de vulnerabilidad

Psicológicos:

- Baja tolerancia a la frustración.
- Déficit en el control de impulsos
- Déficit de habilidades sociales
- Probable hipersensibilidad auditiva
- Bajo autoconcepto.
- Déficit de estrategias de afrontamiento del estrés
- Estilo cognitivo rígido y obsesivo.
- Dificultades en la gestión de emociones.
- Dificultades de comunicación
- Episodio traumático relacionado con gritos.

Médicos:

- Diagnóstico de TGD, autismo.

Programáticos:

- El hecho de estar matriculado en un centro educativo específico para personas con TEA, en el que las etapas de educación básica y TVA comparten espacio, hace que la probabilidad de escuchar gritos agudos sean altas.

C. Consecuentes o condiciones reforzadoras

Condiciones reforzadoras positivas: No relevantes.

Condiciones reforzadoras negativas:

- Físicas: En el centro educativo; evita encuentros con los alumnos pequeños que sabe que tienen un grito agudo. Al salir corriendo cuando escucha un grito, consigue alejarse del estímulo fóbico.
- En la comunidad, consigue evitar escuchar un grito alejándose de las personas que con mayor probabilidad emitan gritos (grupos de niñas, adolescentes o bebes). La evitación provoca sensación de calma y tranquilidad.
- Sociales: No conocidos
- Psicológicas: sentimientos de calma al alejarse del grito.

4.3. HIPÓTESIS SOBRE LA FUNCIONALIDAD DE LA CONDUCTA

Parece que son conductas mantenidas por estímulos reforzadores unidos a una baja tolerancia a la frustración y a un estilo de pensamiento muy rígido y obsesivo. Como en todas las fobias, la evitación del estímulo fóbico es el recurso más útil y la calma que genera evitarlo hace que nunca llegue el momento de querer afrontarlo. Así, cuando D.M. escucha un grito agudo cerca de él no es capaz de autocontrolarse y manifiesta una respuesta desajustada, amenaza y/o agrede a la persona que ha gritado.

5. Intervención

5.1. OBJETIVOS DE INTERVENCIÓN

A. Objetivo general

- Ser capaz de escuchar gritos en cualquier entorno sin tener una respuesta desmedida.

B. Objetivos específicos

- Psicoeducación en fobias.
- Entrenamiento en relajación
- Poner en marcha un programa de desensibilización sistemática (DS)
- Identificación y control de emociones negativas (ansiedad, ira) asociadas a los síntomas.
- Reducción de problemas de conducta en casa, centro educativo y comunidad.
- Mejora en habilidades de afrontamiento del estrés.
- Mejora del autoconocimiento y autoestima.
- Transformación de la respuesta desajustada y desproporcionada en respuesta ajustada al contexto.

C. Recogida de datos

- Contrato de compromiso a trabajar mediante DS en sesiones individuales con la psicóloga un día a la semana.
- Registros que recogen información de los diferentes aspectos conductuales sobre los que se va a intervenir
- Registros ABC de las respuestas desajustadas ante gritos.
- Pirámide de estímulos fóbicos.
- Entrevistas con familiares y otros profesionales (psiquiatra, educadores).
- Observación directa.

5.2. ESTRATEGIAS DE INTERVENCIÓN

A. Estrategias generales

Manipulaciones ecológicas

- Cuando D.M. acude al comedor y es posible que escuche algún grito agudo puede usar sus cascos con su mp3. Si algún día no lo tiene, se le presta uno.
- Durante las clases se recuerda a todos los profesionales que las puertas de las aulas deben permanecer cerradas para evitar ruidos.
- Cuando va en el metro y ve entrar en su mismo vagón a niñas o bebés tambien puede hacer uso del mp3 o bien pedir al profesional de referencia o familiar que cambien de vagón.
- Cuando acude a algún entorno nuevo, se le indica dónde se encuentra el wc por si tiene que hacer uso de él.

Psicoeducación y programación positiva

A los profesionales de atención directa, a la familia y a D.M. se les proporciona psicoeducación sobre la fobia y se consensúa con ellos un programa de apoyo conductual.

Entre los puntos más importantes de la psicoeducación:

- Inicio y posibles causas de la patología.
- Dificultad para su diagnóstico clínico.
- Identificación de los síntomas.
- Intervención mediante DS.
- Objetivos de la intervención.
- Intervención desde el ámbito familiar

En terapia individual los objetivos con D.M. son:

1. Desensibilización sistemática ante los gritos.

- Técnicas de respiración y relajación.
- Exposición en imaginación
- Exposición en vivo

2. Terapia cognitivo-conductual:

- Análisis de pensamientos automáticos y pensamientos alternativos.
- Identificación de emociones negativas y positivas,
- identificación de sus causas y de las estrategias eficaces para volver a la calma.
- Identificación de las respuestas eficaces y apropiadas y de las respuestas inadecuadas o desajustadas
- Enseñanza de habilidades y estrategias de afrontamiento.

3. Aumentar sus actividades de ocio

4. Enseñarle a hacer una queja de manera formal.

B. Estrategias específicas

Fases del programa de desensibilización sistemática:

1. Entender qué es una fobia y qué es sentir ansiedad
2. Escribir la pirámide de situaciones temidas
3. Aprender a relajarse y a respirar profundamente.
4. Aprender a graduar el estado de relajación
5. Ir superando los escalones de la pirámide hasta llegar al último escalón (imaginando cada situación)
6. Exposición real a gritos combinada con relajación. Aumento del autocontrol.
7. Fin de la desensibilización.

A continuación se comentan algunas premisas y ayudas visuales que se utilizaron en cada fase del programa de desensibilización sistemática.

FASE 1. Entender qué es una fobia y qué es sentir ansiedad.

Para comprender el concepto de fobia, es necesario entender y discriminar los términos "miedo", "ansiedad" y "respuesta desproporcionada". Mediante ejemplos cotidianos, role playing, narraciones y vídeos se analiza cada termino y D.M. elabora un mini-diccionario de términos que utilizará durante todo el programa.

FASE 2. Pirámide de situaciones temidas:

FASES 3 Y 4: Aprender a relajarse y a respirar profundamente. Aprender a graduar el estado de relajación.

Para enseñar a D.M. a atender a sus respuestas fisiológicas a la hora de graduar el grado de relajación se ha utilizado también un tensiómetro como medida de biofeedback. De esta forma se tiene una medida del grado de relajación más objetiva.

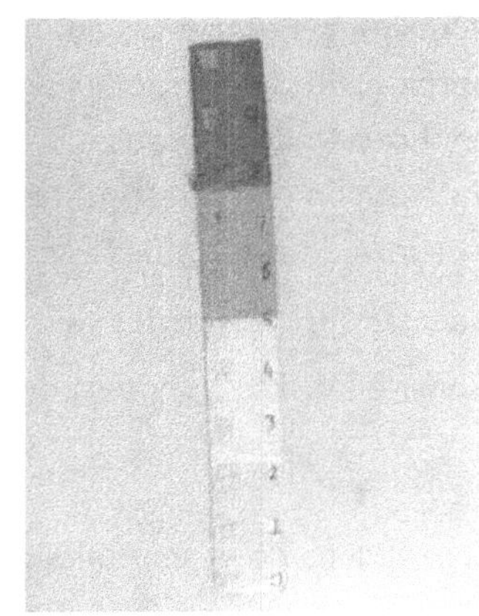

El termómetro de ansiedad para indicar el grado de relajación lo maneja el paciente. De esta forma no necesita verbalizar mientras está imaginando la situación temida.

FASES 5 Y 6. Ir superando los escalones de la pirámide hasta llegar al último escalón (imaginando cada situación). Exposición real a gritos combinados con relajación. Aumento del autocontrol.

La DS en imaginación no fue eficaz debido a los problemas de atención y de imaginación del paciente por eso se optó por la DS en vivo teniendo en cuenta todas las recomendaciones aplicables a este tipo de terapia en personas con discapacidad intelectual. En el caso de D.M. fue decisivo darle a él el control de la situación ante cada exposición. Por ejemplo, ante la escucha de los gritos grabados, él manejaba el volumen de los altavoces del ordenador. Así, cuando aseguraba estar relajado, comenzaba el video sin volumen y él iba subiendo el volumen. Este autocontrol aunque, enlenteció el proceso sirvió para que D.M. aumentará su confianza en el terapeuta, para fomentar la sensación de control y evitar frustraciones que pusieran en peligro la continuidad de la intervención.

Como ayuda a la exposición y para ayudar a D.M. a comprender lo positivo de sus esfuerzos se diseñó un programa de refuerzo que "premiara" cada superación de un escalón en la pirámide. A partir del tercer escalón, los refuerzos materiales se desvanecieron ya que la mera superación del miedo se constituyó el mejor reforzador.

TERAPIA CONITIVO-CONDUCTUAL:

– Análisis de pensamientos automáticos y pensamientos alternativos.
– Identificación de emociones negativas y positivas,
– Identificación de sus causas y de las estrategias eficaces para volver a la calma.
– Identificación de las respuestas eficaces y apropiadas y de las respuestas inadecuadas o desajustadas
– Enseñanza de habilidades y estrategias de afrontamiento.

Nuevos procedimientos de intervención

D.M. comienza a negarse a realizar sesiones de terapia individual para trabajar la desensibilización. Se observa que en dos ocasiones es capaz de tolerar gritos de enfado cercanos a él mientras su atención está en otro estímulo muy reforzante para él (juega con la videoconsola a un juego nuevo). Cuando se comenta con él asegura que, aunque ha escuchado los gritos, se ha controlado porque "quería jugar a la wii".

A la vez, el equipo de coordinación valora que D.M. conoce perfectamente la teoría pero le cuesta llevarlo a la práctica en las situaciones más impredecibles. En estas situaciones su respuesta más inmediata es alejarse del estímulo fóbico. Y, una vez se encuentra lejos y "en sitio seguro", pone en marcha las técnicas de reestructuración de pensamientos automáticos.

Por este motivo, se decide detener el proceso de D.S y se ponen en marcha nuevas intervenciones.

Nuevas intervenciones ecológicas

Se acuerda con la familia un nuevo refuerzo diferencial y que el coste de respuesta de cada descontrol sea proporcional a la gravedad del mismo.

En el centro se elabora un autorregistro que sirve al mismo tiempo de sistema de puntos para incrementar la motivación y que él mismo lleve un control de los descontroles.

Al finalizar cada jornada D.M. anota un tic azul o un punto rojo en el calendario. Junto al calendario hay un documento donde se establece claramente lo que significa cada señal.

Se mantienen algunas de las anteriores medidas preventivas y se elaboran nuevas ayudas visuales transportables:

– Cuando D.M. acude al comedor y es posible que escuche algún grito agudo puede usar sus cascos con su mp3. Si algún día no lo tiene, se le presta uno.
– Durante las clases se recuerda a todos los profesionales que las puertas de las aulas deben permanecer cerradas para evitar ruidos.

– Cuando va en el metro y ve entrar en su mismo vagón a niñas o bebés también puede hacer uso del mp3 o bien pedir al profesional de referencia o familiar que cambien de vagón.

– Cuando acude a algún entorno nuevo, se le indica dónde se encuentra el baño por si tiene que hacer uso de él.

– Se ha elaborado una ayuda visual que lleva pegada en la parte trasera de su teléfono móvil que le recuerda qué debe hacer en caso de escuchar un grito que le moleste.

D.M. ha reducido la intensidad de los descontroles pero no su frecuencia (hasta el mes de junio ha tenido 5 puntos rojos en su calendario). Aunque su respuesta sigue siendo exagerada y desajustada, las agresiones a terceros son leves o se quedan en amenazas.

La respuesta más adaptativa encontrada hasta el momento es, alejarse del estímulo fóbico. Y esto se le permite siempre que lo haga de forma ordenada y educada.

Figura 1. Autorregistro y sistema de economía de fichas ubicados en su aula.

Figura 2. Panel de consecuencias para establecer coste de respuesta ubicado en una pared del aula.

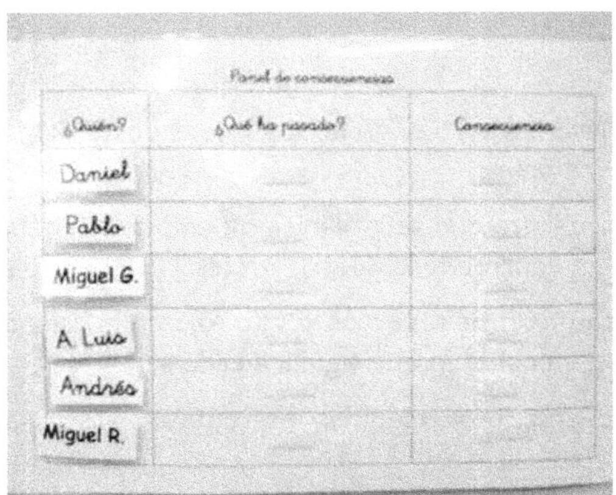

Fecha: ______________

DESCRIBIR QUÉ HA SUCEDIDO

(CON DIBUJOS SIMPLES Y TEXTO)

(Cómo me he sentido antes de que ocurriera la conducta desajustada.

Qué he hecho?. A quién?. Dónde estaba?. Cómo ha respondido la otra persona?...)

DESCRIBIR QUÉ DEBO HACER LA PROXIMA VEZ QUE ME SIENTA ASI.

(Describir la misma situación con dibujos y frases pero haciendo énfasis en lo que **debería haber hecho.**)

(Qué haré la próxima vez que me enfrente a una situación similar).

Figura 4. Ayuda visual para recordar la técnica de parada de pensamiento

PARADA DE PENSAMIENTO

1. Ante pensamientos y emociones negativas como "voy a perder el control".
2. Tiro de la goma de la muñeca (o lo que vaya a ser el/los estímulos).
3. Respiro con calma y pienso en escribir el libro.

Para conseguirlo primero se hacen los pasos en voz alta y más adelante en silencio. Cuanto más se repita, más fácil será hacerlo.

Figura 5. Ayuda visual para el proceso de reestructuración cognitiva

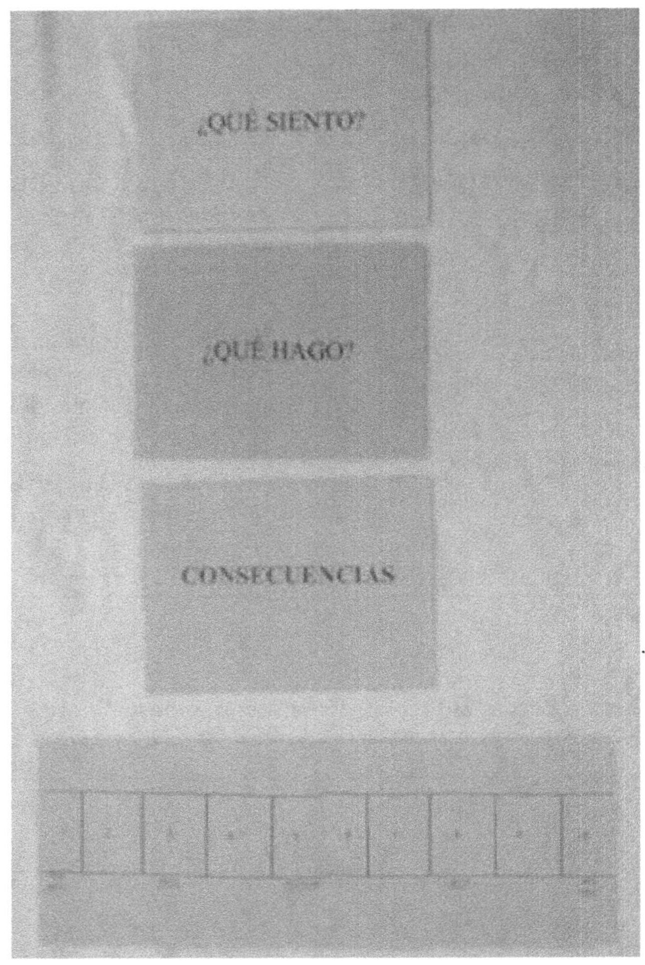

TRASTORNO POR ESTRÉS POST-TRAUMÁTICO

1. Descripción del caso

M.G.C. es una persona con DI y necesidades de apoyo extenso que acude a un Centro Ocupacional desde hace un año. Hace cuatro meses presenció un accidente de tráfico en el que se produjo la muerte de su padre. Él iba con su hermana en el coche de detrás y según relata aquella situación fue horrible y recuerda como en un momento dado el coche de su padre se salió de la carretera y volcó. Cuando pararon recuerda la imagen de su padre lleno de sangre y heridas. Le han dicho que su padre debió dormirse al volante.

Desde que ocurrió el suceso viene sufriendo los siguientes síntomas:

- A menudo tiene pesadillas en las que revive lo ocurrido y se levanta sobresaltado.
- Durante el día a veces piensa en lo que pasó y se pone triste.
- Otras veces está de mal humor y responde mal a su madre sin razón.
- Aunque los recuerdos son algo confusos a veces le vienen imágenes sueltas más claras del accidente.
- Cuando ha vuelto al pueblo nunca ha querido pasar por el lugar en el que ocurrió el accidente y sólo intentarlo le produce taquicardía y ganas de vomitar.
- En general intenta evitar cualquier traslado en coche y procura utilizar el transporte público o ir andando a los sitios siempre que puede.
- Cuando se le insiste para que monte en el coche se autolesiona mordiéndose la mano, golpea el coche e intenta agredir al que le acompaña.
- Cuando está con su sobrino en ocasiones juega con sus coches de juguete con los que recrea escenas de accidentes de forma repetitiva, con muestras de enfado y cierta hostilidad.

En su taller ocupacional, desde que ocurrió el accidente, suele estar muy alerta de las cosas y al mismo tiempo refiere que tiene muchas dificultades para entender las tareas y los recados que le dan. Incluso en ocasiones le cuesta comprender cuando le hablan y le da vergüenza preguntar.

Se ha vuelto más retraído y no sale tanto con sus amigos como antes, si bien todos le aprecian porque "aunque todo me sale mal, en el fondo dicen que soy un buen chico". Ya no disfruta de las salidas como antes. Este verano ni siquiera quiso irse de vacaciones con sus compañeros.

En casa, su relación con su madre y abuelos ha empeorado y se muestra mucho más irritable y poco colaborador.

En general cree que tiene muy mala suerte y que todo le sale mal. Se siente culpable del accidente porque, según dice, su padre se durmió al volante porque estaba muy cansado y él sólo le daba problemas y no le ayudaba lo suficiente.

2. Antecedentes biográficos y características personales de la persona

Antecedentes biográficos

M.G.C. es un varón diagnosticado de Síndrome de Lennox Gastaut y retraso mental moderado. Desde hace un año es usuario de un Centro Ocupacional de la localidad madrileña de Getafe. Previamente no ha estado escolarizado. Presenta crisis epilépticas desde los 3 años de edad, de tipo mioclónicas con ausencias típicas. Las crisis actualmente están bien controladas bajo tratamiento farmacológico.

Características generales

M.G. C. tiene 19 años de edad, es soltero y vive con su madre y abuelos. Tiene una hermana casada con un hijo, que vive de manera independiente. Posee buena motricidad y marcha autónoma, comprende órdenes complejas y es capaz de mantener una conversación. En general, su comportamiento es alegre y cariñoso aunque algo dependiente de los demás.

3. Síntomas o indicadores

A. Nivel afectivo/emocional:

- Miedo generalizado.
- Irritabilidad.
- Culpa.
- Tristeza, síntomas leves de humor depresivo.
- Ansiedad.
- Disminución marcada del interés por actividades que anteriormente eran gratificantes.

B. Nivel biológico o somático:

- Hiperactivación fisiológica a modo de hipervigilancia.
- Problemas de sueño, pesadillas.
- Quejas somáticas.

C. Nivel cognitivo:

- Intrusión de imágenes y pensamientos asociados al trauma.
- Cogniciones disfuncionales de culpa persistente acerca del suceso.
- Problemas para concentrarse.
- Problemas de atención.
- Peor funcionamiento cognitivo en general.

D. Nivel conductual:

- Problemas de relación: aislamiento social, sensación de distanciamiento respecto a los demás.
- Peor rendimiento en el taller ocupacional.
- Conductas de evitación: evitación conductual de situación asociadas (montar en coche), pasar por el lugar del suceso, etc.

4. Evaluación

4.1. EVALUACIÓN ESPECÍFICA:

A. Factores de vulnerabilidad y contribuyentes

En este caso los factores más relevantes de vulnerabilidad o contribuyentes son de tipo psicológico y se relacionan con:

- Discapacidad intelectual.
- Déficit en habilidades de resolución de problemas.
- Dificultades interpersonales.
- Baja autoestima.
- Estilo dependiente de personalidad.
- Falta de habilidades de afrontamiento.

Se trata de variables mantenedoras que facilitan en su conjunto las conductas de evitación.

B. Pruebas de evaluación realizadas

– **Escala de Evaluación para la Detección de los Problemas de Salud Mental de las personas Adultas con Retraso Mental (MINI PAS-ADD):** En la escala 2 de ansiedad se obtuvo una puntuación total de 12 puntos, siendo la puntuación máxima de 18 y la puntuación umbral de 7.

– **Evaluación Diagnóstica para Discapacitados Graves (DASHII):** Valorada la frecuencia de los ítems del cuestionario se obtuvo un resultado de 8 puntos en la escala de ansiedad, siendo el punto de corte 2.

– **Escala de Trauma de Davidson (DTS):** Fue cumplimentada con la información proporcionada tanto por M.G.C. como por su madre. Las puntuaciones que se obtuvieron fueron de 36 en Frecuencia y de 26 en Gravedad, con un total de 61 puntos, siendo la puntuación significativa a partir de 40 puntos.

– **Otras herramientas** de evaluación:

  • Registros diarios adaptados para valorar la atención, el grado de ansiedad y el estado de ánimo.

  • Observación directa.

  • Informes de los profesionales de atención directa.

C. Consecuentes o condiciones reforzadoras

Nos encontramos en este caso condiciones reforzadoras negativas que son típicas en los trastornos de ansiedad. Se trata de comportamientos de escape o evitación que a corto plazo disminuyen su malestar pero que le impiden afrontar las situaciones que le generan ansiedad (ir en coche, pasar por el lugar del suceso, etc.).

Además el asilamiento y la no participación en actividades sociales y ocupacionales también se ven reforzadas al verse reducido su esfuerzo por realizar la actividad.

Por otro lado, también hay algunas condiciones reforzadoras positivas cuando recibe atención al manifestar sus quejas y sintomatología a sus familiares, personal o personas más cercanas.

4.2. HIPÓTESIS SOBRE EL PROBLEMA

En general, tanto la evaluación funcional como los resultados de las pruebas realizadas apuntan a un posible Trastorno de Estrés Post-traumático que se desarrolla a los pocos meses de que M.G. C. fuera testigo de un suceso traumático ocurrido a su padre y que supone su fallecimiento.

Por un lado, existen claros síntomas de hiperactivación fisiológica, así como una reexperimentación del suceso a través de juegos, sueños e imágenes en las que recuerda con ansiedad las imágenes de lo ocurrido durante el accidente.

Por otra parte, existen claros factores contribuyentes y mantenedores del problema relacionados con los comportamientos de evitación, así como con sus escasos recursos de afrontamiento, baja autoestíma y elevada dependencia de los demás.

5. Intervención

5.1. OBJETIVOS DE INTERVENCIÓN

A. Objetivos generales

– Disminuir su nivel de ansiedad.

– Elaborar e integrar los recuerdos de la situación.

– Modificar la evaluación negativa del trauma.

B. Objetivos específicos

– Reducir y eliminar las conductas de evitación.
– Aumentar su interés por las actividades del taller.
– Mejorar su nivel de autoestima y sus habilidades generales de afrontamiento.
– Mejorar su rendimiento cognitivo.
– Recuperar un estado de ánimo más positivo.
– Aumentar su participación en las actividades sociales y de ocio.
– Orientar a su familia para que participe en la terapia y estimule su progreso en el tratamiento.
– Facilitarle la elaboración el proceso de duelo.

5.2. ESTRATEGIAS DE INTERVENCIÓN

Las principales estrategias empleadas durante la intervención fueron:

– Entrenamiento en relajación muscular adaptada con el objetivo de reducir el nivel general de activación.
– Exposición en imaginación. En la que ayudamos al M.G.C. a relatar los detalles de la experiencia traumática (narración, detalles sensoriales: ruidos, olores).
– Exposición graduada in vivo. Dirigida a las situaciones que tiende a evitar de forma sistemática (el lugar del accidente, ir en coche, etc.).
– Entrenamiento en reestructuración cognitiva. Muy dirigido en este caso hacia los sentimientos de culpa.
– Entrenamiento en asertividad y autoestima, como modo de reforzar su autoeficacia y habilidades de afrontamiento, con el objetivo de prevenir así posibles futuras recaídas.

Ejemplo de registro empleado durante el entrenamiento en reestructuración cognitiva:

Ideas negativas que me aparecen	Posibles ideas alternativas
"El accidente fue culpa mía: mi padre se quedó dormido porque estaba cansado por que yo no me portaba bien ni le ayudaba lo suficiente"	"Las causas posibles de estar cansado son muchas y las de que se produzca un accidente también: quedarse dormido, distraerse por usar el teléfono, manipular la radio, hablar con alguien, etc." "Yo no tengo ninguna culpa en lo que pasó, nadie la tiene y pensar eso además de ser mentira me hace daño"

5.3. EVALUACIÓN POST-TRATAMIENTO

A los 6 meses de tratamiento se controlaron en gran medida las ideas e imágenes intrusivas y M.G.C. se mostró mucho más tranquilo.

Además, manifiesta ser capaz de hacer trayectos cortos en coche e incluso refiere haber pasado por el lugar del accidente sin sentirse tan mal como antes.

Se siente más seguro de sí mismo y motivado para continuar el tratamiento centrado en el entrenamiento en habilidades sociales y asertividad.

1. CUESTIONARIO DE SUCESOS VITALES

EDAD: _______________________________   FECHA: _____________________________

Más abajo, puede leer un número de sucesos o acontecimientos angustiosos.

Para cada suceso, marque una o más de las casillas de la derecha para indicar si:

- (a) le ocurrió a usted personalmente.
- (b) usted fue testigo de lo que le ocurrió a otra persona.
- (c) se enteró de lo que le ocurrió a alguien cercano a usted.
- (d) no está seguro/a de que se ajuste a lo que le sucedió.
- (e) no se puede aplicar a lo que le sucedió a usted.

Asegúrese de que considera toda su vida (desde la época de crecimiento hasta la edad adulta) a medida que vaya repasando la lista de sucesos.

Suceso	Me ocurrió	Fui testigo	Me enteré de ello	No estoy seguro/a	No se Aplica
1. Desastres naturales (por ejemplo, inundaciones, terremotos, etc.).					
2. Fuego o explosión.					
3. Accidente con medios de transporte (por ejemplo, accidente de coche, naufragio, accidente de tren o avión).					
4. Percances en el trabajo, accidentes domésticos o en el transcurso de actividades recreativas.					
5. Exposición a sustancias tóxicas (por ejemplo, sustancias químicas peligrosas, radiaciones).					
6. Ataques físicos (por ejemplo, ser atacado, golpeado o apaleado).					
7. Ataques con un arma (por ejemplo, ser disparado, apuñalado o amenazado con un cuchillo o arma de fuego).					
8. Ataques sexuales (violación, intento de violación o cualquier tipo de actuación sexual mediante la fuerza o amenaza.					

Suceso	Me ocurrió	Fui testigo	Me enteré de ello	No estoy seguro/a	No se Aplica
9. Otro tipo de experiencias sexuales desagradables o no deseadas.					
10. Situación de combate o exposición a zona de guerra (como militar o civil).					
11. Cautividad (por ejemplo, ser secuestrado, raptado, o bien, tenido como rehén o prisionero de auerra).					
12. Enfermedades o lesiones que amenazan la vida.					
13. Gran sufrimiento humano de cualquier tipo.					
14. Muerte violenta, repentina de otra persona (por ejemplo; homicidio, suicidio).					
15. Muerte inesperada, repentina de alguien próximo.					
16. Muerte, lesión o perjuicio importante que haya causado usted a alguien.					
17. Cualquier otro suceso o experiencia estresante.					

Cuestionario de Sucesos Vitales asociado a las escalas CAPS- Dx (Clinician Administered Post Traumatic Stress Disorder Scales-Diagnostic).

2. MODELO DE ENTREVISTA ESTRUCTURADA PARA EVALUACIÓN DEL TEP

EDAD: _______________________   FECHA: _______________________

A) EL SUCESO TRAUMÁTICO

1. ¿Recuerdas cuando hablamos y me dijiste que te había pasado algo muy difícil en tu vida?
   ¿Podrías hablarme sobre la situación más difícil o dura por la que has pasado?
   ¿Cuál es la situación en la que lo has pasado peor?

2. Si tuvieras que elegir alguna de ellas sobre la que hablar, ¿Cuál sería?
   2.1. ¿Puedes decirme por que elegiste …para hablar?
   2.2. ¿Puedes decirme por que elegiste …y no alguna de las otras cosas que también te han ocurrido?

3. Cuéntame un poco sobre como fue lo que te ocurrió.
   3.1. ¿Qué recuerdas sobre ello?
   3.2. ¿Puedes recordar lo que hiciste?, ¿Qué te hizo hacer eso?
   3.3. ¿Puedes recordar lo que pensabas?
   3.4. ¿Puedes recordar como te sentiste?, ¿Qué te hizo sentirte así?
   3.5. ¿Cuantas veces te ocurrió?

B) LA BUSQUEDA DE APOYO

1. Puedes recordar quien fue la primera persona a quien le contaste esto?
   1.1. ¿Cómo fue cuando se lo contaste? ¿Qué hubieras querido que pasase?
   1.2. ¿Cuándo se lo contaste?
   1.3. ¿Fue el mismo día que te ocurrio, unos días después o mucho tiempo después?
   1.4. (si ocurrio hace tiempo) ¿Qué hizo que dejaras de hablar sobre ello?

C) LA PERCEPCIÓN DEL SUCESO

1. Que piensas sobre ello ahora?
   1.1. ¿Qué pensamientos tienes sobre ello?
   1.2. ¿Has tenido pensamientos sobre ello en la última semana?, ¿Dónde estabas?,
        ¿Con quién estabas?
   1.3. ¿Qué haces cuando estas ideas se meten en tu cabeza?
2. Tienes imágenes mentales sobre el suceso?
   2.1. ¿Cuáles son?

D) SU EXPERIENCIA ACTUAL

1. ¿Cómo te afecta físicamente lo ocurrido en tu cuerpo?
   1.1. ¿Tienes alguna sensación física? ¿Dónde?
   1.2. ¿Qué tal duermes?
   1.3. ¿Tienes problemas de sueño?, ¿De qué tipo?
   1.4. ¿Tienes sueños por la noche?
   1.5. ¿Recuerdas alguno de tus sueños?, ¿Sobre que son?

2. Como te sientes cuando piensas sobre ello?

    2.1. ¿Qué haces cuando te sientes así?

    2.2. ¿Alguien se da cuenta cuando te sientes así?

    2.3. ¿Qué te dicen cuando te notan así?

3. ¿Cómo te encuentras ahora hablando de ello?

    3.1. ¿Cómo te sientes cuando te hago estas preguntas?

E) SIGNIFICADO Y EFECTOS EN LA VIDA DE LA PERSONA

1. ¿Cuando te ocurrió que pensaste que te podría pasar?

    1.1. ¿Qué te llevó a pensar eso?

2. ¿Cómo ha cambiado tu vida desde que te ocurrió?

3. ¿Has notado que algo ha cambiado en ti?

4. ¿Has notado que los demás han cambiado?

5. Si estuvieran aquí tu padre/madre o marido/mujer, ¿Qué es lo que dirían?

6. ¿Has dejado de hacer algo que antes hacías?, ¿Qué te hizo dejar de hacerlo?

7. ¿Ha cambiado tu relación con tu familia?, ¿De qué forma?

8. ¿Ha cambiado tu relación con tu pareja? ¿De qué forma?

F) CIERRE DE LA ENTREVISTA

De todas las cosas que me has dicho, ¿que es lo más importante que debo saber?

3. ESCALA INFANTIL REVISADA DE REACCION ANTE EVENTOS TRAUMATICOS (CRETES-R)

NOMBRE: _______________________________   FECHA: _______________________

Recientemente usted vivió ____

Abajo hay una lista de comentarios que hacen las personas que han pasado por situaciones intensas de estrés. Por favor marque cada ítem indicando cuan frecuentemente estos es verdad para usted **DURANTE LOS ULTIMOS SIETE DIAS**. Si no han ocurrido este último tiempo. Por favor marque la columna NADA.

	Nada	Rara vez	A veces	A menudo
1. Pensé sobre ello aunque no quería.				
2. Dejé de sentirme mal cuando pensé o me acordé de ello.				
3. Intenté no recordar.				
4. Tuve dificultad para dormirme o seguir durmiendo porque me vinieron ideas o imágenes a la mente.				
5. Tuve intensos sentimientos sobre ello.				
6. Tuve sueños acerca de eso.				
7. Me mantuve alejado de las cosas que me recordaban a eso.				
8. Sentí como si no hubiera ocurrido o fuera producto de mi imaginación.				
9. Intenté no hablar de ello.				
10. Aparecía en mi mente una y otra vez.				
11. Otras cosas me hacían pensar en ello.				
12. Tuve muchos sentimientos acerca de ello pero no les presté atención.				
13. Traté de no pensar en ello.				
14. Cualquier recuerdo me traía sentimientos de eso.				
15. Ya no siento nada acerca de eso.				
16. Era fácil enfadarme o preocuparme por ello.				
17. Los ruidos fuertes me hacían saltar.				
18. Actuaría como si eso me estuviera ocurriendo nuevamente.				

	Nada	Rara vez	A veces	A menudo
19. Tuve dificultad en mantener mi mente atenta en lo que estaba haciendo.				
20. Pensar en ello hacía que mi corazón latiera fuerte.				
21. Pensar en ello me dificultaba respirar con normalidad.				
22. Pensar en ello me hacía sudar.				
23. Me mantenía vigilante y alerta para asegurarme que nada malo iba a ocurrir.				

4. ESCALA DE TRAUMA DE DAVIDSON (DTS)

Cada una de las siguientes preguntas se refiere a sucesos específicos, que usted puede haber experimentado durante la última semana. Para cada pregunta tenga en cuenta cuántas veces le ha sucedido (frecuencia) y con cuánta intensidad (gravedad). Escriba en los recuadros de al lado de cada pregunta un número de 0 a 4, para indicar la frecuencia y la gravedad.

Frecuencia	**Gravedad**
0 = nunca	0 = nada
1 = a veces	1 = leve
2 = 2-3 veces	2 = moderada
3 = 4-6 veces	3 = marcada
4 = a diario	4 = extrema

	Frecuencia	**Gravedad**
1. He tenido alguna vez imágenes, recuerdos o pensamientos dolorosos del acontecimiento.		
2. He tenido alguna vez pesadillas sobre el acontecimiento.		
3. He sentido que el acontecimiento estaba ocurriendo de nuevo, como si lo estuviera reviviendo.		
4. Hay cosas que me lo han hecho recordar.		
5. He tenido sensaciones físicas por recuerdos del acontecimiento (Como transpiración, temblores, palpitaciones, mareos, náuseas o diarrea).		
6. He estado evitando pensamientos o sentimientos sobre el acontecimiento.		
7. He estado evitando hacer cosas o estar en situaciones que me recordaran el acontecimiento.		
8. He sido incapaz de recordar partes importantes del acontecimiento.		
9. He tenido dificultad para disfrutar de las cosas.		
10. Me he sentido distante o alejado de la gente.		
11. He sido incapaz de tener sentimientos de tristeza o de afecto.		
12. He tenido dificultad para imaginar una vida larga y cumplir mis objetivos.		
13. He tenido dificultad para iniciar o mantener el sueño.		
14. He estado irritable o he tenido accesos de ira.		
15. He tenido dificultades para concentrarme.		
16. Me he sentido nervioso, fácilmente distraído, o como "en guardia".		
17. He estado nervioso o me he asustado fácilmente.		

5. ESCALA DE GRAVEDAD DE SINTOMAS DEL TRASTORNO DE ESTRÉS POSTRAUMÁTICO

(Echeburúa et al. 1997)

EDAD: _______________________________   FECHA: _______________________________

Puntúe cada frase con la puntuación correspondiente de 0 a 3 según la frecuencia e intensidad del síntoma:

0 = NADA

1 = UNA VEZ POR SEMANA O MENOS/POCO

2 = DE 2 A 4 VECES POR SEMANA/BASTANTE

3 = 5 O MÁS VECES POR SEMANA/MUCHO

SUCESO TRAUMÁTICO: ____

____

¿Cuánto tiempo hace que ocurrió? ____

¿Desde cuándo experimenta el malestar? ____

REEXPERIMENTACIÓN:	PUNT.
1 ¿Tiene recuerdos desagradables y recurrentes del suceso, incluyendo imágenes, pensamientos o percepciones?	
2 ¿Tiene sueños desagradables y repetitivos sobre el suceso?	
3 ¿Realiza conductas o experimenta sentimientos que aparecen como si el suceso estuviera ocurriendo de nuevo?	
4 ¿Sufre malestar psicológico intenso al exponerse a estímulos internos o externos que simbolizan o recuerdan algún aspecto del suceso?	
5 ¿Experimenta una reactividad fisológica al exponerse a estímulos internos o externos que simbolizan o recuerdan algún aspecto del suceso?	
PUNTUACIÓN DE SÍNTOMAS DE REEXPERIMENTACIÓN (Rango 0-15)	
EVITACIÓN	**PUNT.**
1 ¿Se ve obligado a realizar esfuerzos para ahuyentar pensamientos, sentimientos o conversaciones asociadas al suceso?	
2 ¿Tiene que esforzarse para evitar actividades, lugares o personas que evocan el recuerdo del suceso?	
3 ¿Se siente incapaz de recordar alguno de los aspectos importantes del suceso?	
4 ¿Observa una disminución marcada del interés por las cosas o de la participación en actividades significativas?	
5 ¿Experimenta una sensación de distanciamiento o de extrañeza respecto a los demás?	

6 ¿Se siente limitado en la capacidad afectiva (por ejemplo, incapaz de enamorarse, sentir emociones)	
7 ¿Nota que los planes o esperanzas de futuro han cambiado negativamente como consecuencia del suceso? (ejemplo: hacer una carrera, casarse, tener hijos)	
PUNTUACIÓN DE SÍNTOMAS DE EVITACIÓN **(rango 0-21)**	
AUMENTO DE LA ACTIVACIÓN	**PUNT.**
1 ¿Se siente con dificultad para dormir o mantenerse dormido?	
2 ¿Está irritable o tiene explosiones de ira?	
3 ¿Tiene dificultades de concentración?	
4 ¿Está usted excesivamente alerta (pòr ejemplo, se para de repente para ver quien está a su alrededor, etcétera) desde el suceso?	
5 ¿Se sobresalta o se alarma más fácilmente desde el suceso?	
PUNTUACIÓN DE SÍNTOMAS DE ACTIVACIÓN **(rango 0-15)**	
PUNTUACIÓN TOTAL DE LA GRAVEDAD DEL TEP **(rango 0-51)**	

ESCALA COMPLEMENTARIA:

MANIFESTACIONES SOMÁTICAS DE LA ANSIEDAD EN RELACIÓN CON EL SUCESO	PUNT.
1. Respiración entrecortada o sensación de ahorro.	
2. Dolores de cabeza.	
3. Palpitaciones o ritmo cardíaco acelerado (taquicardia).	
4. Dolor o malestar en el pecho.	
5. Sudoración.	
6. Mareos, sensación de inestabilidad o desmayo.	
7. Náuseas o malestar abdominal.	
8. Sensación de extrañeza respecto a uno mismo o de irrealidad.	
9. Sofocos y escalofríos.	
10. Temblores o estremecimientos.	
11. Miedo a morir.	
12. Miedo a volverse loco o perder el control.	
PUNTUACIÓN ESPECÍFICA DE LAS MANIFESTACIONES SOMÁTICAS DE LA ANSIEDAD (Rango 0-39)	

6. TRASTORNO DE ESTRÉS POSTRAUMÁTICO:

Se requiere la presencia de 1 síntoma en el apartado de Reexperimentación; de 3 en el de evitación; y de 2, en el de aumento de la activación.

SI: _______

_______ Agudo (1-3 meses)

_______ Crónico (más de tres meses)

_______ Demorado

NO: _______

GRAVEDAD DEL TRASTORNO DE ESTRÉS POSTRAUMÁTICO:

	PUNTO DE CORTE	PUNTUACIÓN OBTENIDA
ESCALA GLOBAL	15	
ESCALAS ESPECÍFICAS:		
Reexperimentación	5	
Evitación	6	
Aumento de activación	4	

Fuente: E. Echeburúa, P. de Corral: Manual de Violencia Familiar, Ed. Siglo Veintiuno de España Editores, Madrid, Tercera edición.

ESQUIZOFRENIA

1. Descripción del caso

Mujer de 18 años de edad. Embarazo normal; parto provocado a las 38 semanas de gestación por envejecimiento de placenta. Durante el parto, dificultades para dilatar y parada cardiorrespiratoria de L.M., que tuvo como consecuencia daño cerebral. No requirió incubadora. Pesó 2,600 kg. A la vez, nació con luxación de cadera. En los primeros años de vida, problemas de alimentación desde un inicio temprano (dificultades para mamar, necesidad de leche adaptada por intolerancia a la lactosa, que en un principio le originaron diarreas y vómitos). Sin embargo, comenzó pronto a hablar; emitía sus primeras palabras a los 6 meses de vida. Hasta el año y medio de edad necesitó de un aparato para la cadera; después, comenzó a andar. A los 2 años y medio, control de esfínteres. A los 3 años, operada de amígdalas y vegetaciones. Bajo peso y talla por debajo de la normal para su edad. A esta edad los padres refieren un cambio radical en ella: aparecen las crisis epilépticas tónico-clónicas. A los 4 años fue diagnosticada de Síndrome de Turner (mujer con un solo cromosoma X, se caracteriza por infantilismo sexual, cuello alado y deformidad del codo, entre otros) a raíz de un ingreso por salmonelosis. Inicia tratamiento hormonal.

L.M. asistió a la guardería hasta los 4 años de edad. Posteriormente estuvo escolarizada en un colegio ordinario de un municipio rural de la Comunidad de Madrid hasta los 7 años. Tras el traslado de la familia a otro municipio más cercano a la capital, L.M. continúa su escolaridad en otro centro ordinario hasta 6° de primaria. En este último colegio ya presentó dificultades de aprendizaje, aunque con clases de apoyo fue aprobando los cursos. Posteriormente pasó a un instituto público, donde se acentuaron sus diferencias respecto a su grupo, tanto a nivel académico como social. En 2° curso de E.S.O. los padres refieren que *"la situación fue un caos: no aprobaba, los compañeros se burlaban diariamente de ella, la empujaban, le llegaron a pegar,..."*. L.M. no quería seguir asistiendo, y los padres acabaron denunciando la situación. Se decidió cambiarla de centro y comenzó a acudir a un centro de educación especial, donde su adaptación fue muy buena, tanto académica como personalmente. En este colegio realizó educación básica y un programa de garantía social de ayudante de cocina, que finalizó en junio del presente año. En julio de 2007 empezó a presentar problemas de conducta y posibles síntomas psicopatológicos, así como un importante deterioro cognitivo. Todo esto motivó su derivación a nuestro centro, incorporándose en junio de 2008.

En su certificado de minusvalía (con fecha 10 de junio de 2003) consta: crisis parcial por epilepsia y retraso mental ligero por Síndrome de Turner de etiología congénita. Presenta un grado total de minusvalía del 35% (recientemente se ha solicitado revisión del mismo por empeoramiento; pendiente de resolución).

El núcleo familiar de L.M. está formado por sus padres y una hermana de 12 años. Los cuatro conviven en un municipio de la periferia de Madrid. En general, las relaciones entre todos los miembros son buenas. No obstante, desde que L.M. presenta problemas de salud mental se han incrementado los conflictos familiares, principalmente con su padre y hermana.

2. Antecedentes biográficos y características personales

A. Inicio del problema:

En julio de 2007, a raíz de la marcha del colegio de un compañero que le gustaba, surgieron las primeras obsesiones, junto a algún síntoma delirante de tipo erotomaníaco, relacionados con él y soliloquios. Asimismo aparecieron alucinaciones auditivas (por ej. decía que un vecino le hablaba cuando estaba en la ducha, que una profesora le había regañado e insultado cuando no había sucedido, etc.).

Presentaba obsesiones relacionadas con adelgazar, la higiene personal y llegar tarde. Sus arraigados imperativos morales y elevada autocrítica le generan sentimientos recurrentes de culpabilidad, traducidos en frases tales como *"así no puedo seguir"* o pensar que le van a regañar, entre otras.

También comenzaron los problemas de conducta, tanto en casa como en el colegio. En el centro escolar presentaba risas inmotivadas, comentarios inapropiados en voz muy alta en clase, etc., mientras que en el contexto familiar se caracterizaban por conflictos con sus progenitores (malas contestaciones, desobediencia,…). Anteriormente L.M. siempre había mostrado un comportamiento apropiado en cada situación.

Estas alteraciones conductuales se intercalaban con momentos en los que se encontraba "ausente": le costaba mucho prestar atención y/o concentrarse, así como intervenir en una conversación y seguir el hilo argumental.

A todo ello se unió un deterioro notable de sus capacidades cognitivas y, por extensión, una disminución de su rendimiento académico (por ej. no era capaz de sumar cuando antes multiplicaba y dividía, perdía los deberes, su escritura sufrió un importante deterioro, etc.).

B. Curso o evolución del problema:

Al inicio del curso 2007-08 comenzó tratamiento psicofarmacológico con neurolépticos pautado por el psiquiatra de su centro educativo, con el que tenía seguimiento regularmente. Parece que con la medicación el delirio erotomaniaco pasó a un segundo plano, pero sin desaparecer por completo. Los problemas de conducta siguieron presentes durante un tiempo (suspicacia, insultos y agresividad verbal hacia sus compañeros), y empezaron a mitigarse según fue ajustándose la medicación. Sin embargo, su nivel de atención y concentración empeoraron y estaba muy dormida sobre todo por las mañanas.

Por otra parte, aunque en el colegio se mostraba más autocontrolada, cuando llegaba a casa se comportaba peor. Así, en Enero de 2008 durante las vacaciones de Navidad se mostró muy intranquila y obsesionada con adelgazar. Esto motivó que un día que quería salir a correr y le dijeron que no, respondiera diciendo que se tiraba por la ventana. Fue tal la desesperación y agitación de L.M. que su familia se vio obligada a llamar a una ambulancia.

Cuando se incorpora al centro en junio de 2008, L.M. presenta una conducta más tranquila tanto es casa como en el centro, aunque continuaba con creencias delirantes casi a diario sobre el chico que le gustaba y en ocasiones también alucinaciones auditivas (ej. oye voces de vecinos que le dan órdenes, un chico que le dice que es tonta). Su estado de ánimo era bajo y continuaba presentando elevada somnolencia sobre todo matutina. Así mismo presentaba escasa motivación en general. Se encontraba mal orientada temporalmente y algo mejor espacialmente. Su memoria y atención también estaban bastante deterioradas. Además, L.M. presentaba escasa conciencia de enfermedad e inicialmente, cierto rechazo al Centro porque decía que "la gente era muy mayor". Transcurrida la primera semana, acudía ya más motivada.

Durante el verano de ese año, aparecieron ideas delirantes de contenido autorreferencial y paranoide (ej. persona que le persigue por la calle, una mujer de raza negra que le había pasado el teléfono porque tres personas diferentes de su vida querían hablar con ella, etc.).

Tras realizar algunos ajustes más de medicación durante el mes de julio, mejoró bastante su sintomatología delirante. L.M. pasó un verano tranquilo con su familia. Tras regresar de vacaciones L.M. se encontraba mejor, con menor grado de somnolencia. Sin embargo, las sintomatología delirante y alucinatoria no ha desaparecido completamente (ej. su madre refiere que en alguna ocasión durante el verano L.M. le decía *"¡no me des!"*, cuando ella ni siquiera la había tocado).

A finales de año, el neurólogo de L.M. modifica su tratamiento antiepiléptico aludiendo a que sus alucinaciones pudieran deberse a crisis epilépticas parciales. No obstante, a raíz de este cambio de medicación, tanto la familia como el personal del Centro observamos un incremento de su inquietud y de su sintomatología positiva. Ejemplos de esto último son:

– *"La gente del tren me dice por los altavoces que me calle".*

– *"He visto al padre de Juan (el chico que a ella le gusta) y me ha regañado".*

– *"Juan está por Elena (otra amiga de L.M.)".*

– *Habla sola de Juan, llora por ello, etc.*

Últimamente sus ideas delirantes se desmontan con facilidad tras confrontarla con la realidad. En el momento actual, el psiquiatra del Centro está en contacto con su neurólogo para aunar criterios de intervención.

Existen antecedentes familiares. Un primo del padre también padece enfermedad mental posiblemente compatible con una esquizofrenia. Como principales antecedentes médicos, L.M. presenta epilepsia y síndrome de Turner.

3. Síntomas o indicadores

En la actualidad:

A. Nivel afectivo/emocional:

- Anhedonia.
- Llanto sin causa aparente.
- Risas inmotivadas.
- Miedo a ir a lugares donde hay mucha gente.
- Sentimientos de culpa.
- Baja autoestima.

B. Nivel biológico o somático:

- Hipersomnia.
- Aumento del apetito.
- Fatiga.

C. Nivel cognitivo:

- Ideas obsesivas.
- Pensamiento disgregado.
- Ideas delirantes autorreferenciales, paranoides y erotomaníacas.
- Alucinaciones predominantemente auditivas (no están claras las visuales).
- Falta de atención y concentración.
- Pérdida de memoria.
- Deterioro en las habilidades académicas.
- D. Nivel conductual:
- Pasividad y lentitud motora.
- Retraimiento social.
- Come compulsivamente cuando se encuentra más nerviosa.

4. Evaluación

4.1. EVALUACIÓN GENERAL

A. Factores Psicológicos

- Rasgos de personalidad: L. M. es una persona con un sentido del deber muy arraigado, además su madre refiere que siempre ha sido bastante obsesiva. Cuando se encuentra tranquila, es una persona colaboradora y trabajadora. En cuanto a las relaciones sociales, es tímida aunque muy afable en el trato. Sus intereses son los propios de una persona de su edad: escuchar música pop, leer libros, chatear en el Messenger, ir al cine, ir de compras y nadar. Prefiere realizar actividades acompañada mejor que sola, generalmente con su familia.

Nivel de habilidades:

– Académicas: Según referían los profesores y la psicóloga del último centro educativo en el que estuvo L.M., ésta presentaba un nivel académico bastante bueno (era de las mejores de su clase) teniendo en cuenta su discapacidad intelectual ligera. Sin embargo, refieren que sufrió un empeoramiento bastante drástico desde que empezó a presentar síntomas psicopatológicos. No obstante L.M. sabe leer y escribir y realizar sumas y restas muy sencillas.

– Comunicativas: El lenguaje expresivo de L.M. también ha sufrido cierto deterioro. Actualmente es bastante lento y tiene dificultades para vocalizar correctamente hasta el punto de que a veces se hace incomprensible. En cuanto a su nivel de comprensión, también ha empeorado, pero probablemente debido en mayor medida a la falta de atención que a las dificultades de comprensión.

– Habilidades de autonomía: L. M. es capaz de desplazarse autónomamente en transporte público sólo en trayectos conocidos. Es capaz de hacer compras sencillas (p. ej. comprar el pan o el periódico) y conoce bastante bien el valor de las monedas. No es capaz de realizar gestiones administrativas ni acude sola a citas médicas. En casa realiza algunas tareas domésticas los fines de semana: hacerse la cama, ayudar a limpiar su habitación, calentar la comida, poner la mesa. En cuanto a las habilidades de autocuidado, mantiene una correcta higiene personal y cuida mucho su vestuario, eligiéndolo ella misma. Es autónoma en la alimentación pero requiere algo de supervisión sobre todo para regular el ritmo al que come, ya que tiende a comer muy deprisa.

– Habilidades sociales: L. M. es una persona agradable y simpática con los demás, pero rara vez toma la iniciativa de mantener una conversación con alguien. De hecho, se reconoce "muy vergonzosa". De este modo, su círculo social es bastante reducido. En los cinco meses que lleva en el Centro DIEM no ha tenido problemas de relación con nadie, pero tampoco ha iniciado ninguna amistad.

B. Factores médicos/ Psiquiátricos

L.M. padece epilepsia y síndrome de Turner. Además, tiene afectados la vista, por miopía y astigmatismo por lo que usa gafas, y también el oído ya que ha padecido otitis de repetición y tiene entre un 25% y un 30% de pérdida auditiva.

Asimismo, ha sido intervenida quirúrgicamente de amígdalas, vegetaciones, cadera, pie izquierdo (por tener pie cabo) y oído.

L.M. necesita usar un alza debido a su problema de cadera y presenta cierta cojera, lo que le supone dificultades para realizar determinados ejercicios físicos como correr.

En cuanto a su salud mental, por los síntomas referidos más arriba, parece que L.M. presenta una esquizofrenia.

Tratamiento farmacológico

Debido a los problemas sexuales que supone el síndrome de Turner, L. M. recibe desde los 12 años tratamiento hormonal sustitutivo para que pueda tener un mejor desarrollo madurativo y la menstruación.

También ha recibido tratamiento antiepiléptico con Tegretol, con Depakine y con Topamax.

Actualmente el tratamiento psicofarmacológico de L.M. es:

Zeldox 40:   1 – 0 – 1
Depakine 500:   1 – 0 – 1
Nemactil gotas: 3 – 3 – 3
Akineton retard 4:   1 – 0 – 0
Tegretol 200:   1 – 1 – 1

C. Factores Programáticos

En el Centro de Día al que acude se trata de dar respuesta a sus necesidades de apoyo bio-psico-sociales. Para ello se le proporcionan un entorno adaptado mediante la estructuración espacio-temporal, la realización de actividades funcionales y la atención individualizada.

Los espacios en el centro de día son predecibles y controlables (agendas, paneles informativos…), de manera que L.M. encuentre seguridad en este ambiente al mismo tiempo que recibe la estimulación necesaria para que sus funciones cognitivas y sociales se recuperen o al menos no continúen deteriorándose.

Además se realizan como mínimo dos salidas del Centro al mes junto con el resto de usuarios (museos, teatro, entornos naturales, cine, centros comerciales, etc.…). Dichas salidas tienen el objetivo de ofrecer la posibilidad de implementar los aprendizajes realizados en el Centro en un entorno comunitario más natural e inclusivo. Así se ponen en práctica habilidades sociales, manejo del dinero, uso del transporte público, etc.

En general, se parte de un enfoque de intervención basado en el Apoyo Positivo, donde fomentar la autodeterminación es un objetivo prioritario.

D. Factores Sociales

Además de su familia nuclear, L.M. cuenta con otros familiares cercanos (abuelos, tíos/as y primas) con los que mantiene una relación estrecha y frecuente. A menudo hacen planes familiares en los que se incluyen estos miembros de la familia. Además, suelen tener oportunidad de verse casi todos los fines de semana en el pueblo del padre de L.M., donde ellos mismos y varios de sus tíos tienen una casa y acuden con frecuencia.

L.M. tiene una escasa red social fuera de su círculo familiar. Cuenta con una amiga del colegio con la que queda de vez en cuando y otros dos o tres compañeros con los que mantiene relación a través del Messenger.

Así, las actividades de ocio de L.M. se suelen limitar a las realizadas con su familia (ir al pueblo, salir a comer, reuniones familiares) o con los compañeros en horario de Centro. Entre semana cuando acaba en el Centro suele ir a la tienda de su madre y pasa el resto de la tarde allí.

En cuanto a acontecimientos vitales relevantes acontecidos en la vida de L.M. en los últimos dos años, destacarían: fallecimiento por cáncer de una tía; cambio de domicilio; su madre retoma su actividad laboral creando un taller de costura y arreglo; finaliza su escolaridad y la separación del chico que le gustaba. Todos estos acontecimientos han sido cercanos en el tiempo y han sucedido hace algo más de un año.

4.2. EVALUACIÓN ESPECÍFICA

A continuación nos vamos a centrar en el análisis funcional de las conductas de carácter psicótico, fundamentalmente delirios y alucinaciones.

A. Antecedentes y condiciones precursoras

– Físicos: No se han detectado
– Sociales:
  • Ver a Juan o hablar con él
  • Hablar con alguna de sus amigas de Juan, bien en persona o a través del Messenger.
– Programáticos:
  • Estar sola en casa
– Psicológicos:
  • Pensamientos o recuerdos sobre Juan
  • Emociones negativas: tristeza, apatía

B. Factores de vulnerabilidad

– Psicológicos:

- DI que hace más probable una ruptura del yo del sujeto
- Baja autoestima
- Déficit de habilidades sociales
- Déficit de estrategias de afrontamiento del estrés
- Estilo cognitivo perfeccionista y algo obsesivo, con excesivo uso de "deberías"

– Médicos:

- Posible predisposición genética a la esquizofrenia, ya que existen antecedentes familiares

C. Condiciones Reforzadoras

– Condiciones reforzadoras positivas:

- Sociales: recibe mayor atención por parte de compañeros y/o familiares o profesionales
- Psicológicas: no se han detectado

– Condiciones reforzadoras negativas:

- Físicas: no se han detectado
- Sociales: se disminuye el nivel de exigencia en las tareas, tanto del Centro como domésticas.
- Psicológicas: no se han detectado

4.3. RESULTADOS DE LAS PRUEBAS ESPECÍFICAS REALIZADAS:

– **PAS-ADD Checklist** (cuestionario de screening de posible psicopatología):

- Posible condición orgánica: puntuación 7 (Máxima puntuación posible = 8; Umbral = 5)
- Trastorno del estado de ánimo o trastorno neurótico: puntuación 16 (Máxima puntuación posible = 28; Umbral = 6)
- Trastorno psicótico: puntuación 4 (Máxima puntuación posible = 6; Umbral = 2)

– **Escala de Problemas de Conducta del ICAP:**

Domicilio familiar	Centro
Índice interno: -31 Grave	Índice interno: -26 Moderadamente grave
Índice asocial: -27 Moderadamente grave	Índice asocial: - 13 Poco grave
Índice externo: -15 Poco Grave	Índice externo: - 5 Normal
Índice general: -28 Moderadamente grave	Índice general: -17 Poco grave

– **WHO-DAS II (Cuestionario para la evaluación de las discapacidades):**

Nivel de dificultad presentado

1 = ninguna

2 = Leve

3 = moderada

4 = Severa

5 = Extrema

PUNTUACIONES:

Área de comunicación y comprensión: 4

Capacidad para moverse en su entorno /alrededor: 2,6

Cuidado personal: 2

Relaciones con otras personas: 3,75

Actividades de la vida diaria: 4

Actividad ocupacional /laboral: 4

Participación en sociedad: 3,63

4.4. HIPÓTESIS FUNCIONAL

No parece que se trate de una conducta mantenida por estímulos reforzadores ambientales, sino que más bien las causas son predominantemente biológicas, como alteraciones en los neurotransmisores. No obstante, estresores ambientales sí pueden contribuir a la aparición de los síntomas positivos.

5. Intervención

5.1. OBJETIVOS DE INTERVENCIÓN

A. Objetivo general

- Incorporación a centro ocupacional o empleo protegido.

B. Objetivos específicos

- Facilitar la integración y adhesión de L.M. al Centro DIEM.
- Reducción de síntomas psicóticos: delirios, alucinaciones.
- Reducción de somnolencia diurna.
- Psicoeducación en esquizofrenia.
- Identificación y control de emociones negativas (ansiedad, tristeza) asociadas a los síntomas.
- Incremento de la motivación y participación en los talleres.
- Mejora de las funciones cognitivas (atención, concentración, etc.).
- Reducción de problemas de conducta en casa.
- Mejora en habilidades de autonomía y AVDs.
- Mejora del autoconocimiento y autoestima.
- Mejora de habilidades sociales y red social.
- Revisión del certificado de minusvalía (si procede).
- Definir objetivos ocupacionales/profesionales.

C. Recogida de datos:

- Registros que recogen información de los diferentes aspectos conductuales sobre los que se va a intervenir (Ver Anexo 1).
- Fichas relativas a distintas áreas psicológicas y/o emocionales (autoestima, asertividad,…) (Ver Anexo 2).
- Entrevistas con familiares y otros profesionales (psiquiatra, educadores).
- Observación directa.

5.2. PROCEDIMIENTOS DE INTERVENCIÓN

Manipulaciones ecológicas

Cuando L.M. presenta elevada somnolencia durante los talleres, separar la silla de L.M. de la mesa para evitar que se apoye en ella y facilite el quedarse dormida. Indicarle que se levante y vaya al baño a lavarse la cara y beber agua

Programación positiva

Tanto a la familia como a L.M. se les proporcionará psicoeducación sobre la esquizofrenia:

- Inicio y causas de la enfermedad.
- Síntomas positivos y negativos.
- Identificación de sus propios síntomas.
- Curso.
- Pronóstico.
- Tratamiento (importancia de la adherencia al tratamiento farmacológico.

En terapia individual se plantearán objetivos con L.M. y se le enseñará:

- Identificación de emociones negativas y positivas y de sus causas.
- Técnicas de respiración y relajación.
- Identificación de ideas sobrevaloradas, delirantes u obsesivas.
- Exposición controlada en terapia al objeto de sus obsesiones y delirios.

L.M. participará en el Taller habilidades sociales con la finalidad de ensayar y aprender habilidades de relación social y de resolución de conflictos. Para ello se emplearán técnicas de modelado, role-playing, etc.

Participación de L.M. en la Terapia de Grupo con la finalidad de expresar y canalizar sus emociones y pensamientos de forma guiada en un ambiente de comprensión, mutuo apoyo y empatía entre los usuarios.

Se estimulará la relación de L.M. con otros usuarios/as.

Inclusión en Club de Ocio.

Se informará a familia y usuaria de recursos ocupacionales y de ocio.

Intervención farmacológica

El psiquiatra del Centro a través de seguimiento semanal irá ajustando el tratamiento farmacológico para la mayor reducción de síntomas con el menor deterioro cognitivo y funcional posible.

Tratamiento directo sobre la conducta

- Ante delirios y alucinaciones el personal de atención directa realizará extinción y centrar en la realidad, por ej. en la tarea que se esté realizando.
- La psicóloga dará pautas de higiene del sueño a la familia y usuaria.
- Se proporcionará orientación familiar y a la propia usuaria en manejo de contingencias e imposición de límites, así como en la toma de decisiones.
- Se indicará a la familia cómo llevar a cabo un sistema de puntos con L.M. para reducción de conductas problemáticas en casa e incremento de conductas positivas alternativas.
- En el Centro se elaborará otro sistema de puntos para incrementar la motivación y participación en los talleres.

NOMBRE USUARIO: L. M.

CONDUCTA A REGISTRAR: 1; Verbalización delirante 2; Risa inmotivada 3; Dormida

MODALIDAD:

	10-nov	11-nov	12-nov	13-nov	14-nov	
10:00 - 10:30			1	3		
10:30 - 11:30						
11:30 - 12:00	3			3	3	
12:00 - 13:00						
13:00 - 13:15						
13:15 - 14:15	3	3		3	3	
14:15 - 15:15						
15:15 - 16:45						
16:45 - 17:00			1			

COMENTARIOS:

12-nov	10:00	Llega llorando y dice que Juan está por Tamara, la del pelo rizado
	16:45	Se echa a llorar diciendo que ha visto a Tamara, "la puta del pelo rizado"

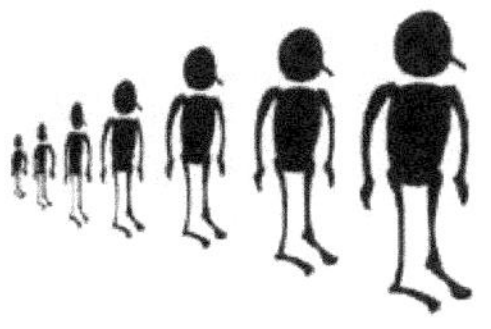

¿QUÉ ES EL AUTOCONOCIMIENTO?

DESCRÍBETE A TI MISMO/A:

Mi nombre:

Mi edad:

Mi aspecto físico:

Mi forma de relacionarme con los demás:

Mi personalidad:

En el centro soy:

En las tareas cotidianas soy:

Creo que los demás me ven…

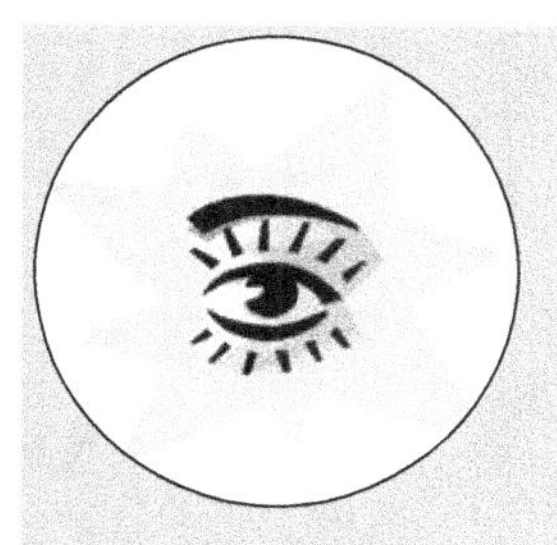

Realmente, los demás me ven (pregunta a otras personas)…